Schülern gerecht werden

Leupold, Sept. 77

Schülern gerecht werden

Verhaltenshygiene im Schulalltag

Rudolf Dreikurs
Bernice B. Grunwald
Floy C. Pepper

Urban & Schwarzenberg

Übersetzerin:
Hilde Weinzierl, Fronwiese 2,
8242 Bischofswiesen

CIP-Kurztitelaufnahme der Deutschen Bibliothek

Dreikurs , Rudolf
Schülern gerecht werden : Verhaltenshygiene im Schulalltag / Rudolf Dreikurs ; Bernice B. Grunwald ; Floy C. Pepper. – 1. Aufl. – München, Berlin, Wien : Urban und Schwarzenberg, 1976. –
([U-und-S-Pädagogik] U-&-S-Pädagogik : Erfahrung)
Einheitssacht.: Maintaining sanity in the classroom <dt.>.
ISBN 3-541-40301-2
NE: Grunwald , Bernice B. :; Pepper , Floy C. :

Titel der amerikanischen Originalausgabe:
Maintaining Sanity in the Classroom.
Harper & Row, Publishers, New York (ISBN 06-041 758-7)

Umschlagentwurf: Dieter Vollendorf; Satz: Wagner, Nördlingen; Druck: Ebner, Ulm. Printed in Germany.

Vorwort

Die bildungspolitische Landschaft ist gegenwärtig gekennzeichnet von der Wiederentdeckung emotionaler Erziehung sowie vertretbarer Leistung. Die Reformeuphorie des letzten Jahrzehnts ist verebbt. Man erwartet beinahe ein Wort wie »Bildungsnotstand« wieder in den Schlagzeilen zu finden, wenn es noch „in" wäre.

„Bildungspolitik hat nicht mehr die Priorität", sagen die Verantwortlichen. Lehrern, die dem nicht zustimmen wollen, hängt man schnell einen Maulkorb um. Die Sorge um eine Anstellung ist nun einmal naheliegender, als die Verantwortung des Einzelnen an der Bildungspolitik.

Aber kann sich eine Demokratie ein solches Vorgehen leisten? Hängt das Gewicht einer Sache davon ab, wieviel Geld dafür zur Verfügung steht oder müßten nicht andere Kriterien der Beurteilung dabei herangezogen werden? Können wir uns eine verantwortungsvolle Bildungspolitik nur in Zeiten der Hochkonjunktur leisten?

Bildungsfragen sind und bleiben ein elementarer Bestandteil des politischen Interesses und eines riesigen Teils unserer Bevölkerung. Sie sind ein wesentliches langfristiges Investment.

Wir hätten dieses Buch auch „Demokratie im Klassenzimmer" nennen können. „Wir leben in einer Demokratie, wir glauben an sie und wir wissen, daß wir in keiner anderen Staatsform leben wollen", schreibt der Autor dieses Buches. Die einseitige Verfolgung materieller Interessen brachten als Gegenreaktion Blumenkinder, Drogenabhängige, haltlose Jugendliche, die keine Verantwortung mehr übernehmen wollten oder konnten für diese Gemeinschaft, bis hin zu Anarchismus und Radikalität.

Leistungsdruck und Überforderung auf der einen, Berufsverbot, Arbeitslosigkeit und Numerus Clausus auf der anderen Seite rufen existenzielle Ängste hervor, die kaum jemanden verschonen und oft bereits ein erstes Schuljahr bestimmen. Auch diese Rechnung werden wir begleichen müssen.

Die Probleme sind vielschichtiger geworden, Krisen und Tendenzwenden erfolgen in immer kürzeren Abständen, die Umwelt hat sich längst erhoben aus dem Aschenbrödeldasein einer mehr oder weniger idyllischen Kulisse. Sie stellt Aufgaben, die unsere ganze Kraft erfordern.

Auf alle diese Fragen gibt es immer wieder nur die eine Antwort: Bildung, Erziehung und Ausbildung. Die Schule ist neben der Familie die wichtigste und einzige Institution, die dieser Verantwortung ausreichend gerecht werden kann. Deshalb ist das vorliegende Buch ein wichtiges Buch.

Wichtig, weil es den Lehrern bei der Gestaltung des Schulalltags hilft. Denen also, die in der Mitte des Spannungsfeldes Schule stehen und die fast allein die Verantwortung aufgebürdet bekommen und auch die unmittelbaren Folgen zu tragen haben, die mit der Übernahme, Durchführung, Erfolg oder Mißerfolg des Bildungsauftrages verbunden sind. In unserer Zeit werden Lehrer oder Erzieher schnell für Mißerfolge verantwortlich gemacht. Hilfe von außen oder gar Ermutigung sind selten. Auch und gerade deshalb: ein wichtiges Buch.

Vielleicht ist vereinzelt manches des Gesagten oder das eine oder andere Beispiel auf amerikanische Verhältnisse zugeschnitten. Dennoch ergeben sich bei genauer Betrachtung viele Parallelen zu unserer Schulsituation.

Ich habe Rudolf Dreikurs als Teilnehmer an zwei Seminaren selbst persönlich erlebt und ich kenne die Mitautoren. Viele der beschriebenen Techniken habe ich selbst schon ausprobiert. Ich weiß, daß sie die Erziehungs- und Unterrichtsarbeit erleichtern, den Kindern Spaß machen und oft verblüffende Ergebnisse erzielten.

Auch deshalb: ein wichtiges Buch.

Hilde Weinzierl

Einleitung

Wir sind heute Zeugen eines besonderen Dilemmas in unseren Schulen. Lehrer befassen sich ernsthafter als andere Berufsgruppen damit, demokratische Methoden einzuführen und aufrechtzuerhalten. Das ist das Ergebnis von *Dewey's* Lehren. Er entwickelte die Vorstellung, daß autoritäre Erziehungsstile die Rechte der Kinder einengen und ihre Mitarbeit verringern. Unglücklicherweise hatte *Dewey* zwar die richtigen Ideen, konnte sie aber nicht in die Praxis umsetzen. Schulsysteme, die seinen Anleitungen folgten, gingen in der sogenannten „Progressiven Erzichung" oft zu weit in dem, was sie zuließen und brachten es nicht fertig, zu optimalen Leistungen anzuregen und Ordnung und Disziplin unter den Schülern aufrechtzuerhalten. Als Folge davon geriet diese Art der Erziehung in einen schlechten Ruf und das Pendel begann in die entgegengesetzte Richtung auszuschlagen. Der Trend zur Strenge und die Wiederaufnahme autoritärer Methoden kulminierten in dem Ruf nach körperlicher Strafe mit dem Stock. Doch dies brachte nicht viel Gutes, da Kinder nicht mehr bereit sind, sich unterdrücken zu lassen und sich Strafmaßnahmen zu unterwerfen. Nun setzte sich ein verhängsnivoller Mechanismus in Bewegung. Je entschlossener versucht wurde, Schüler autoritär zu erziehen, um so mehr rebellierten sie offen und herausfordernd, was wiederum die Erwachsenen veranlaßte, strengere Maßnahmen anzuwenden. Gegenwärtig ist der Kampf zwischen den Generationen in vollem Gang. Das ist die sogenannte „Kluft zwischen den Generationen."

Bis jetzt befassen sich Erziehungssysteme hauptsächlich mit zwei Alternativen, Kinder und Jugendliche zu behandeln: Nachsichtigkeit oder Strenge. Aber Nachsichtigkeit führt zu Anarchie und Strenge zu Rebellion. Deshalb nahm man an, daß eine glückliche Mischung aus beidem oder eine Art Mittelweg, der Extreme vermeidet, die Antwort sein könnte. Das ist jedoch nicht der Fall. Solange Lehrer nicht lernen, Kinder intrinsisch zu motivieren und zu beeinflussen, sind sie nicht in der Lage, irgendeinen Widerstand zu überwinden, auf den sie in der Klasse stoßen. Die meisten unserer gegenwärtigen Korrekturmaßnahmen sind wenig erfolgreich. Trotz Belohnung und Strafe, trotz Kritik und Erniedrigung setzen Kinder ihr störendes und herausforderndes Benehmen fort. Die Folge ist, daß wir *in unseren Schulen eine ständig wachsende Anzahl von Kindern mit Lernstörungen* heranziehen. Viele Kinder entwickeln Abneigung und Widerstand gegen die Institutionen des Lernens. Wir kennen die Leistungsunfähigen, die sich einfach weigern zu lernen und die „Dropouts", die gewöhnlich zur Schule gingen, ohne viel davon zu haben.

Es gibt wenig Anzeichen zur Hoffnung, daß die ständige Verschlechterung der Beziehungen zwischen Lehrern und Schülern vermeidbar ist. Solange die zukünftigen Lehrer nicht während ihres Grundstudiums lernen, Kinder und Jugendliche zu verstehen und zu beeinflussen, werden sie wahrscheinlich mit großem Idealismus und viel Hoffnung beginnen, die aber bald der Verzweiflung Platz machen werden, wenn sie feststellen, daß ihre größten Anstrengungen und ernsthaftesten Intentionen zunichte gemacht werden.

Gegenwärtig sind die Lehrer nicht darauf vorbereitet, Kinder zu verstehen. Aber ohne *Verständnis für die Motivation des Kindes* ist der Lehrer kaum in der Lage, diese zu ändern. Solange ein Kind lernen *will* und sich ordentlich benimmt, hat der Lehrer wenig Schwierigkeiten, seine Fächer zu unterrichten; wenn aber das Kind sich entschließt, nicht zu lernen, weiß der Lehrer nicht, was er tun soll. *Aus diesem Grund brauchen Lehrer eine praktische Psychologie, die im Klassenzimmer angewandt werden kann und die sie in die Lage versetzt, einem lern- oder verhaltensgestörten Kind zu helfen.*

Es ist unsere Hoffnung, daß dieses Buch beitragen wird zum Verständnis der Methoden, wie man die Konflikte lösen kann, die in unseren Schulen schwelen.

August 1971

Rudolf Dreikurs
Bernice Bronia Grunwald
Floy C. Pepper

Inhalt

1. Theoretische Voraussetzungen

Wir schlagen ein psychologisches Menschenbild vor – *eine Theorie* menschlichen Verhaltens, die jeder Lehrer lernen kann –, das dem Lehrer bei seinen Bemühungen helfen wird, *Motivationen zu verstehen.* Theorie und Praxis dazu wurden von dem Wiener Psychiater *Alfred Adler* und seinen Mitarbeitern entwickelt.

Wir sehen das Kind als ein soziales Wesen, das seinen Platz finden will, zu Hause, in der Schule und in der Welt. Wenn es sich „falsch" benimmt, hat es fehlerhafte Ideen darüber entwickelt, wo es hingehört und wie man es anstellt, zugehörig zu sein. Das Verhalten von Kindern und Jugendlichen kann nur verstanden werden, wenn wir dessen Zweck kennen. Jedes *Verhalten ist zielgerichtet*; es zeigt uns die Mittel und Wege, die ein Kind eingeschlagen hat und die seine eigene Ausdrucksform sind, Ansehen und Bedeutung zu erlangen. Das Kind entscheidet, was es zu tun vorhat, obwohl es sich gewöhnlich nicht dessen bewußt ist, was es beschlossen hat und daß es seine Entscheidung ändern kann.

Das Kind ist nur dann richtig aktionsfähig, wenn es sich anerkannt fühlt als wertvolles Mitglied der Gruppe. Seine Fähigkeit und Bereitwilligkeit zu handeln hängen von dem ab, was wir sein *„soziales Interesse"* nennen. Störungen und Ausfälle lassen auf einen Mangel an sozialem Interesse und an Anteilnahme am Wohlergehen anderer schließen. Das reduzierte soziale Interesse ist gewöhnlich verursacht durch Minderwertigkeitsgefühle, durch die Zweifel eines Kindes, daß es auch durch nützliche Mittel seinen Platz finden kann. Es ist die Aufgabe des Lehrers, dem Kind zur Überwindung seiner falschen Selbsteinschätzung zu verhelfen und dadurch sein soziales Interesse zu steigern. Aus diesem Grund ist die Kunst der Ermutigung einer der entscheidensten Ansätze, die angewandt werden können, um die Arrangements, die jedes Kind trifft, zu korrigieren.

Theoretische Voraussetzungen

Viele der Vorschläge, die in diesem Buch gemacht werden, gründen auf gesundem Menschenverstand; andere jedoch durchbrechen gegenwärtige Auffassungen über Kinder und verlangen ein erhebliches Umlernen. Einer der ersten Schritte, die ein Lehrer machen muß, ist, Straf- und Vergeltungsmaßnahmen aufzugeben. Dies allein würde fast jedes Schulsystem revolutionieren, das bis jetzt Strafe, Leistungsdruck und andere Arten bevormundender Überlegenheit anwandte. Eine neue Gleichwertigkeit in den Beziehungen zwischen den Erwachsenen auf der einen und Kindern und Jugendlichen auf der anderen Seite ist für die Lehrer unverständlich, die nie mit einer solchen Vorstellung konfrontiert wurden. Sie werden es schwierig finden, ihre Verantwortung mit den Kindern zu teilen und sie an Entscheidungen zu beteiligen. Ein Ende des gegenwärtigen Generationskonfliktes zwischen Erwachsenen und Kindern kann nur kommen, wenn unsere Schulen wirklich demokratisch werden, geleitet von Repräsentanten aller an einer Schule beteiligten Gruppen; Administratoren, Lehrer, Berater und Wartungspersonal müssen sich mit den Schülern zusammensetzen und eine gemeinsame Grundlage in Verfahrensfragen finden. Wir können nicht länger für Kinder und Jugendliche die Schulen leiten, wir müssen sie *am Erziehungsprozeß beteiligen.* Um das zu erreichen, brauchen wir ein neues Verhältnis zwischen Erwachsenen und Kindern, das gegenseitiges Vertrauen und gegenseitige Achtung widerspiegelt. Ohne dies kann der Konflikt länger und länger fortdauern.

1.1. Individuelle Fähigkeiten fördern

Jede erfolgreiche Methode, die wir in der Erziehung anwenden, entwickelt einige der *latenten Anlagen* eines Kindes. Der Erzieher ist ständig konfrontiert mit dem Problem, bis zu welchem Ausmaß und Grad er das Kind zum Lernen motivieren und dabei die verborgenen Anlagen entwickeln kann.

Theoretische Voraussetzungen

Obwohl wir annehmen, daß viele Kinder mehr erreichen könnten, als sie tun, setzen wir in vieler Hinsicht das, was das Kind tut mit dem gleich, was es tun kann. Fortschritt in der Erziehung hängt von der Fähigkeit des Lehrers ab, die *ungenützten Möglichkeiten des Schülers zu erkennen* und Techniken zu entwickeln, diese vorteilhaft zu nutzen. In doppelter Hinsicht läßt unsere Kultur zu wünschen übrig. Einmal erkennen wir kaum das gewaltige Potential in jedem Kind und sicher fehlt auch in unseren Erziehungsinstitutionen die Möglichkeit, die latenten Talente zu wecken. Oft scheint es, daß wir systematisch die Entwicklung der Kinder verhindern, indem wir zu stark versuchen, sie zu fördern.

Obwohl wir unsere Einschätzung der Anlagen des Kindes nicht auf einen verläßlichen Beweis stützen können, finden wir unter einsichtigen Menschen eine gewisse Übereinstimmung darüber, daß wir etwa nur 15% unseres geistigen Potentials ausnützen. Wenn diese Schätzung auch nur annähernd korrekt ist, dann können wir die unnatürliche, allgemeine Beschränkung unserer Funktionen der Praxis zuschreiben. Die die Entwicklung unserer Kinder behindert. Wir haben seit vielen Jahren die Behauptung vertreten, daß Kinder in den ersten zehn Lebensjahren alles lernen könnten, was gegenwärtig ein Mittelschulabsolvent weiß. Entsprechend den derzeit vorherrschenden Auffassungen über die Fähigkeiten von Kindern, erregt so eine Behauptung meistens Unglauben und oft völlige Opposition. Pessimismus einerseits und hartnäckiges Festhalten an dem Gedanken andererseits, daß wir in der bestmöglichen sozialen Situation leben und stolz auf unser Erziehungssystem sein können, verhindern die Erziehungsrevolution, die notwendig ist, um ein größeres Ausnützen der Anlagen jeden Kindes zu ermöglichen.

Es sollte uns nachdenklich stimmen, wenn wir sehen, was und wieviel Kleinkinder lernen bevor sie zur Schule gehen, und welch kleinen Fortschritt sie nachher machen. Die künstlerische Fähigkeit und die Kreativität kleiner Kinder ist augenscheinlich und sehr wenig davon bleibt übrig, wenn sie erwachsen werden, angepaßt an Familienleben und Schule.

Wir brauchen eine neue Einstellung zu Kindern, um die gewaltige Kraft, das Planen und die Hartnäckigkeit zu erkennen, mit der sie in der Lage sind, ihre Umgebung zu manipulieren. Diese Erkenntnisse stehen in großem Gegensatz zu der verbreiteten Vorstellung, daß Kinder Parasiten und Opfer sind, und ihre Identität noch nicht gefunden haben. Eine solche Haltung ist eine von den verschiedenen wissenschaftlichen Theorien, die dem allgemeinen Zweifel Nahrung geben, ob Kinder Verantwortung übernehmen können und man sich auf ihr Urteil verlassen kann.

Wenn wir uns der Betrachtung der Anlagen eines Kindes zuwenden, müssen wir zuerst erkennen, wie Kinder wirklich sind. Unsere gegenwärtige Einstellung zu ihnen versperrt uns das genaue Erkennen der Fähigkeiten, die sie zwar zeigen, wir Erwachsene aber versäumen zu bemerken. Wir müssen uns klar sein über das Ausmaß negativer Einflüsse, denen wir die Kinder aussetzen. Wirksame Methoden, die Entwicklung zu stimulieren und Gebrauch zu machen von den Anlagen des Kindes, können erst in die Praxis umgesetzt werden, wenn die traditionellen und nachteiligen Einflüsse klar erkannt und aufgegeben werden.

Einige Techniken, Entwicklung und Lernen zu fördern, sind bekannt und viele weitere werden entdeckt werden. Der größte Fortschritt wird kommen durch neue Lerntheorien. Es ist wahrscheinlich, daß es zu völlig neuen Ansätzen im Lernen kommt, wenn wir entdecken, in welch frühem Alter Kinder bereits lernen.

Wir wollen nun *Kinder beobachten* und *ihre Beziehung zu ihrer Umgebung untersuchen.* Wir haben festgestellt, daß Babys innerhalb der ersten vier Wochen ihres Lebens lernen können, ihre Familie zu beherrschen. Eine solche Behauptung mag unerhört erscheinen für jemanden, der nicht glauben kann, daß ein so kleines Kind in der Lage ist, etwas zu planen oder zu wissen. Natürlich ist sich das Kind nicht dessen bewußt, was es tut. Das gilt nicht nur für Kinder, sondern für Menschen im allgemeinen. Bewußte Wahrnehmung ist keinesfalls eine Voraussetzung für gut geplante Handlungen. Im

Gegensatz zu einer weitverbreiteten Meinung ist ein neugeborenes Kind nicht nur ein Bündel von unkorrdinierten Trieben und Bedürfnissen; es ist ein soziales Wesen, nicht nur beschäftigt mit seinen physischen Bedürfnissen, die nach Befriedigung verlangen, sondern auch mit der sozialen Atmosphäre um es herum – und tritt dabei in Beziehung mit seiner Umgebung, um auch seine sozialen Bedürfnisse zu befriedigen. Das Kind operiert mit Versuch und Irrtum. Wenn es – lange bevor es bewußt denken kann – herausfindet, daß es angenehm ist, aufgehoben und liebkost zu werden, und es eine empfängliche Umgebung antrifft, die auf seine schreiende Forderungen reagiert, dann wird es seine erste Lektion gelernt haben, nämlich über die Vorzüge des Schreiens. Solange das Kind nicht als soziales Wesen erkannt wird, ist die Mutter in erster Linie mit seinen physischen Bedürfnissen befaßt. Sie wurde unterwiesen, daß es ihre Aufgabe ist, dem Kind Befriedigung zu verschaffen, was physischen Kontakt mit ihr einschließt. Indem sie das tut, regt sie das Kind an, Druck auszuüben, um die soziale Befriedigung zu erhalten, nämlich ständig aufgehoben und liebkost zu werden. Es gibt viele Experten, die solche Forderungen als natürlich betrachten und üble Folgen vorhersagen, wenn man ihnen nicht nachkommt. In Wahrheit ist genau das Gegenteil der Fall. Wenn man das Kind verwöhnt und es bei jedem Schreien aufhebt, ist es verwirrter, wenn es einmal nicht aufgehoben wird und verstärkt daher seine Forderung, der die unerfahrene Mutter nachgibt. Sie ist sich dieser Führung durch das Kind nicht bewußt. So früh – also in den wenigen ersten Wochen – nimmt sie dem Kind die Möglichkeit, sich um sich selbst zu kümmern und das Leben so einzuschätzen, wie es wirklich ist.

Das Kind braucht nicht sehr lange, um herauszufinden, wann Schreien Annehmlichkeiten bringt und wann nicht. Es funktioniert mit der Mutter, aber es kann sein, daß es den Vater vertreibt, weil er es nicht erträgt. Deshalb wird das Kind bald sein Verhalten modifizieren, je nach den Reaktionen, die es bekommt.

Ein typisches Beispiel ist die Interaktion eines Einzelkindes zwischen seinen Eltern. Dies wurde von manchen Wissenschaftlern Ödipuskomplex genannt und instinktbedingten und sexuellen Bedürfnissen zugeschrieben, weil die soziale Bedeutung der Beziehung nicht erkannt wurde. Nehmen wir an, das Kind ist ein Junge, dann hat vielleicht die Mutter eine besondere Beziehung zu ihm. Früher bedeutete die Geburt eines Sohnes einen höheren Status und größere Erfüllung. Auch heute noch zieht manch eine Mutter es vor, als Erstgeborenen einen Sohn zu haben, einen weiteren Mann in ihrem Leben, der ihr gehört. Deshalb ist sie vielleicht eher geneigt, die Bedürfnisse des Kindes zu beachten und es dabei zu verwöhnen. Auch der Vater kann sehr glücklich sein, einen Sohn zu haben. Aber er mag möglicherweise den Wirbel nicht, den die Mutter um ihn macht. Er kann sich entthront fühlen, da er die Aufmerksamkeit seiner Frau nun teilen muß. Wenn er Einwände macht, kann es geschehen, daß sie sich nur um so näher zum Sohn hingezogen fühlt. Es dauert nicht sehr lange, bis das Kind erkennt, welcher Vorteil darin liegt, den Vater zu provozieren, der durch seine Strenge versucht, Mutters Milde auszugleichen. Alles, was der kleine Junge nun zu tun hat, ist, seinen Vater zu einer Überreaktion zu provozieren. Das bringt die Mutter auf die Bildfläche zur Verteidigung ihres Sohnes. Der Sohn entwickelt empörte Ängste über die Kränkung durch den Vater, beobachtet aber auch mit Freude den Widerstand der Mutter gegen des Vaters Verhalten. Je mehr der Junge ihr leid tut, um so mehr tut er sich selbst leid und um so mehr provoziert er Kränkung von seinem Vater. Diese Ödipussituation kann zu einem schnellen Ende kommen, wenn sich die Mutter aus dem Kampf zwischen den zwei Männern heraushält.

Ein normales 6 Monate altes Kind von taubstummen Eltern hat eine besondere Art zu weinen. Tränen strömen die Wangen herunter, sein Gesicht ist verzerrt, der ganze Körper schüttelt sich, aber nicht ein Ton kommt heraus. Diese Kinder, die nach der Geburt mit einem ganz normalen Ton schreien, entdecken nach ein oder zwei Monaten, daß die Stimme ihnen nicht hilft; deshalb geben sie es auf. Es ist kaum zu glauben, aber das Verhalten des Kindes ist wohl durchdacht und es wird kein Verhaltensmuster fortsetzen, das ihm nicht die erwünschten Ergebnisse bringt. Die Schwierigkeiten, die Erwachsene damit haben, diese Tatsache anzuerkennen, rühren daher, daß sie sich nicht klar sind über die *Zweckgebundenheit und Zielgerichtetheit*, die *in allem* liegt, *was das Kind tut.*

Entgegen der allgemeinen Auffassung ist das Kind nicht das Opfer der Eltern, sondern beeinflußt sie sehr aktiv. Ohne sich dessen bewußt zu sein, weiß es, wie es die Eltern seinen Wünschen gefügig machen kann, obwohl es sich seinerseits nicht immer den ihren anpassen will. Das Kind möchte sich zugehörig fühlen und wird alles tun, was ihm erfolgversprechend erscheint, um das zu erreichen. Solange es ein Gefühl der Zugehörigkeit spürt und nicht entmutigt ist, wird es auf die Erfordernisse und Notwendigkeiten der Situation reagieren. Wenn es nicht daran glaubt, daß es seinen Platz durch nützliche Mittel finden kann und entmutigt wird, benimmt es sich schlecht. Eltern und Lehrer, die nicht erkennen, daß das Fehlverhalten eines Kindes einen Zweck verfolgt, fallen darauf herein und tun genau das, was das Kind sie tun lassen will. Wenn die Erwachsenen wüßten, was das Ziel des Kindes war, dann würden sie nicht annehmen, daß man dem Kind sagen muß, was es zu tun hat. Sogar ganz kleine Kinder wissen genau, wenn sie etwas Falsches tun. Aber das hält sie nicht davon ab. Deshalb sind endlose Erklärungen und Ermahnungen wertlos. In Wirklichkeit verstärken sie eigentlich nur die Abneigung des Kindes, sich so zu verhalten, wie es sollte. In unserer Arbeit mit Eltern müssen wir diesen helfen, zu verstehen, was vor sich geht, wie sie zu Opfern der unbewußten Planung des Kindes werden können. Man muß ihnen helfen, für das Kind ein gleichwertiger Partner zu werden. Einer der Gründe, warum dieses Spiel zwischen Eltern und Kindern unbemerkt bleibt, ist, daß nicht nur die Eltern sondern auch das Kind selbst sich des Arrangements nicht bewußt sind. Wenn wir ein Kind fragen, warum es etwas verkehrt macht, weiß es das nicht. Aber wenn man ihm seinen unbewußt verfolgten Zweck genau erklärt, beginnt es, ihn zu sehen und reagiert mit einem *„Erkennungsreflex"*. Dieser besonders wichtige Aspekt im Verständnis des Verhaltens und der Motivation eines Kindes wird im nächsten Kapitel genau erklärt werden.

Das Kind entscheidet sich für die Rolle, die es während seines Lebens, in seinen Interaktionen mit seinen Geschwistern spielen will. Die Eltern verstärken nachher nur noch seine Entscheidung, gut oder schlecht zu sein, zustimmend oder ablehnend. Das Kind hängt weniger davon ab, was seine Mutter für es tut, als daß die Mutter davon abhängt, was das Kind tut. Die Mutter ist nicht die Ursache für das störende oder mangelhafte Verhalten; sie ermöglicht es lediglich durch das Eingehen auf die unbewußten Schemata und Provokationen.

Die Entwicklung der Persönlichkeit und des Lebensstils beruht auf der Meinung, die das Kind über sich und andere bildet und auf den Zielen, die es sich selber setzt. Es beginnt wahrscheinlich mit Zufallsentscheidungen, indem es die Reaktionen wahrnimmt und wertet. Nachdem es den Spielraum abgesteckt hat, in dem es operiert, das heißt, seinen Lebensstil kreiert hat, ist das Kind frei, aus einer großen Anzahl von verschiedenen Möglichkeiten zu wählen. Es kann von seiner Freiheit vollen Gebrauch machen, häufig zum Nachteil der Erwachsenen, die weder die Natur seiner Entscheidungen erkennen, noch wissen, wie sie sie ändern können.

Ein Kind überschätzt zum Beispiel die Bedeutung, die darin liegt, die Anerkennung seiner Eltern zu erreichen; es wird es möglicherweise schwierig finden, Kritik zu akzeptieren; es wird vielleicht überempfindlich sein und versuchen, andere die Entscheidungen treffen zu lassen. Oder es versucht, alles zu kontrollieren und zu manipulieren; Recht zu haben kann besonders wichtig werden; es wird denken, daß es niemandem trauen und sich auf andere nicht verlassen kann. Manche Kinder glauben, daß es die einzige Möglichkeit ist, etwas zu gelten, wenn man gut ist. Sie werden zu Perfektionisten, die über andere zu Gericht sitzen, die nicht so gut sind, fühlen sich moralisch überlegen und reagieren auf jeden Fehler, den andere machen. Manche rebellieren auf die eine oder andere Weise, überzeugt, daß sie berechtigt sind, ihren eigenen Weg zu haben.

Die Erkenntnis, daß jedes Kind entscheiden kann und auch tatsächlich *entscheidet, was es tun wird,* öffnet neue Ausblicke für die Kinderpsychologie und Pädagogik. Sie berücksichtigt die vorhandene Fähigkeit des Kindes, zu beschließen, *ob es sich ändern* oder *lernen will* und zu entscheiden, was und wann es lernen will. Diese Erkenntnis legt die Betonung auf das „Hier und Jetzt", auf die gegenwärtigen Entwicklungen im sozialen Umfeld. Sie widerlegt die allgemeine Annahme, daß das Kind das Opfer gemachter Erfahrungen ist. Vergangene Erfahrungen haben gewiß zu seiner Entwicklung und zu seinen gegenwärtigen Haltungen beigetragen, aber es liegt ein großer Unterschied darin, ob man nun die Vergangenheit als Ursache für seine Unzulänglichkeiten oder Schwierigkeiten ansieht, oder als Vorläufer, die erklären, wie und warum man seine Konzepte und Ideen entwickelte. Denn die Grundlage für das Verhalten ist das, was man denkt, glaubt und *heute* beabsichtigt zu tun. Das Kind ist nicht das Opfer von Kräften, die in ihm zusammentreffen, Erbanlagen, Umwelteinflüsse, traumatische Erlebnisse, psychosexuelle Entwicklung und so weiter. Was es bei der Geburt ist, ist weniger wichtig, als das, was es nachher aus sich macht. Die Lebensumstände sind weniger wichtig als das, was das Kind in ihrem Rahmen mit sich selbst anfängt. Diese Betrachtungsweise öffnet den Weg zur Veränderung durch neue und geeignetere Konzepte und Ziele. Sie ist die Grundlage für eine optimistischere Einstellung.

Um Kinder zu verstehen, müssen wir uns vor Augen halten, daß alles, was das Kind tut, von seinen *Entscheidungen* und *nicht* von seinen *Fähigkeiten* abhängt. So kann es sein, daß fehlerhaftes Verhalten nicht von wirklichen Mängeln herrührt, sondern von falschen Entscheidungen. Gegenwärtige psychologische Forschungen versuchen gewöhnlich, bestimmte Eigenschaften und Mängel eines Kindes, seine Fähigkeiten und Unfähigkeiten zusammenzustellen. Das ist eine Psychologie des Vorhandenen, der Bestandsaufnahme; unsere ist eine Gebrauchspsychologie. Wir sind nicht daran interessiert, was das Kind ist oder was es hat, sondern einzig und allein daran, was es damit anfängt. Konsequenterweise wird daher mangelhaftes oder antisoziales Verhalten nicht als unnormal betrachtet. Wir finden, daß das gute und das schlechte Kind oft auf der Basis derselben psychologischen Dynamik operieren. Ein überehrgeiziges Kind, das nicht der Beste sein kann, mag es vorziehen, der Schlechteste zu sein. Man ist gewöhnlich geneigt, herausragende Fähigkeiten eines Kindes als Ausdruck seines Talentes zu betrachten. Aber eine besondere Begabung kann sich auch als Kompensation für irgendein ererbtes oder umweltbedingtes Handicap entwickelt haben. (Kinder mit Augenfehlern werden vielleicht Maler, Kinder mit Hörfehlern u. U. Komponisten und Kinder mit schwachen Muskeln werden Sportler.)

Andrerseits haben viele hervorragende Menschen in ihrer frühen Kindheit geistige Anregung erfahren, die ihnen zu Kenntnissen verhalfen, die weit über ihr Alter hinausgingen. Wir unterschätzen die Fähigkeiten sehr kleiner Kinder. Heute sind wir in der Lage, zu beweisen, daß das geeignete Alter, Lesen und Schreiben zu lernen, wahrscheinlich zwischen 2½ und 3 Jahren liegt, wenn man *Chauncey, Doman, Moore, Sidi* und anderen folgt. In den allerletzten Jahren wurden viele Experimente entwickelt, die auf eine Anzahl von Methoden hinweisen, mit denen Kinder Fertigkeiten lernen, die man im allgemeinen einem viel späteren Alter zuschreibt. Die Fähigkeit von Vorschulkindern, eine fremde Sprache innerhalb von wenigen Wochen zu erlernen, ist bekannt. Obwohl manche Leute es als Nachteil für die Entwicklung des Kindes empfinden, wenn es sich mit mehreren Sprachen befaßt, so steht doch fest, daß Kinder in der Lage sind, mehrere Sprachen gleichzeitig zu lernen. Ihre Aufnahmefähigkeit ist fast unbegrenzt. Die künstlerische Begabung fast aller Vorschulkinder wurde schon erwähnt. In den letzten Jahren wurden auch ihre mathematischen Fähigkeiten erkannt, indem neue Methoden angewandt wurden, wie etwa die von *Cuisenaire.*

Eine der wichtigsten und weitreichendsten Entdeckungen betrifft die Annahme, daß Neugeborene die Fähigkeit zum Schwimmen besitzen. Ein Sperreflex, der nach dem Alter von 6 Monaten verschwindet, hindert sie vermutlich am Ertrinken. Wenn das wahr ist und wenn die Berichte der Eltern, die es versuchten, die Bestätigung bringen würden, so könnte das alle Auffassungen über Erziehung und sogar die gesamte Menschheit revolutionieren. Man muß sich nur die Wirkung auf das Selbstbewußtsein eines Kindes vorstellen, wenn es eine Motorik entwickelt. Bis zum gegenwärtigen Zeitpunkt ist das menschliche Kind eines der hilflosesten Geschöpfe in der Welt, so wie die Vögel, die ebenso Training und Entwicklung brauchen, bis sie ihre volle Beweglichkeit erreichen. Wenn das Kind in seinen Handlungen frei wäre, indem es seine Muskeln gebraucht, sein Gehirn entwickelt und entscheidet, wohin es gehen will, so müßte es nicht passive Hiflosigkeit erleben. Unsere ganze Haltung Kindern gegenüber würde sich ändern auf Grund ihrer Mobilität und der Fähigkeit zur Selbstbestimmung während der ersten Lebensmonate. Eine so frühe Aktivität würde das körperliche und geistige Wachstum des Kindes beschleunigen.

Warum erregt der Vorschlag, Vorschulkinder in akademischen Fächern zu unterrichten, so viel Opposition? Wir können zwei Hauptargumente unterscheiden: das erste ist die Angst vor nachteiligen Folgen, wenn man vom Kind Funktionen erwartet, zu denen es nicht reif ist. Der Prototyp solcher Einwände ist die Klage der Psychoanalytiker, daß zu früh erzwungene Sauberkeitserziehung die Persönlichkeitsentwicklung des Kindes gefährdet. Es hat sich jedoch gezeigt, daß die notwendige Reifung im zentralen Nervensystem nicht, wie angenommen, eine Voraussetzung für das Training ist, sondern eher eine *Folge* der Praxis. Ein ähnlicher Widerstand gegen die vorzeitige Förderung rührt von der Annahme einer noch nicht ausreichenden Antriebskraft her, übersieht aber dabei die Tatsache, daß geistige Entwicklung eine *Folge* des

Gebrauchs und nicht dessen Voraussetzung ist. Solche Befürchtungen zeigen eine beschützende Haltung gegenüber dem Kind, die eine Form von mangelndem Vertrauen in seine Fähigkeiten ist.

Der zweite Einwand basiert auf der Annahme, daß frühes Lernen das Kind seiner Kindheit beraube. Aber warum sollte das so sein? Sogar das überdurchschnittlichste Genie, das sich innerhalb seines Arbeitsbereichs auf einer völligen Erwachsenenebene bewegt, zeigt dasselbe Sozialverhalten wie andere Kleinkinder. Die vorgeschlagene Form des Lernens ist lediglich eine besondere Form des Spiels. Sie fördert nur geistige Aktivitäten, die den Kindern heutzutage vorenthalten werden. Ein Grund, warum das Lesenlernen schwieriger wird, wenn es bis zum Alter von sechs Jahren hinausgeschoben wird (vergleiche *Maria Montessori*) ist der, daß das Kind seine Unfähigkeit empfindet, das zu tun, was Erwachsene tun, wenn es dieses Alter erreicht hat. Das Kind übernimmt, was für es geplant wird. In vielen Fällen wird ein Kind eher reif, weil der ältere Bruder oder die ältere Schwester Lernschwierigkeiten hat. Aber viele Kinder – besonders Jungen – entwickeln dagegen überhaupt keine Lernbereitschaft. Sie weigern sich einfach, zu lernen, entweder, weil sie entmutigt sind oder sich im Machtkampt mit Erwachsenen befinden. Einige Wissenschaftler schreiben das einer langsameren Entwicklung der Jungen zu, ungeachtet der Tatsache, daß viele Jungen in einigen Ländern (England, Israel) im Alter von 4 Jahren lesen lernen. Dort nimmt man nicht an, daß Jungen sich langsamer entwickeln.

Bevor wir Kindern wirklich helfen können, ihre unermeßlichen Anlagen auszuschöpfen, müssen wir die *Praktiken ändern, die* gegenwärtig beim Großziehen von Kindern *in der Familie und beim Unterricht* in unseren Schulen *angewandt werden.* Ohne die Eliminierung vieler traditioneller Verfahren werden die Kinder weiterhin gerade von denen behindert werden, die ihnen aufrichtig helfen wollen. Der Zusammenbruch unseres Erziehungs-, Familien- und Schulsystems muß erkannt werden, bevor wir für unsere Haltungen und Verfahrensweisen ein neues Wertsystem aufstellen und Eltern und Lehrer in den neuen Verhaltensmustern systematisch trainieren können. Wir befinden uns in derselben tragischen Situation wie *Semmelweis* vor ungefähr einem Jahrhundert in Wien.

Er hatte das Gesetz der Asepsis entdeckt. Bis dahin schadeten Ärzte ihren Patienten genaugenommen durch die Behandlung. Wunden wurden mit unsauberem Verbandsmaterial behandelt und das verursachte Infektionen und Tod. Geburtshelfer, die von einer Autopsie kamen, brachten Babies zur Welt ohne ihre Hände zu waschen und verschuldeten so den Tod vieler Frauen, die zur Entbindung in die Klinik gekommen waren. Sie wußten ganz einfach nichts von der Notwendigkeit, sich die Hände zu waschen. Man kann sich die Reaktion seiner Kollegen vorstellen, als *Semmelweis* ihnen demonstrierte, welches Leid sie ihren Patienten zufügten. Ihre Entrüstung brachte ihn schließlich dazu, Selbstmord zu begehen.

Wir können Eltern nicht ihre Fehler vorwerfen und wir tun es auch nicht. Es ist nicht ihre Schuld, daß sie nicht wissen, was sie mit ihren Kindern tun sollen. Eltern sind nicht vertraut mit den Methoden, nach denen Kinder erzogen werden sollen, denn Kindererziehung beruhte bisher stets auf Tradition und die überlieferte Form der Erziehung, die aus einer autokratischen Vergangenheit übernommen wurde, bringt keine Ergebnisse mehr. Solange Kinder sich benehmen und lernen *wollen,* sind unsere Lehrer zwar ähnlich erfolgreich wie früher. Aber Lehrer lernen in den Seminaren nicht, was sie mit einem Kind anfangen sollen, das sich entschlossen hat, weder „wohlerzogen" zu sein, noch zu lernen. In solchen Fällen schafft Druck von außen keine Abhilfe. Die meisten Eltern und Lehrer wissen nicht, wie sie sich in Konfliktsituationen und bei Widerstand verhalten sollen. Disziplin durch Belohnung und Strafe war und ist nur in einem autokratischen Verhältnis möglich. Es muß durch ein demokratisches Verhältnis ersetzt werden, mit Methoden, die intrinsisch motivieren. Ohne eine solche Stimulierung untergraben die meisten erzieherischen Einflüsse eher die Entwicklung des Kindes, statt sie zu fördern.

Das größte *Hindernis* für Wachstum und Entwicklung, für das Lernen und ein verbessertes oder auch nur auf der schon erreichten Ebene fortgesetztes Funktionieren ist *Entmutigung*, der Zweifel an den eigenen Fähigkeiten. Unsere gegenwärtigen Erziehungsmethoden konfrontieren die Kinder mit einer Reihe von entmutigenden Erfahrungen. Entweder nimmt man ihnen das ab, was sie selbst tun könnten, behütet und verwöhnt sie dabei, oder man schimpft und straft. In beiden Fällen wird das Kind um die Erfahrung seiner eigenen Stärke gebracht. Es kann seine inneren Kräfte nicht benützen, wenn es davon überzeugt ist, daß es keine hat. Wir erschrecken Kinder ständig in der fälschlichen Annahme, daß solche Furcht zu Wachstum, Lernen und Anpassung anregt. Ohne es zu wissen und zu wollen, üben Eltern und Lehrer auf die Mehrzahl der Kinder und Jugendlichen eine beträchtliche entmutigende Wirkung aus. Das Kind ist für sie nie gut genug, so wie es ist. Sie befürchten, daß es sich nicht entwickelt und gedeiht, wenn sie es nicht durch Angst vorwärtstreiben.

Dieser Druck jedoch veranlaßt Kinder heute nicht mehr wie in der Vergangenheit zu Gehorsam. Früher mußte das Kind unreflektiert nachvollziehen, was die Erwachsenen taten. Das trifft heute nicht mehr zu. In der demokratischen Evolution verloren alle früher dominanten Gruppen ihre Macht, sei es in den Beziehungen zwischen Mann und Frau, zwischen Management und Arbeit, zwischen Schwarz und Weiß, zwischen Erwachsenen und Kindern. Als Folge davon erleben Eltern und Lehrer ein *zunehmendes Maß an Rebellion und Widerstand bei* ihren *Kindern*. Diese wehren und verteidigen sich offen oder unterschwellig. In jeder Familie, in jedem Klassenzimmer findet ein Krieg statt, geführt mit wachsendem gegenseitigem Mißtrauen und immer weniger Kooperation.

Der intensive Wettbewerb in unseren Familien und Schulen stellt Geschwister gegeneinander, verunsichert jeden, treibt Kinder dazu, sich mehr mit sich selbst, ihrem Ansehen und ihren Fortschritten zu beschäftigen, als mit allgemeineren Notwendigkeiten.

Der Über-Ehrgeiz, den wir unseren Kindern einflößen, vermittelt kein Gefühl der Sicherheit; weder für den, der Erfolg hat, noch dem, der verzweifelt aufgibt. Die stärkste

Motivation, sich zu entwickeln und sich selbst weitmöglichst zu verwirklichen, fehlt. Diese Motivation ist das, was *Adler* „Gemeinschaftsgefühl" nannte, ein Gefühl der Zugehörigkeit. Das allein ist es, was jeden Menschen dazu anregt, zum Wohlbefinden aller beizutragen, seine Fähigkeiten und Möglichkeiten zu steigern, nicht um seiner selbst willen, sondern als Mitglied der Gemeinschaft.

Wenn wir die unglaubliche Intensität betrachten, mit der Kinder auf neue Anregungen ansprechen, sind wir von der Tatsache beeindruckt, daß sie im Spiel lernen, einfach durch die Freude, an dem, was sie tun. Lernen scheint zum Spaß zu werden, eine Errungenschaft und ein Vergnügen. Dabei geht es nicht um Ehre oder Versagen, kein Bewerten, keine Überlegenheit oder Unterlegenheit, keine drohende Unzulänglichkeit; alle freuen sich ganz einfach an dem, was sie tun und machen Fortschritte durch angenehme Übung. Alle normalen Kinder – nicht nur die Begabten können auf diese Weise lernen. Das scheint zu beweisen, daß Lernstörungen bei normalen Kindern unnatürlich sind und nicht sein müßten.

Wir wissen nicht, bis zu welchem Leistungsniveau das *Lernen durch lustbetontes Handeln* ausgedehnt werden kann. Wir sind gewöhnt, zu glauben, daß große Leistung starke Anstrengung erfordert. Einige der besten Schüler jedoch lernen leicht und gern. Es ist die Frage, ob sie gern lernen, weil sie begabt und talentiert sind, oder ob sie nicht vielleicht talentierter werden, weil sie gern lernen. Viele Schulversager, die unfähig waren zu lernen, kehrten später zur Schule zurück und wurden erfolgreich. Es sieht also so aus, als ob die *Einstellung* die Leistung entscheidend beeinflußt.

Übung macht den Meister! Aber muß diese Übung unangenehm sein? Was spielt sich ab, wenn ein Kind oder sonst jemand lernt? Der Vorgang beruht immer auf einer Änderung der Begriffe, der Annahmen. Dieser Wandel vollzieht sich wahrscheinlich spontan in einem Augenblick. An einem bestimmten Punkt fällt beim Kind plötzlich „der Groschen". Dann weiß es, was es zu tun hat. Zwischen diesen Perioden des plötzlichen Fortschritts wird eine ganze Menge Zeit verschwendet mit bedeutungsloser Übung, vermeintlichem Training von Muskeln, Bewegungen oder anderen einzelnen Fertigkeiten. Es wird angenommen, daß bloße Wiederholung einen Lerneffekt hat. Das mag sein, aber nur dann, wenn das Kind im gegebenen Moment zu verstehen beginnt. Wenn dieses Verständnis unmittelbar herbeigeführt wird, sind Wiederholungen nicht notwendig, – abgesehen von der Anwendung dessen, was bereits gelernt wurde. Mit anderen Worten, Wiederholung und Übung sind erst sinnvoll, nachdem das Kind gelernt hat und nicht vorher. Aus diesem Grund fördert es bei Kindern nicht das Lernen, sondern nur die Rebellion, wenn man verhaßte Hausaufgaben verlangt.

Mit den geeigneten Instruktionen können Kinder weit fortgeschrittenere Fertigkeiten erwerben, als bisher. Unglaubliche Gedächtnisleistungen können erreicht werden. Ganz kleine Kinder sind in der Lage, das Komponieren zu lernen. *Suzuki* in Japan unterrichtet unausgewählte Gruppen von Kindern im Alter von 3 bis 5 Jahren darin, Violinkonzerte zu spielen. Viele andere Fähigkeiten und Fertigkeiten könnten erweitert werden, wie etwa Zeitgefühl, Raumorientierung, tiefere Menschenkenntnis und das Wahrnehmen neuer Begriffsmuster in den verschiedensten Leistungsbereichen, weit über das gegenwärtige Ausmaß hinaus. Und jede neue Fähigkeit würde die Lebensbewältigung des Kindes und der Menschheit fördern.

Wir stehen möglicherweise an der Schwelle einer neuen Kultur, wenn wir die Hindernisse beseitigen können, die intellektuelles Wachstum, soziale und moralische Entwicklung beeinträchtigen. Es scheint, daß wir kurz davor sind, das zu erreichen. Dann werden wir, in einem verhältnismäßig kurzen Zeitraum von wenigen Generationen, einen so hohen Stand an Wissen, Fertigkeit, Leistung und Moral erreichen, daß die Menschheit sich dann ebenso von uns unterscheiden wird, wie wir uns jetzt von den Einwohnern des schwärzesten Afrika unterscheiden.

1.2. Verhaltensziele wahrnehmen

Jeder Erziehungsprozeß beruht auf einem gewissen Menschenbild, ob sich der Erzieher nun seines Konzeptes bewußt ist, oder nicht. In den meisten Fällen handelt er *spontan,* ohne nach seinen Voraussetzungen zu fragen. Sein Verhalten wird gewöhnlich von denen akzeptiert, die seine Auffassung vom Menschen teilen. In diesem Sinn basiert Erziehung auf Überzeugungen, die entweder gebildet wurden durch Tradition und kutlturelle Einflüsse, oder durch persönliche Wahl oder Beziehungen. Alle Schulreformen spiegeln Versuche wieder, Konzepte und Verfahrensweisen zu ändern. Solange bestimmte Auffassungen vorherrschen über die Ursachen des Verhaltens von Kindern und über die Methoden, ihnen zu begegnen, ist die Chance nur gering, etablierte Erziehungssysteme zu verbessern.

In der gegenwärtigen Verwirrung darüber, wie man mit Kindern umgehen sollte, gibt es kein allgemein anerkanntes Konzept und es werden eine große Vielzahl verschiedener Methoden im Umgang mit Kindern vertreten. Das heißt, daß über die Art und Weise, in der Kinder erzogen und unterrichtet werden sollen, keine Übereinstimmung herrscht. Erzieher halten sich entweder an die traditionellen Methoden, die nicht mehr effektiv sind, oder sie hoffen, daß die wissenschaftliche Forschung ihnen Informationen bringt über neue Wege im Umgang mit Kindern. Die Forschung treibt einen beträchtlichen Aufwand, aber oft mit fragwürdigen Resultaten. In der Tat scheint es das Hauptziel der gegenwärtigen Forschung zu sein, Lehrer mit *Rechtfertigungen* zu versorgen für ihre Unfähigkeit, Kinder zu unterrichten und zu beeinflussen, die sich weigern zu lernen und zu kooperieren. Da war zunächst die Sache mit der „geistigen Zurückgebliebenheit“ als Erklärung für Lernschwierigkeiten, obwohl wir keinen verläßlichen diagnostischen Test haben, um wirkliche Retardierung von Pseudo-Retardierung zu unterscheiden, bei der sich Kinder dumm stellen oder dumm anstellen, ohne es zu sein. Dann gab es die Annahme, daß Jungen sich langsamer entwickeln. Als nächstes kam der Effekt der „Seitigkeit“ und seine Verwirrung, der zu den Begriffen Legasthenie, zerebrale Dysfunktion, Kultur- und Wahrnehmungsverlust und „Minimal Brain Damage“ (leichter Hirnschaden) führte. Die Bedeutung all dieser Faktoren wird weit überschätzt und muß objektiv beurteilt werden. Neuerdings hat man sich daran gewöhnt, das *Versagen der Lehrer* mit einer stets wachsenden Zahl verhaltensgestörter Kinder zu rechtfertigen.

Alle diese Betrachtensweisen stellen bestimmte „Ursachen“ in Rechnung für die Unzulänglichkeit und das Fehlverhalten des Kindes. Sie liegen auf einer Linie mit weitverbreiteten wissenschaftlichen Vorstellungen, daß alle Ereignisse nur aus ihren Ursachen erklärt werden können. Die meisten unserer Zeitgenossen sind beeinflußt durch das Festhalten an der kausalistisch-deterministischen Erklärung aller Ereignisse, wie sie von der Wissenschaft des 17. Jahrhunderts entwickelt wurde. Es wird einen großen Durchbruch erfordern, um diese Denkweise auszumerzen, die ursprünglich einen beträchtlichen wissenschaftlichen und technischen Fortschritt brachte, die aber nun ein Hindernis geworden ist im Verständnis von Menschen und besonders von Kindern.

Das Menschenbild, das wir vorschlagen und das sehr vielversprechend erscheint für zukünftige Erziehungsansätze, hätte wenig Chancen, akzeptiert zu werden, wenn es Entwicklungen in den Grundwissenschaften und besonders in theoretischer Physik nicht bejahen würde. *Adler,* der ein eigenes Menschenbild entwickelte, lebte mehr als 50 Jahre vor unserer Zeit. Heute bestätigen neue Theorien über Lernen, Urteilsfindung, Spiel und Motivation *Adlers* Vorstellungen. Jedoch die Mehrheit der Zeitgenossen, sicherlich aber die Mehrzahl der Lehrer wurde mit diesen neuen Perspektiven nicht genügend bekannt gemacht. Daher ist es für sie schwierig, die neuen Vorstellungen zu begreifen und zu akzeptieren, die in vielem dem widersprechen, was sie bisher glaubten und dachten.

Unsere neuen Vorstellungen erlauben dem Erzieher, das

Kind in einem völlig anderen Licht zu sehen. Wir bieten eine gut begründete *Verhaltenstheorie* und ein System von Verfahrensweisen, das allgemein anerkannt werden kann. Es würde eine stabile Basis schaffen für den Umgang mit Kindern und ihren Problemen. – Historisch gesehen herrschte in einer autokratischen Gesellschaft eine gewisse Stabilität. Damals wußte fast jedermann, was er mit Kindern anfangen sollte, weil sich wirksame Erziehungsmethoden durch Tausende von Jahren der Erwachsenenherrschaft hindurch entwickelt hatten. Die Unbrauchbarkeit traditioneller Methoden in einer demokratischen Gesellschaft führte zur gegenwärtigen Verwirrung in der Erziehung und damit zu einer Vielzahl von Erziehungsstilen, die sich beständig ändern, wenn eine schlechte Auffassung durch eine andere, ebenso fehlerhafte ersetzt wird.

Was ist nun die *Grundlage unseres neuen Vorgehens?* Es ist die Erkenntnis, daß alles Verhalten *zielgerichtet* ist. Nur wenn man diese Voraussetzung anerkennt und den Zweck des kindlichen Verhaltens durchschaut, ergeben die Methoden, die wir empfehlen, einen Sinn. Ziele zu verändern ist etwas anderes, als Mängel beheben. Was kann man wirklich tun, wenn ein Kind faul ist, passiv-aggressiv, ein Tagträumer, ohne Verantwortungsbewußtsein, hyperaktiv . . .? Diese und ähnliche Termini werden benützt, um die Fehler und Unzulänglichkeiten des Kindes zu erklären. Aber erklären sie wirklich etwas? Es sind Etiketten, die nur beschreiben, was das Kind tut, aber nichts darüber aussagen, warum es sich so verhält. Solange Lehrer und Erzieher sich damit zufrieden geben, ihre erzieherischen Fehlschläge mit den Eigenschaften des Kindes zu erklären, kann von Korrekturmaßnahmen nur wenig Fortschritt erwartet werden. Der versperrte Zugang öffnet sich, sobald der Lehrer die verkehrten Ziele des Kindes erkennt, denn dann kann er ihm helfen, dafür bessere Alternativen zu finden.

Als soziales Wesen möchte jedes Kind sich zugehörig fühlen. Sein Verhalten zeigt die Wege und Mittel, mit denen es versucht, Geltung zu erlangen. Wenn die Mittel unsozial und störend sind, dann hat das Kind nicht die richtige Vorstellung darüber entwickelt, wie es seinen Platz finden kann. Seine fehlgeleiteten Ziele, über die wir im einzelnen im nächsten Kapitel reden wollen, spiegeln einen Irrtum wieder in seiner Selbsteinschätzung, seiner Auffassung vom Leben und den Notwendigkeiten der Gemeinschaft.

Bevor wir fortfahren, wollen wir genauer erklären, was es bedeutet, jedes Verhalten als zielgerichtet zu betrachten. Die Methode, die *Adler* entwickelte, um die Ziele eines Menschen zu erkennen, kann teleo-analytisch genannt werden (Erkennen und Ändern der Ziele). Die teleologische Denkweise, die herkömmlichen Auffassungen widerspricht, fand viel Opposition. Der Ausdruck wurde zuerst in religiösem Sinn gebraucht: der Mensch hat den Zweck zu erfüllen, für den Gott ihn geschaffen hat. (*Jung* drückte ähnliche Gedanken aus, nämlich daß der Mensch durch das kollektive Unbewußte die Erwartungen seiner Vorfahren erfüllen muß). Die stärkste Opposition kam von Wissenschaftlern, die teleo-analytische Gedanken als unwissenschaftlich zurückwiesen. Die Doktrin der Kausalität durchdringt unsere ganze Gesellschaft. Es ist deshalb sehr schwer zu begreifen, daß unser Verhalten nicht durch seine „Ursache" erklärt wird.

Die treibende Kraft hinter jeder menschlichen Handlung ist das Ziel. Bis zu einem gewissen Ausmaß weiß jeder was er will und verhält sich dementsprechend. Seiner Ziele ist er sich meistens *nicht bewußt.* Die *Folgen* seiner Handlungen jedoch *enthüllen* seine *Absichten,* ob er sich deren bewußt ist oder nicht. Besonders wenn unsere Absichten fragwürdig sind, können wir immer der Verantwortung für unsere Taten entgehen, indem wir sagen, daß wir es nicht so gemeint haben, oder auf unschuldig plädieren und Kräfte in und um uns beschuldigen, die uns so handeln ließen. Aber das ist reiner Selbstbetrug. Im allgemeinen erreicht nur ein kleiner Teil unserer Absichten die Bewußtseinsebene. Wir tun das, was wir fühlen tun zu müssen, ohne zu wissen, was uns dazu treibt.

Das Individuum hat die „Macht", sich in jede selbst bestimmte Richtung zu entwickeln. Es wird nicht von seiner

Vergangenheit durch das Leben geführt; es bewegt sich aus eigenem Antrieb. Alle seine Handlungen, Eigenschaften und Charakterzüge, ebenso wie seine Emotionen, können durch das Bestreben erklärt werden, einen *Platz in der Gemeinschaft* zu finden. Die Handlungen eines Kindes könnten auf der fälschlichen Annahme über sich selbst und das Leben beruhen. Auch wenn sein Verhalten unangebracht erscheinen mag, so reflektiert es doch seine Überzeugung, daß dies für es der einzig mögliche Weg ist, anerkannt zu werden.

Das Kind kann die Wirklichkeit nicht so annehmen, wie sie ist, sondern nur so, wie es sie *interpretiert.* Wir können nicht völlig objektiv sein in der Beurteilung einer gegebenen Situation, weil wir eine *tendenziöse* Aperzeption haben. Um zu verstehen, wie das Kind das Leben betrachtet, andere und sich selbst einschätzt und was es beschließt, damit anzufangen, müssen wir wissen, daß das von seiner *privaten Logik* abhängt. Ein Kind zu fragen, warum es etwas falsch gemacht hat, ist sinnlos; es weiß es nicht. Der geschulte Erzieher muß ihm dabei helfen, sich selbst, seine Ziele, und seine private Logik zu *verstehen.*

Obwohl das Kind ohne Vorbereitung auf die Komplexität des sozialen Lebens geboren wird, ist es doch ein soziales Wesen und nicht nur ein Bündel von Instinkten und Reflexmechanismen. Es ist empfänglich für die soziale Atmosphäre um es herum und sehr früh experimentiert es mit seiner Umgebung, um zu bekommen, was es will und sei es auch nur, hochgenommen und liebkost zu werden. Wenn es seine Konzepte und Ziele entwickelt, braucht es einige Leitlinien, um mit den Widrigkeiten des sozialen Lebens zurechtzukommen. In der Interaktion mit allen Familienmitgliedern entwickelt es ein sogenanntes fiktives Ziel für die Organisation seines Lebens; dies ist die Grundlage für seinen Lebensstil. Das Ziel ist fiktiv, weil das Kind annimmt, daß es nur unter bestimmten Bedingungen sich seines Platzes sicher sein kann. Wir wollen das durch die folgenden Beispiele veranschaulichen:

Als der dreijährige Eddi in die Küche kam, bemerkte er, daß seine Mutter nähte, sein Vater befestigte ein Küchenschränkchen und seine ältere Schwester machte einen Kuchen. Eddi wollte sehr gern auch etwas tun, etwas, das seine Mutter glücklich machen würde. Er nahm Schuhcreme und Schuhbürste und begann, seine Schuhe zu putzen. Als der Vater merkte, was Eddi tat, rief er ihm zu, „Das ist großartig, mein Sohn. Sieh zu, daß sie schön glänzen.“ Die Mutter lächelte ihm zu.

Einige Zeit später wurde Eddi dabei entdeckt, wie er die Bettdecke auf dem Bett von seiner Mutter polierte. Unseligerweise war die Mutter diesmal nicht so glücklich wie vorher, denn er hatte für ihre Satindecke schwarze Schuhcreme benutzt. Er bekam eine Ohrfeige und Schimpfe, weil er ein ungezogener Junge sei.

Herbert, 11 Jahre alt, ist das älteste von drei Kindern. Er ist ein sehr schüchterner Junge, spricht ganz leise, hat keine Freunde und meidet Menschen außerhalb der Familie. Er bleibt im Haus, außer wenn er zur Schule geht, oder seine Eltern ihn zum Einkaufen schicken. Im Haus ist er fleißig, macht entweder sein Zimmer sauber, räumt den Keller auf, oder hilft seiner Mutter bei dem was sie gerade tut.

Seine Schwester Melanie ist zwei Jahre jünger. Sie ist ein sehr extrovertiertes, glückliches, ziemlich aggressives Kind. Sie ist beliebt bei anderen Kindern. Zu Hause müssen die Eltern sie dazu zwingen, sich um ihr Zimmer zu kümmern oder irgendeine Hausarbeit zu tun, die sie ihr auftragen. Gewöhnlich macht Herbert ihre Arbeit, bevor sie Gelegenheit hat, sie zu erledigen (wenn sie schon einmal Lust hat, es zu tun). Es ist nicht ungewöhnlich, daß sie in ihr Zimmer kommt und Herbert bereits ihr Bett gemacht, ihre Kleider aufgehängt und alles aufgeräumt hat, was so herumliegt.

Obwohl Melanie diesen Service genießt, beklagt sie sich bei den Eltern über den Bruder. „Warum ist er so ein Dummkopf? Warum geht er so langsam?“ Sie läßt keine Gelegenheit aus, ihm Namen zu geben, wie „Heulsuse“ oder „Dummkopf“.

Die grundlegenden Leitlinien erlauben dem Kind bei seinen Handlungen eine gewisse Stabilität und Beständigkeit zu erreichen. Aber, wie wir später noch besprechen werden, setzt der Lebensstil auch gewisse Beschränkungen und führt zur Möglichkeit der *Frustration* in bestimmten Lebenslagen. Wenn der Lebensstil zu den Erfordernissen der Situation im Widerspruch steht, entwickelt sich eine Krise. An diesem Punkt enden die Fähigkeit und Bereitschaft, teilzuhaben und beizutragen, und antisoziale Strebungen mit neurotischen oder gar psychotischen Zügen folgen möglicherweise nach. Aber sogar dann hat auch noch die antisozialste Form der Existenz einen Zweck; den zu erkennen ist ein wichtiger Faktor bei der Therapie und Wiedereingliederung bei Kindern ebenso wie bei Erwachsenen.

Innerhalb der Bedingtheiten des Lebensstils, der sich auf *Fernziele* im Leben richtet, liegen die unmittelbaren *Nahziele,* wie man sie nennen könnte. Während das Konzept des Lebens für jede Person einmalig ist, und einen Menschen vom anderen unterscheiden kann, sind sich die unmittelbaren Reaktionen im Umgang mit konkreten Lebenssituationen ziemlich ähnlich.

Wir stellen fest, daß es *vier mögliche Ziele* des störenden und fehlgeleiteten Verhaltens bei kleineren Kindern gibt. Diese sind in Tabelle 1 (siehe S. 24) dargestellt und sollten beachtet werden, bevor wir uns über das Verhalten Gedanken machen können.

Es mag unrealistisch erscheinen, psychologische Einsichten von einem Lehrer zu erwarten, der doch nur unterrichten und Wissen vermitteln soll. Aber jeder Lehrer – und daher auch jeder erwachsene Erzieher – kann sich diese Fähigkeit und dieses Wissen in einer relativ kurzen Zeit aneignen. Solange man von Lehrern nur erwartete, daß sie unterrichten und von Schülern nur, daß sie lernen, war es nicht notwendig, Kinder zu verstehen und ihre Motivation zu ändern. Heute, in einer Zeit, in der Druck von außen seine Wirksamkeit verloren hat und durch inneren Antrieb ersetzt werden muß, gehören solche Fähigkeiten und Fertigkeiten zum Handwerkszeug eines jeden Lehrers.

1.3. Die Ziele gestörten Verhaltens

Wenn der Lehrer oder Erzieher Schulkinder zu einer Veränderung ihres Verhaltens bewegen will, ist es für ihn zunächst notwendig, die Ursachen des gezeigten Verhaltens zu suchen und zu verstehen.

Unsere Beschreibung der *vier Ziele gestörten Verhaltens* bietet dem Lehrer die Möglichkeit, die psychologische Moti-

Tabelle 1. Die vier Hauptziele von gestörtem Verhalten bei Kindern

Richtung des gestörten Verhaltens → (Das Gemeinschaftsgefühl nimmt ab) →

effektiv		ineffektiv		Richtung des gestörten Verhaltens
aktiv-konstruktiv	passiv-konstruktiv	aktiv-destruktiv	passiv-destruktiv	Ziele
Erfolgreich „Musterkind“ „Lehrerliebling“ usw.	**Charm**ant witzig das „drollige Kind“ (bewundert für das, was sie sind, nicht was sie tun)	„Plage“ „Angeber“ „Schwätzer“ „lästige Klette“ **auffällig**	schüchtern abhängig ängstlich funktionelle Lese- und Sprachschwierigkeiten	Aufmerksamkeitsmechanismus AM (1)
Gewöhnlich wird ein Kind zuerst versuchen, die effektiven Verhaltensweisen einzusetzen, um sein Ziel zu erreichen. Nur, wenn es damit erfolglos bleibt, entscheidet es sich für die uneffektiveren Verhaltensweisen. Die dargestellte Richtung des Verhaltens läßt sich bei Kindern dann beobachten, wenn weniger destruktives Verhalten uneffektiv blieb.		Der „Rebell“ (ungehorsam, neigt zu Wutausbrüchen, lügt) kann auch Ziel (1) sein	Sturheit (Bettnässen kann auch Ziel (1) oder (3) sein)	Überlegenheit, Macht (2)
		Das „boshafte“ Kind (oft stiehlt es, streitet oder ist gewalttätig)	verbissene Passivität (Negativismus)	Vergeltung (3)
			hoffnungslos (Versagen, Rückzug, Angabe)	Unzulänglichkeit (4)

soziale Entmutigung

vation des Kindes zu verstehen, anstatt bei der Frage des Warum des kindlichen Verhaltens im Dunkeln zu tappen. Das Verstehen der Motivation hilft dem Lehrer zur Entwicklung diagnostischen Geschicks und psychologischen Einfühlungsvermögens.

Es mag vielen schwerfallen, die Tatsache zu akzeptieren, daß Kinder, die sich falsch verhalten, nicht genügend zur Kooperation bereit sind und nicht lernen wollen oder keinen Antrieb haben, von einem der oben genannten Ziele gelenkt sind. Wir werden oft gefragt, wie wir dazu kommen, solche Verallgemeinerungen aufzustellen und die große Vielzahl des kindlichen Fehlverhaltens jeweils einem der vier Ziele zuzuordnen. In Wahrheit haben wir das Fehlverhalten nicht den Zielen zugeordnet, sondern die Ziele dort gefunden. Wir wären nur allzu gern bereit, ein anderes Ziel für das störende Betragen eines Kindes mit aufzunehmen, wenn nur ein weiteres bewiesen werden könne. In allen Fällen können wir eines oder mehrere dieser Ziele vorfinden. Sie erklären das störende Verhalten des Kindes und können vom Kind erkannt werden, wenn es in geeigneter Weise damit konfrontiert wird.

In diesem Kapitel wollen wir die vier Ziele und ihre *Bedeutung* beschreiben. Im nächsten Kapitel werden die Methoden diskutiert, durch die ein Lehrer die Ziele des Kindes erkennen kann. In einem weiteren Kapitel werden wir verschiedene Maßnahmen vorstellen, mit deren Hilfe der Lehrer dem Kind helfen kann, seine fälschlichen Ziele zu ändern.

Das Kind kann versuchen, *Aufmerksamkeit* zu erregen, andere für sich zu benutzen, weil es überzeugt ist, daß es sonst verloren und wertlos wäre. Oder es kann versuchen, seine *Macht* zu beweisen in dem Glauben, daß es nur dann jemand sein und dem Druck der Erwachsenen trotzen kann, wenn es tun kann, was es will. Oder aber es sucht *Vergeltung* und glaubt die einzige Art und Weise, sich Geltung zu verschaffen, ist, andere so zu verletzen, wie es sich von ihnen verletzt fühlt. Oder es stellt eine tatsächliche oder eingebildete *Minderwertigkeit* zur Schau, um allein gelassen zu werden: solange nichts von ihm verlangt wird, wird seine Minderwertigkeit, Dummheit oder Unfähigkeit vielleicht nicht an den Tag kommen; denn das würde seine völlige Wertlosigkeit bedeuten.

Welches der vier Ziele sich das Kind auch zu eigen macht, sein Verhalten basiert auf der Überzeugung, daß es nur auf diese Weise Geltung erlangen kann. Sein Ziel kann sich bei entsprechenden Gelegenheiten mit den Umständen ändern; es kann in einem Moment Aufmerksamkeit erregen wollen und im nächsten Augenblick Macht beanspruchen oder Vergeltung suchen. Es kann auch über eine Vielzahl von Techniken verfügen, um sein Ziel zu verfolgen; und umgekehrt kann dasselbe Verhalten auch verschiedenen Zwecken dienen.

Diese vier Ziele von Fehlverhalten können bei Kindern bis zum Alter von zehn Jahren beobachtet werden. Es ist schwer für Eltern und Lehrer, zu erkennen, daß das störende Betragen des Kindes sich *gegen sie* richtet. In der frühen Kindheit hängt die Stellung des Kindes von dem Eindruck ab, den es auf andere macht. Später wird es vielleicht verschiedene Ziele entwickeln, um soziale Anerkennung in seiner Altersgruppe und noch später in der Erwachsenengesellschaft zu erlangen. Aber diese vier Kernziele können bei Menschen jeden Alters und jeder Lebensperiode noch beobachtet werden; nur sind sie dann nicht ausschließlich. Man muß bedenken, daß Status und Ansehen oft durch wertlose und destruktive Mittel leichter erreicht werden können, als durch konstruktives Handeln.

1. Der Mechanismus, *Aufmerksamkeit* zu erregen, findet sich bei den meisten jüngeren Kindern. Es ist ein Charakteristikum unserer Kultur, daß wir unserer Jugend nur wenige Möglichkeiten geben, ihre soziale Stellung durch einen sinnvollen Beitrag zu erreichen. Was immer in der Familie getan werden muß, wird von den Eltern oder älteren Geschwistern erledigt. Da das Kind nun keine Chance sieht, durch konstruktive Beiträge Geltung zu erlangen, sucht es Beweise für sein Angenommensein in den Dingen, die es von anderen bekommen kann, durch Geschenke, Zuneigung oder wenigstens durch Aufmerksamkeit. Da aber all dies sein Selbstbe-

wußtsein und Selbstvertrauen nicht vermehren kann, braucht das Kind ständig neue Beweise dafür, daß es nicht übersehen und vernachlässigt wird. Zuerst wird es versuchen, mit Hilfe von sozial anerkannten und erfreulichen Mitteln Befriedigung zu erlangen. Sobald aber diese Methoden ihre Wirkung verlieren, wenn etwa ein jüngeres Geschwisterchen die Show stiehlt, oder weil die Erwachsenen nun vom Kind erwarten, daß es sein kindisches Benehmen aufgibt, wird das Kind jedes nur verfügbare Mittel anwenden, um andere für sich zu benutzen und Aufmerksamkeit zu erregen. Demütigung, Strafe oder sogar Schläge werden in Kauf genommen, solange es nur seinen Zweck erreicht. Das ist einem Kind immer noch lieber, als ignoriert zu werden, denn dann fühlt es sich verloren und aufgegeben.

2. Eltern und Lehrer bemühen sich, daß Kind daran zu hindern, Leistungen anderer und Aufmerksamkeit zu beanspruchen. Es soll mit seiner Belästigung anderer aufhören und für sich selbst Verantwortung übernehmen. Wenn sie dann das Kind zurechtweisen, erreichen sie Verstocktheit und das Kind versucht, Überlegenheit zu erlangen, oder wenigstens der Macht Widerstand zu leisten. Das Kind fühlt sich nur dann anerkannt und wertvoll, wenn es tun kann, was es will und weigert sich deshalb, zu tun, was es soll. Jeder Erwachsene, der sich in einen Machtkampf mit einem Kind hineinziehen läßt, ist verloren. Auf alle Fälle, „gewinnt“ das Kind, abgesehen von einigen wenigen kurzlebigen Episoden, in denen es den Eltern gelingt, das Kind zu „besiegen“. Für solche Erfolge zahlen Eltern und Lehrer teuer. Sie überzeugen das Kind nur noch mehr, daß *Macht* alles ist, was im Leben zählt. Wieder eine Gelegenheit zu beweisen, daß es Erwachsene besiegen kann! Das Kind wird in seinen Kampfmethoden weder durch ein Gefühl der Verantwortung noch von einer moralischen Verpflichtung eingeschränkt. Es ist kreativ und erfinderisch. Die Erwachsenen können sich nicht mit ihm messen, weil sie nur sehr beschränkte Mittel zur Verfügung haben, um das Kind zu zwingen, während das Kind ständig neue und uner-

wartete Taktiken entwickeln kann, die ins Schwarze treffen. Es weiß genau, wo es empfindlich treffen kann. Ein Erwachsener, der heute versucht, ein Kind autoritär zu behandeln oder ihm seinen Willen aufzuzwingen ist 50 Jahre zu spät geboren. Er wäre erfolgreich gewesen in einer autokratischeren Gesellschaft, als nämlich diese die Erwachsenen in ihren Anstrengungen unterstützte. Heute gibt es weder eine Gesellschaft, die es zuläßt, daß Erwachsene Kinder mißhandeln, noch ein Kind, das – in seinem Sinn von Gleichwertigkeit – sich von einem Erwachsenen dessen Willen aufzwingen oder sich beherrschen läßt. Wenn einmal ein Machtkampf entstanden ist, kann sich die Beziehung zwischen Kind und Erwachsenem nur noch weiter verschlechtern und das Kind wird sich auf das nächste Ziel zubewegen, die *Vergeltung.*

3. Für Kinder, die sich völlig zurückgewiesen fühlen und den Glauben an sich selbst und an die Gesellschaft verloren haben, kann das Problem, Geltung zu haben, nicht mehr dadurch gelöst werden, daß sie Aufmerksamkeit erregen oder ihre Macht zeigen. Der Kampf zwischen einem solchen Kind und der Erwachsenengesellschaft ist zu heftig, zu schmerzlich und gleichzeitig zu verfahren, als das er irgendeinen anderen Weg zuließe, als gegenseitige *Vergeltung.* Die einzige Rolle, die ein dieses Ziel im Auge habendes Kind sich in der Lage fühlt, zu spielen, ist die, mit denen abzurechnen, die es verletzten. Und wenn ein Kind einmal diese Politik für sich selbst etabliert hat, beweist es, daß es durchaus fähig ist, Erwachsene zu der Art von Behandlung zu veranlassen, die dann seinen Durst nach Rache rechtfertigt. Diese Kinder wissen genau, wie sie am meisten verletzen können und ziehen aus der Verletzbarkeit ihrer Gegner Vorteile. Sie betrachten es als Triumph, wenn sie für böse gehalten werden. Da dies der einzige Triumph ist, den sie erlangen können, ist es auch der einzige, den sie suchen. Der Grad, bis zu dem ein solches Kind jeden in seiner Reichweite aufstacheln kann, gibt ihm die Rechtfertigung für sein Triumphgefühl.

4. Der intensive Kampf zwischen Erwachsenen und Kin-

dern führt zur völligen Entmutigung, entweder bis zur völligen *Ablehnung jeder sozialen Anteilnahme* wie im rachsüchtigen Kind, oder bis zum *Verleugnen jeder Art von Fähigkeit.* Das Kind, das zuerst passiv oder herausfordernd wurde, um besondere Zuwendung und Aufmerksamkeit zu erhalten, kann eventuell einen Punkt erreichen, an dem es so sehr davon überzeugt ist, ein totaler Versager zu sein, daß es nicht einmal mehr etwas versucht. Unter diesen Umständen will das Kind nur noch eines, allein gelassen werden. So lange nichts von ihm verlangt wird, kann es noch immer als Mitglied der Gruppe erscheinen. Dann verbirgt es sich hinter der Zurschaustellung einer tatsächlichen oder eingebildeten Minderwertigkeit, die seine Resignation rechtfertigt. Indem es jede Teilnahme oder jeden Beitrag vermeidet, glaubt es, weiteren Demütigungen und peinlichen Mißerfolgen aus dem Weg gehen zu können.

Hinsichtlich der Auswahl eines Zieles oder der Mittel, wie ein Kind sie erreichen kann, gibt es keine bestimmten Regeln. Im großen und ganzen hat jedes Kind, das sich störend verhält, ein „Gleichgewicht“ gefunden, das alle seine Handlungen leitet. In den meisten Fällen finden wir, daß das ungezogene Kind eines der vier Ziele verfolgt. Manchmal hat es sich noch nicht festgelegt und dann schwankt das Kind zwischen Aufmerksamkeit und Macht, zwischen Macht und Vergeltung, oder zwischen Aufmerksamkeiterregen durch passive Mittel und dem Aufgeben nach einem Mißerfolg. Einige Kinder verfügen über eine so reiche Kreativität, daß sie von einem Ziel zum anderen „springen“ und tatsächlich mit allen vieren operieren können, zum Leidwesen der Erwachsenen, die verblüfft sind über den unerwarteten Wechsel im Verhalten des Kindes. Manchmal ist es durchaus möglich, daß ein Kind zu Hause ein Ziel verfolgt und in der Schule ein anderes und wieder ein anderes im Kreis seiner Freunde. In jedem Fall muß man in der Lage sein, das Ziel des Kindes zu erkennen und damit umzugehen.

Wenn Lehrer gefragt werden, welche der vier Arten, Aufmerksamkeit zu erregen (s. Tabelle 1) sie als die am wenigsten störende empfinden, dann nennen sie natürlich die aktivkonstruktive. Solch ein Kind ist gewöhnlich im Verhalten und in der Leistung so gut, daß man es nicht unterscheiden kann von einem Kind, das *nicht* nach einer besonderen Aufmerksamkeit verlangt und einfach nur gern seine Arbeit tut, ohne das Bedürfnis nach Beifall. Viele Lehrer erkennen nicht, daß mit einem Kind, daß durch Angepaßtheit und Gehorsam Aufmerksamkeit erringen möchte, etwas nicht stimmt. Daher ermutigen sie solche Beweggründe, weil sie nicht wissen, wie verletzlich diese Kinder sind. Wenn sie keinen Erfolg mehr darin haben, Anerkennung und besondere Aufmerksamkeit zu bekommen, sehen sie keinen Grund mehr, gehorsam und brav zu sein und werden vielleicht sogar vorziehen, lieber der Schlechteste zu sein, wenn sie schon nicht der Beste sein können. Jedoch, soweit es sich nur um Einfälle dafür handelt, wie man Aufmerksamkeit erreichen kann, sind solche Kinder sehr erwünscht, weil sie gewöhnlich auf die Anwendung logischer Folgen ansprechen.

Die Meinungen darüber gehen auseinander, welche Zielgerichtetheit die negativste ist. Lehrer, die mit dem Hauptmotiv des Verhaltens eines Kindes nicht vertraut sind, mögen vielleicht geneigt sein, den aktiv-destruktiven Typ als den schlimmsten der vier zu betrachten, weil solche Kinder die meisten Störungen verursachen. Die meisten Lehrer halten das passiv-konstruktive Verhalten eines Kindes für das zweitbeste. Diese Kinder benützen ihren Charme und ihre Ausstrahlung, um Anerkennung zu finden und viele Lehrer mögen ein Kind, das zu ihnen aufschaut und sich einschmeichelt. Deshalb stellen wir fest, daß viele Lehrer dazu neigen, das aktiv-konstruktive Verhalten als das beste und das passivkonstruktive als das nächstbeste zu betrachten, das aktiv-destruktive als das schlimmste und das passiv-destruktive als dazwischenliegend. Vom Standpunkt der Lenkbarkeit und Anpassung aus betrachtet haben sie Unrecht. Das beste Verhaltensmuster ist verständlicherweise der aktiv-konstruktive Mechanismus, Aufmerksamkeit zu erregen; der nächstbeste ist nicht der passiv-konstruktive, sondern der aktiv-destruktive, vorausgesetzt, das Kind sucht nur Aufmerksamkeit und nicht Macht. Beide passiven Typen sind in Wirklichkeit entmutigter. Es ist leichter, einem aktiv-destruktiven Kind zu helfen, sinnvolle Methoden zu finden, um Geltung zu erlangen, als ein passives Kind zu aktiver Teilnahme zu bewegen. In diesem Licht betrachtet ist deshalb ein aktiv-destruktives Kind – so schwierig es klingen mag –, weniger gestört und kann leichter wieder zurückgewonnen werden. Das passiv-destruktive Kind ist am schlechtesten angepaßt, auch wenn es nicht allzuviel Störung verursacht. Gerade dieses Kind kann direkt zu Ziel vier übergehen, dem völligen Aufgeben.

Während Aufmerksamkeit durch vier Verhaltensformen erreicht werden kann, gibt es bei dem Ziel von Macht nur zwei. Macht kann entweder aktiv oder passiv sein; in beiden Fällen fühlt sich der Erwachsene besiegt durch die Tatsache, daß er nicht in der Lage ist, ein Kind an seinem Tun zu hindern, oder es zu etwas zu veranlassen. Vergeltung ist meistens aktiv. Nur gelegentlich kann passiver Widerstand überehrgeizige Eltern wirklich verletzen. Ziel vier bedeutet, notwendigerweise, völlige Passivität. Möglichkeiten für den Lehrer, mit diesen Zielen umzugehen, bzw. sie zu verändern, werden in Kapitel 3 vorgestellt.

1.4. Das Problem Disziplin

1.4.1. Grundlegung „sachimmanenter“ Disziplin

Die Disziplin aufrechtzuerhalten ist ein Teil des Erziehungsprozesses. Sie ist die Grundlage des sozialen Lebens. Sie ist kein Schulfach, das gelehrt und gelernt wird. Zu oft betrachtet man Disziplin unter dem Aspekt des Entweder-Oder; entweder die Kinder führen das Regiment, oder sie müssen jede Kleinigkeit beachten. Das Vermitteln von Disziplin ist ein fortlaufender Prozeß, nicht etwas, dem man sich nur in Zeiten von Streß oder bei schlechtem Benehmen zuwendet.

Einer der Gründe für das Dilemma auf dem Gebiet der Disziplin ist der, daß die meisten Menschen, Erzieher ebenso wie Eltern das Wort Disziplin benützen und *Besserung durch Strafmaßnahmen* damit meinen. Für manche bedeutet es physische Strafe; für manche strenge Überwachung durch Regeln und Reglementierung und autokratische Autorität. Die Individuen, die diszipliniert werden sollen, werden beim Aufstellen dieser Regeln überhaupt nicht beteiligt und werden nicht über den Vollzug befragt. In der Schule bestimmen Lehrer und/oder Rektor die „Folgen" für Fehlverhalten, die sie festgelegt haben, ohne Rücksicht darauf, ob diese für das Kind einen Sinn ergeben oder nicht. Einige Lehrer argumentieren, daß das Kind schon wisse, warum es bestraft wird und sie betrachten gewöhnlich die Konsequenzen als fair, ungeachtet der Proteste des Kindes. Widerstand, mürrisches Schmollen und versteckte Ressentiments sind gewöhnlich das Resultat, wenn das Kind die Entscheidung des Erwachsenen nicht versteht, oder ihr nicht zustimmt. Einige Lehrer führen weiter ins Feld, daß eine faire Bestrafung für das Kind gut sei, weil es dadurch lerne, zwischen richtig und falsch zu unterscheiden und daß schlechtes Benehmen sich nicht auszahlt. Sie übersehen die Tatsache, daß das Kind Autorität zu hassen beginnt; es zieht in Betracht, daß bestraft zu werden ihm das Recht gibt, ebenfalls zu strafen, und die Vergeltungsmaßnahmen von Kindern sind gewöhnlich sehr viel effektiver als die Strafen von Erwachsenen. Erwachsene glauben, daß das Kind wenn es erst erwachsen ist, ihnen sogar dankbar sein wird, für ihren Akt der Liebe und des Sich-Kümmerns.

Einige Lehrer fangen an, den Unterschied zu entdecken zwischen *Selbstdisziplin,* – die auf einer mit Verantwortungsgefühl gepaarten Freiheit beruht – und *erzwungenem Gehorsam* gegenüber einer Autorität, der auf Zwang, Macht und Angst basiert. In den letzten zehn Jahren gab es eine Abnahme der körperlichen Strafen, jedoch nur zu Gunsten von leichteren Formen wie Demütigungen und anderen Arten von Entmutigung und Tadel.

Disziplinierung muß nicht die Form von Strafe annehmen.

Strafe ist etwas, was manche Leute verwenden, wenn Übung versagt oder an Stelle von Training. Strafe hat nicht notwendigerweise etwas mit körperlicher Züchtigung zu tun, obwohl es für viele Eltern so ist. Auch Isolation, Zurückweisung, das Verweigern von Privilegien usw. kann Strafe bedeuten. Strafe lehrt, was man nicht tun darf, versagt aber darin, zu zeigen, was man tun soll.

In diesem Kapitel werden wir uns mit Diszplin in dem Sinn befassen, daß sie nicht Ausdruck der Autorität eines Einzelnen ist, sondern daß Disziplin durch eine Gruppe und vom Individuum selbst anerkannt und auferlegt wird. Wir meinen die Entwicklung intelligenter Selbstkontrolle an Stelle von blindem Gehorsam aus Furcht.

Disziplin, wie wir sie in diesem Kapitel besprechen, führt zu einem Verhalten, durch welches das Kind das Angenommenwerden von anderen und infolgedessen ein größeres Selbstwertgefühl erlebt. Das Wachsen von Selbstachtung ist die stärkste Form der Steuerung.

Wenn man es so betrachtet, hört Disziplin auf, eine *Einschränkung* zu sein. Als Lehrer sollten wir Disziplin nicht mehr für eine Form von Autorität halten, die mit eiserner Faust regiert und kategorisch „Nein" sagt oder: „Entweder du machst deine Arbeit fertig, oder sonst . . ." Wir müssen Disziplin so einschätzen, daß wir in ihr eine Autorität sehen, die uneingeschränkte Freiheit erlaubt, oder ein „Ja, mit gewissen Einschränkungen".

Frühes Training zu Hause hat einen großen Einfluß auf die Fähigkeit des Kindes, sich selbst zu lenken. Die Methode, die angewandt wird, die Familienmitglieder zu führen, nennen wir Disziplin. Kinder lernen Selbstdisziplin durch das Setzen von Grenzen und die Billigung oder Mißbilligung der Eltern.

Wenn das Kind älter wird, begegnet es mehr Situationen, in denen Disziplin notwendig ist und in denen eine Autorität gegenwärtig ist, die es führt. In der Schule hilft der Lehrer Disziplin herzustellen, um das Lernen zu ermöglichen. In erster Linie kommt es darauf an, dem Kind bei der Entwicklung von Verhaltensmustern zu helfen, die dem Lernen dienen. Das Kind die Folgen seines störenden Betragens spüren zu lassen, ist eine Methode, die Ordnung aufrechtzuerhalten. Logische Folgen oder das Ausnützen der realen Situation können gewöhnlich besser den für das Anregen einer geeigneten Motivation notwendigen Nachdruck auszuüben, als Autorität und Macht.

Wenn das Kind weiß, daß es Folgen zu tragen hat, wird es weniger Chancen brauchen und weniger Regeln mißachten. Manche Kinder jedoch sind aufsässig und müssen davon überzeugt werden, daß Regeln zu beachten sind.

Man muß über Lernerfahrungen nachdenken, die der Lehrer in seiner Klasse anwenden kann und die helfen, Selbstdisziplin zu entwickeln. Die Erkenntnisse sollten bestimmt werden vom Entwicklungsstand jedes einzelnen Kindes und dem Verhalten, das es lernen muß. Die Entscheidung, welche Erkenntnis angewandt wird, sollte von Lehrer und Kind zusammen kooperativ getroffen werden. Kinder brauchen einen Freiheitsraum, um die Welt zu entdecken, ihre Gefühle auszudrücken, ihre eigenen Ideen zu entwickeln und ihre Selbstdisziplin zu erproben. Diese Erkenntnisse sollten sich vom verhältnismäßig Einfachen zu Schwierigem und Komplexem steigern. Sie sollten zu Erfahrungen im Problem lösen führen und dazu verhelfen, das gewünschte Verhalten herzustellen.

Das folgende Beispiel demonstriert eine sehr einfache Übung – wie man lernen kann, innerhalb bestimmter vorgeschriebener Grenzen kooperativ zu planen.

Zu Beginn des Schuljahres stellt der Lehrer eine Liste von den Lektionen zusammen, die laut Lehrplan während des Jahres durchgenommen werden müssen. Die Kinder und der Lehrer diskutieren darüber, welche Lektionen zuerst behandelt werden sollen und wie die Reihenfolge der anderen sein könnte. Durch diesen Prozeß erkennen die Kinder die Grenzen, innerhalb deren Entscheidungen gefällt und eine Auswahl getroffen werden kann.

Im nächsten Bericht sehen wir weiterführende Erkenntnisse, die ein Kind beim Erlernen von Selbstdisziplin machen kann.

Lehrer und Klasse diskutieren das Arbeitspensum, das die Klasse während der Woche in Mathematik zu erledigen hat. Die Kinder haben nun die Wahl, entweder Seite für Seite zu arbeiten und die Arbeit jeden Tag vorzuweisen, sie können aber – statt den Seiten systematisch zu folgen – das Pensum auch punktuell bearbeiten. Jedes Kind ist dann dafür verantwortlich, das aufgetragene Kapitel verantwortlich zu bearbeiten oder eine bestimmte Anzahl von Seiten entsprechend seinem Arbeitstempo und seiner Entscheidung zu machen. Es kann sich entschließen, die ganze Arbeit an einem Tag zu erledigen und hat dann jeden Tag eine gewisse Zeit zur freien Verfügung.

Am Ende der Woche sollte eine Beurteilung durch den Lehrer *und* die ganze Klasse stattfinden. Kinder, die sich zum Beispiel entscheiden, einen Großteil oder die ganze Arbeit für die letzten Tage aufzuheben und die dann nicht fertig werden, könnten etwa folgende logischen Konsequenzen auf sich nehmen müssen: jeden Tag eine bestimmte Anzahl von Seiten zu bearbeiten und zwar so lange, bis sie bereit und in der Lage sind, sich die Arbeit selbst einzuteilen und das Pensum bis zum Ende der Woche zu erledigen.

1.4.2 Die Rolle der Disziplin in erzieherischen Bezügen

Disziplin im Klassenzimmer bedeutet, dem Kind eine Reihe innerer *Kontrollsysteme* anzubieten, die ihm Verhaltensmuster verfügbar machen, die von der Gesellschaft anerkannt werden und zu seinem eigenen Wohl und Fortschritt beitragen.

Für Lehrer ist es notwendig, sich die Zeit zu nehmen, Kindern grundlegende Fertigkeiten und Haltungen zu lehren und diese mit ihnen zu trainieren. Wenn das nicht getan wird, muß der Lehrer mehr Zeit darauf verwenden, ein darin ungeübtes Kind zu korrigieren. Dauerndes Nörgeln und Ermahnen erziehen das Kind nicht, denn es betrachtet solche Taktiken als Kritik und Erniedrigung. Es ist unsere Aufgabe, Kinder so zu fördern und zu führen, daß sie Verantwortungsgefühl und Rücksichtnahme für andere Menschen entwickeln.

Wenn sich *Kooperation als Interaktionsform* einspielen soll, muß das erziehliche Umfeld positiv, akzeptierend und nicht bedrohlich sein. Es ist wichtig, daß der Lehrer sich vor Augen hält, daß die kindliche Entwicklung in einer Richtung verläuft, wenn das Kind als Objekt behandelt wird und daß sie in einer anderen Richtung verläuft, wenn das Kind als Subjekt ernst genommen wird. Diese Art von Klassenatmosphäre erfordert eine Verwirklichung des gemeinsamen Planens von Lehrer und Kind. Kinder werden sich der Unterrichtsaufgabe mit einer ganz anderen Haltung zuwenden, wenn man mit ihnen über das Vorhaben beraten hat. Dann haben sie ein Gefühl persönlicher Anteilnahme, fühlen sich „betroffen“ und verantwortlich für Erfolg oder Mißerfolg des Unternehmens. Der Lehrer muß bereit sein, bei der Entwicklung von Projekten die Verantwortung mit der Klasse zu teilen und bei der Durchführung Unterstützung und Anerkennung zu geben.

In einer solchen Atmosphäre werden Kinder und Jugendliche die Notwendigkeit von Einschränkungen erkennen, die ihnen und dem Lehrer von der Schulbehörde auferlegt werden. Da die Jugendlichen in einer Gemeinschaft aufwachsen, müssen sie viele ihrer persönlichen Wünsche und Impulse zugunsten der im Gruppenleben notwendigen „Spielregeln“ einschränken. Jede Schule hat Regeln und Verordnungen, die befolgt werden müssen. Kinder sind geneigter, sie zu beachten, wenn mit ihnen darüber gesprochen wird und wenn sie sie verstehen.

Zuweilen ist es für Kinder schwierig, die Notwendigkeit mancher Schulordnungen oder Vorschriften einzusehen.

In einem *Klassengespräch* sollte der Lehrer den Kindern erklären, warum er bestimmte Entscheidungen fällen muß, die die ganze Klasse betreffen. So finden die Schüler heraus, was der Lehrer für wichtig, gut, unwesentlich oder schlecht hält.

Mit den Schülern die Koordination gemeinsamen Handelns festzusetzen, ist eine Form des Trainings in Disziplin. Wenn Lehrer oder Eltern Kinder dazu bringen, sich z. B. vor dem Essen die Hände zu waschen, die ihnen zugewiesene Aufgabe in der vorgesehenen Zeit zu beenden, um Erlaubnis zu bitten wenn sie das Eigentum eines anderen Kindes benützen wollen und wenn Erwachsene Kindern helfen, zu verstehen, daß es zur gemeinsamen Familienverantwortung gehört, den Rasen zu mähen, daß es Sache jedes einzelnen ist, das Bad sauber zu halten, daß es die Verpflichtung des Kindes ist, rechtzeitig für die Schule fertig zu sein . . . – jedesmal dann findet wirklich ein „Disziplin-Training“ statt. Disziplin in diesem Sinn heißt, dem Kinde beizubringen, daß es im Leben bestimmte Spielregeln für das Zusammenleben von Menschen gibt; man kann erwarten, daß das Kind mit diesen Regeln vertraut wird und sie selbst akzeptiert. Das Ziel, das man beim täglichen Training von Kindern im Auge behalten muß, ist der Fortschritt zur Selbstdisziplin.

Das folgende Beispiel illustriert, wie ein Kind selbst in der Lage ist an „Selbstdisziplin“ zu arbeiten.

Michael, ein zehn Jahre alter Junge, war kooperativ und lernwillig. Sein Problem war jedoch, daß er in die Klasse rief, ohne sich zu melden. Die Lehrerin merkte, daß sie ihm ständig antwortete, auch wenn er die Hand nicht gehoben hatte. Sie sagte zu Michael, daß er die Sache selbst in die Hand nehmen müsse, da sie nicht in der Lage sei, ihm bei diesem Problem zu helfen. Sie fragte: „Was schlägst du vor?“ Er meinte: „Jedesmal, wenn ich in die Klasse rufe, ohne mich zu melden, werde ich mich für zwei Minuten in die letzte Bank setzen und später nachholen, was ich versäumt habe.“ Sie vereinbarten dieses Vorgehen und innerhalb einer Woche fiel Michael nicht mehr durch vorlaute Zwischenrufe auf.

Manche Lehrer werden sagen, daß es sinnlos ist, mit Kindern solche Fragen zu diskutieren. „Kinder sollen gehorchen, ohne lang zu fragen“, oder „Man bringt ihnen nur das Streiten bei“, lauten die Einwände. Wir wollen jedoch, daß unsere Kinder eigenverantwortliche, denkende Erwachsene werden und diese Einstellung, über Problemlösung zu diskutieren, lehrt sie nicht nur Fairneß, sondern auch bei verschiedenen Fragen und Situationen die Alternativen zu erwägen. Aufrichtige Lehrer, die von der grundlegenden Annahme ausgehen, daß man Kindern vertrauen kann, sind geeigneter, sie zu lehren, sich zuverlässig und verantwortlich zu verhalten. Wenn Spielregeln beachtet werden müssen, sollte das Kind motiviert werden, sich danach zu richten. Wenn die Kinder mit dem Lehrer darin übereinstimmen, was sie als erwünschtes Verhalten ansehen und was untersagt ist und wenn die Reaktionen dieses Lehrers konstant bleiben, werden die Kinder nicht das Gefühl haben, daß er ungerecht ist. Kinder werden positiv reagieren auf diejenigen, die freundlich aber unbeirrbar sind, gerecht und beständig darin, Ordnung und Disziplin aufrechtzuerhalten.

Die Spielregeln für das Verhalten im Klassenzimmer, die wir durch kooperative Bemühungen erstellt haben, geben den

Kindern nicht nur Gelegenheit, ihr Verständnis für einige Regulative unserer Gesellschaft zu erweitern, sondern tragen auch dazu bei, diese zu respektieren und ihnen Folge zu leisten.

Einer der besten Wege, sicherzustellen, daß die Klasse kooperativ arbeitet, ist, den Schülern zu helfen, *gegenseitige Interessen* und Anliegen *zu entdecken* und *zu teilen.* Sich miteinander vertraut machen während der ersten Schultage trägt dazu bei, zu verhindern, daß Feindschaften entstehen und bringt die Klasse/Gruppe enger zusammen. Wenn ein Kind weiß, daß seine Klassenkameraden Freunde sind, die um seiner selbst willen an ihm interessiert sind, dann hat es nicht nötig, sich aufzuspielen oder hervorzutun, um Aufmerksamkeit zu erringen. Kinder haben einen weitreichenden Einfluß aufeinander und die Anerkennung oder das Mißfallen der Altersgenossen kann eine Hauptrolle dabei spielen, ein Kind zu positivem bzw. negativem Verhalten zu führen. Der Lehrer, der sich auf Kooperation innerhalb seiner Klasse verlassen kann, hat seine Schüler zu „Bundesgenossen", wenn einzelne Fälle von Störverhalten von Schülern auftauchen.

1.4.3. Wege zu „sachimmanenter" Disziplin

In vielen der nachfolgenden Kapitel befassen wir uns weitgehend mit der Frage, wie man Disziplinschwierigkeiten verhindern kann, wie man Kindern gerecht werden kann hinsichtlich ihrer Ziele, ihrer Bedürfnisse, in der Gruppe Anerkennung zu genießen, ihrer Reaktion auf Ermutigung und den Folgen auf ihr Verhalten, verglichen mit Strafe. Doch kann es trotz sorgfältiger Planung vorkommen, daß wir bei manchen Kindern und Jugendlichen mit Verhaltensstörungen rechnen müssen.

Hier sind einige Grundsätze, die *individuelles kindliches Verständnis von Disziplin und Verantwortung* fördern:

1. Die Struktur der Lernmaßnahmen sollte dem Kind Raum lassen zur Eigenentwicklung. Das Kind braucht Zeit, Fehler zu korrigieren, Zeit zum Nachdenken und Zeit um zu verstehen.

2. Das erziehliche Umfeld sollte eine akzeptierende, postivie und nicht bedrohende Atmosphäre haben.

3. Kinder sollten feststellen, daß Freude, Vergnügen, Spontaneität und Begeisterung mit den Erfahrungen, die sie machen, verbunden sind.

4. Kinder brauchen Grenzen, die ihnen helfen, ihre eigenen Fähigkeiten zu entwickeln, ihre Impulse zu zügeln; aber sie brauchen auch Freiheiten zur Erforschung und Entdeckung ihrer Initiativen und Phantasien.

5. Kinder und Lehrer sollten zusammen planen.

6. Kinder brauchen Hilfe, ihren Platz zu finden in ihren Beziehungen zu anderen und dabei Interesse für ihre Mitmenschen und Erfahrungen über sie zu entwickeln.

Wenn Kinder *autonome* Erwachsene werden sollen, müssen sie Unabhängigkeit gewinnen, den Mut haben, ihre eigenen Lösungen zu finden, kreative Ideen und unabhängige Ansichten haben ebenso wie sie Unabhängigsein bei der Ausführung der ihnen übertragenen Aufgaben entwickeln müssen. So kann Selbstbestimmung vereinbart werden mit dem Aufeinandertreffen der Bedürfnisse des Kindes und den Anforderungen der jeweiligen Situation.

Schüler und Lehrer sollten Mut genug besitzen, als Ergebnis einer positiven und freien Zusammenarbeit die Freiheit zu wählen, für persönliches Verhalten verantwortlich zu sein, zu sagen, was sie denken, gegenseitigen Respekt haben und einander trauen, und Entscheidungen treffen, die sich vom Muster traditionell geführter Schulen unterscheiden.

Darin muß eingeschlossen sein:

1. Verantwortung für das, was man tut
2. Respekt vor sich selbst und seiner Arbeit
3. Respekt vor anderen und ihrer Arbeit
4. Toleranz für das Verhalten anderer
5. Verantwortung, das Verhalten anderer zu beeinflussen
6. Verständnis dafür, was um einen herum vorgeht
7. Entwicklung eines Gemeinschaftsgefühls.

1.4.4. Für welche seiner Fehlhaltungen muß der Lehrer sensibilisiert werden?

Was kann ein Lehrer tun, um in seiner Klasse die Disziplin und Ordnung zu haben, die ihn *und* seine Schüler zufriedenstellt? Ist das beides gleichzeitig möglich? Es ist möglich, wenn Disziplin und Ordnung als kooperatives Gemeinschaftsunternehmen angesehen werden, mit Verständnis und Teamgeist auf beiden Seiten. Um dieses Ergebnis zu erreichen, muß der Lehrer sehr genau wissen, was er in einer gegebenen Situation zu tun hat und was er nicht tun darf. Zuerst wollen wir uns damit befassen, was er *niemals tun* sollte:

1. Betont autoritäres Verhalten wird Trotz und Widerstand gegen Disziplin eher fördern als unterdrücken. Der Lehrer sollte nicht mit seinem eigenen Prestige befaßt sein.

2. Kritisieren oder Schimpfen ist ungut, da es das falsch verstandene Konzept des Kindes bestärkt, wie man Aufmerksamkeit auf sich zieht.

3. Das Kind sollte nicht gebeten werden, irgendetwas zu versprechen. Die meisten Kinder werden versprechen, sich zu ändern, um aus einer unangenehmen Situation herauszukommen.

4. Für gutes Verhalten sollten keine Belohnungen gegeben werden. Das Kind könnte sich dann nur anstrengen, um seine Belohnung zu erhalten und sofort damit aufhören, wenn es sein Ziel erreicht hat.

Ja mehr noch, es wird nur in seinem Glauben bestärkt, daß es jedesmal bezahlt werden muß, wenn es sich ordentlich verhält, oder einen Beitrag in dieser Richtung leistet.

5. Es ist sinnlos, ständig die Fehler des Kindes herauszustellen. Das verletzt dessen Selbstwertgefühl und kann es entmutigen.

6. „Doppelte Moral" – eine für Lehrer, eine andere für Schüler – ist in jedem Fall zu vermeiden. In einer demokratischen Atmosphäre muß jeder gleiche Rechte haben. Das gilt für Bonbons lutschen, fluchen, Unpünktlichkeit, unnötige Besuche, Unterhaltung mit Kollegen in der Klasse, wenn die Schüler arbeiten, Papiere durchsehen, oder irgendetwas anderes, das ein Hindernins für faire Interaktion ist.

7. Drohungen sind keine Methode, um das Kind zu disziplinieren. Obwohl manche Kinder eingeschüchtert werden und sich fügen, so hat das keinen bleibenden Wert, weil es ihre grundsätzlichen Haltungen nicht ändert.

8. Nachtragend sein ist ohne Sinn, es schafft wiederum Vorbehalte und unfreundliche Gefühle.

1.4.5. Konstruktive Hilfen für den Schulalltag

Wir wollen nun einige der konstruktiven Möglichkeiten vorstellen, die der Lehrer anwenden kann, wenn er Disziplin erreichen will:

1. Verhaltensstörungen sind gewöhnlich eng verbunden mit der falschen Einschätzung des Schulkindes von seiner sozialen Stellung und davon, wie es sich verhalten muß, um in der Klassengemeinschaft einen Platz zu finden. Deshalb sollte es die erste Sorge des Lehrers sein, den Zweck des kindlichen Benehmens zu verstehen. Nur dann wird er in der Lage sein, für ein solches Kind wirkungsvoller zu planen.

2. Eindeutige Anweisungen für die vom Kind erwartete Handlung sind notwendig. Zunächst ist es wichtig, die Aufmerksamkeit aller Schüler zu haben, bevor man mit Erklärungen fortfahren kann.

3. Der Lehrer sollte mehr um das zukünftige Verhalten des Kindes besorgt sein als um das der Vergangenheit. Das Schulkind sollte nicht ständig daran erinnert werden, was es bisher gewöhnlich war oder tat.

4. Positives Verhalten muß verstärkt werden, negatives wäre besser zu bagatellisieren.

5. Der Lehrer sollte mit dem Kind eine Beziehung herstellen, die auf Vertrauen und gegenseitige Achtung gründet.

6. Probleme eines Kindes sollten nur dann gemeinsam besprochen werden, wenn keiner emotionell belastet ist – am besten in einem regulären Klassengespräch.

7. Herkömmlich traditionelle Strafen sollten vermieden werden. Die Konsequenzen einer Handlung müssen einen direkten Zusammenhang mit dem Verhalten haben und dem Kind einsichtig sein.

8. Konsequenz in Entscheidungen ist wichtig. Diese sollten nicht willkürlich geändert werden, nur weil es im Moment bestimmten Zwecken dient. Inkonsequenz verwirrt das Kind über das, was von ihm in einem bestimmten Zusammenhang erwartet wird.

9. Verhalten von Schulkindern sollte in angemessener Perspektive gesehen werden. Auf diese Weise läßt sich vermeiden, daß aus einem belanglosen Vorfall eine ernste Sache wird.

10. Der Lehrer sollte kooperatives Planen für
a) die Lösung von Problemen und
b) für geplante Ziele einführen.

11. Schulkindern sollte für ihr eigenes Verhalten und Lernen mehr Verantwortung eingeräumt werden. Das können diese nur lernen, wenn wir ein solches selbständiges Lernen planen. Lehrer, die Angst haben, das Zimmer zu verlassen, weil dann dies oder jenes passieren könnte, nehmen den Kindern die Möglichkeit, Verantwortung zu übernehmen. Verantwortung wird gelehrt, indem man sie teilt. Es ist damit zu rechnen, daß Kinder zuerst übertreiben. Ein solches Training nimmt viel Zeit in Anspruch.

12. Die Klassengemeinschaft sollte mit einbezogen werden, um Mißfallen auszudrücken, wenn ein Kind sich unsozial verhält.

13. Jedes Kind einer Gruppe/Klasse muß als sozial gleichwertig behandelt werden.

14. Freundlichkeit ist mit Festigkeit zu verbinden. Das Kind muß spüren, daß der Lehrer sein Freund ist, daß er aber bestimmte Arten von Verhalten nicht akzeptieren würde.

15. Es muß immer zwischen Tat und Täter unterschieden werden. Das läßt Achtung vor dem Kind zu, auch wenn es etwas Falsches getan hat.

16. Jedes einzelne Kind, jeder Jugendliche sollte dazu gebracht werden, unabhängig zu werden und über sich selbst zu bestimmen.

17. Von Anfang an sind Grenzen zu setzen, aber sie sollten auf gegenseitiges Verständnis hin, auf Verantwortungs- und Mitgefühl projeziert sein.

18. Eigene Fehler muß der Lehrer zugeben – die Schulkinder werden solche Aufrichtigkeit schätzen lernen. Nichts ist so kläglich, wie eine unterlegene Autorität, die ihre Niederlage nicht eingestehen will.

19. Der Lehrer sollte aufrichtig sagen was er wünscht, bzw. was er nicht wünscht – doch die Forderungen sind eindeutig zu formulieren. Der Lehrer achte darauf, daß sie durchgeführt werden.

20. Kinder schauen auf den Lehrer, weil sie sich Hilfe und Führung wünschen. Deshalb sollte man ihnen Sicherheit geben. Doch dabei sind Kooperation und Selbstkontrolle als Ziele zu geben.

21. Der Lehrer sollte sein Fernziel im Auge behalten: einen unabhängigen, verantwortlichen Erwachsenen.

22. Kinder brauchen Lenkung und Führung, bis sie lernen, sich selbst zu lenken.

23. Ein negativer Vorfall sollte rasch zum Ende gebracht und ein gutes Arbeitsklima wieder hergestellt werden. Kinder müssen wissen, daß Fehler berichtigt und vergessen werden können.

24. Jedes Kind braucht Lob; das ist besonders angebracht, wenn sein Verhalten in einer Situation Besserung zeigt.

25. Der Lehrer sollte zusammen mit den Kindern ein Verfahren ausarbeiten, wie man mit Spielregelverstößen umgehen soll.

26. „Was der Lehrer selbst nicht möchte, das ihm angetan werde, das sollte er auch seinen Schülern nicht zumuten."

Als Lehrer müssen wir *Freundlichkeit* aber auch *Festigkeit* zeigen, so daß die Schüler wissen, was sie von uns zu erwarten haben; auf diese Weise wird gegenseitige Achtung zwischen Lehrern und Schülern das Ergebnis eines demokratischen Erziehungsprozesses sein. Demgemäß wird das Kind in der Lage sein, die „innere Ordnung", nach der es lebt, auf die

Umwelt zu projizieren und fähig sein, seinen eigenen Lebensplan zu finden, bei dem Selbstdisziplin selbstverständlich ist.

Wenn die Schüler verstehen, was von ihnen erwartet wird, wenn sie als gleichwertige Partner anerkannt und geachtet werden, wenn Lehrer sich nicht durch Schüler bedroht fühlen, dann und nur dann sind wir bereit, die eigentlichen Lernprozesse anzugehen.

2. Diagnostik von Schülerverhaltensstörungen

2.1. Die private Logik von Kindern erkennen

Man mag unsere Bemühungen, Lehrer in der *Anwendung psychologischer Methoden* zu Schulen, in Frage stellen. Solche Zweifel sind gerechtfertigt, solange Lehrer mit psychologischen Erklärungen konfrontiert werden, die über ihre Ausbildung und Fähigkeiten hinausgehen. Auf Grund unserer Erfahrungen jedoch glauben wir, daß die Art von Psychologie, die wir empfehlen, von Lehrern *angewandt* werden kann. Wir haben *nicht* die Absicht, aus ihnen Psychotherapeuten oder Gruppentherapeuten zu machen, aber wir wissen, daß mancher der in diesen beiden Wissensgebieten entwickelten Grundsätze ohne zusätzliche Ausbildung von Lehrern verwandt werden kann. Zur Zeit gibt es in diesen Bereichen so gut wie *keine* Ausbildung im Rahmen des Lehrerstudiums. Infolgedessen werden Lehrer Schulkindern nicht gerecht und wissen so nicht, was sie tun können, wenn Schüler stören oder sich weigern, sich auf eine Arbeit zu konzentrieren. Es ist unsere Absicht, Lehrern psychologisches Einfühlungsvermögen zu geben, so daß sie die Motive von Kindern verstehen und die Mittel kennenlernen können, um diese Handlungsmotive zu steuern.

Über die psychologische Bedeutung des kindlichen Verhaltens existieren viele Theorien. Für uns ist das Verhalten das Ergebnis eines kognitiven Prozesses von Gedanken, Absichten, Erwartungen und Überlegungen. Jeder Lehrer kann diese Art von Psychologie lernen. Einige schneller als andere – manche werden aufnahmefähiger sein, als die übrigen –, aber alle können ihre Fähigkeiten weiterentwickeln, ein Kind zu verstehen.

Niemand ist sich völlig bewußt, warum er sich so und nicht anders verhält. Nur wenige unserer Intentionen erreichen die Bewußtseinsebene. Wenn man ein Kind fragt, warum es etwas falsch gemacht hat, so wird es das ganz einfach nicht wissen. Eltern und Lehrer werden oft ärgerlich, wenn das Kind auf ihre Frage, warum es das getan hat, freimütig antwortet: „Ich weiß es nicht", dabei ist das in der Tat die Wahrheit. Wenn das Kind eine Erklärung gibt, dann ist das im allgemeinen eine Überlegung; das Kind ist sich wirklich seines eigenen Motives nicht bewußt. Der geschulte Lehrer kann ihm helfen, sein Verhaltens- oder Handlungsmotiv zu erkennen. Wenn ihm das Ziel seines störenden Verhaltens gezeigt wird, reagiert das Kind mit einem *Erkennungsreflex.* (Der Erkennungsreflex ist ein besonderes Lächeln und ein Schimmer in den Augen, die anzeigen, daß das Kind sich plötzlich seines Zieles bewußt ist und zu verstehen beginnt, warum es auf eine bestimmte Art handelt.) Es ist nicht nur für eine Diagnose wichtig, den Erkennungsreflex auszulösen – eine solche Konfrontation mit den Zielen kann auch der erste Schritt zur Änderung sein. Das läßt sich nicht erreichen, wenn man dem Kind sagt, wie es *ist,* z. B. faul, aggressiv, oder störend. Sogar wenn das zutreffen würde, sagt das dem Kind gar nichts. Anders dagegen wird es, wenn man es mit seinen Zielen konfrontiert, also seinen Absichten. Dann tauchen Alternativen auf, denn es *kann* entscheiden, ob es so weitermachen will oder nicht. Solche Korrekturen bedeuten Hilfe für das Kind, Alternativen zu sehen. Aber um das zu können, muß das Kind sich zuerst seiner Absichten bewußt werden. Es ist meistens recht aufregend zu beobachten, wie Kinder auf eine solche neue Einsicht reagieren. In vielen Fällen fühlen sie sich, als ob ihnen eine große Last von der Schulter genommen worden wäre. Da das Kind nie den Zweck seiner Handlungen verstand und da Erwachsene es auch nicht verstanden und mit moralischen Ermutigungen oder Mißbilligungen überschütteten, was das Kind bald selbst davon überzeugt, daß es schlecht sei. Eigentlich will es nicht schlecht sein, aber es sieht keine andere Möglichkeit. Man muß dem Kind helfen, sich klar zu werden, daß es nicht schlecht ist, sondern sich nur entschlossen hat, schlecht zu handeln. Diese Einsicht macht den ganzen Unterschied aus für das Selbstwertgefühl des Kindes. Das hilft auch dem Erwachsenen – dem Lehrer und Erzieher; zum ersten Mal werden Vorwürfe ersetzt durch Verständnis.

Da alle Absichten und Ziele unter der Bewußtseinsschwelle bleiben und da sie alle logisch sind, können wir von der *„Privaten Logik“* sprechen, wie *Adler* es nannte. Unsere Handlungen hängen nicht von dem ab, was wir bewußt wissen oder wollen, sondern von unseren verborgenen Beweggründen und Zielen. Das heißt nicht, daß wir „tief im Unbewußten“ stecken, wie *Freud* vermutete. Die unbewußten Prozesse sind nicht zurückzuführen auf Verdrängung. Gemeint ist lediglich, daß man völlige Klarheit und volles Bewußtsein nur auf ein paar Brennpunkte richten kann, die man ganz kennen möchte und muß. Wenn wir uns stets *all* dessen bewußt sein wollten, was wir denken und beabsichtigen, könnten wir dem, was getan werden muß, nicht mehr viel Zeit und Energie widmen. Man kann nur entweder ein Beobachter oder ein Handelnder sein. Wenn ein Kind laufen lernt, muß es bewußt versuchen, seine Beine auf die richtige Art zu bewegen, um nicht hinzufallen. Aber wenn es einmal gehen gelernt hat, muß es nicht mehr auf seine Beine achten, und kann seine Aufmerksamkeit anderen Dingen zuwenden.

Wir fassen zusammen: Denkendes Bewußtsein funktioniert, ebenso wie das Gedächtnis, nach ökonomischen Prinzipien. Nur das wissen wir genau, was wir in einem gegebenen Moment wirklich wissen müssen oder wollen. Was alles weitere anbetrifft, so sind wir uns dessen micht bewußt. Aber dieses Unbewußtsein liegt nur knapp unter der Oberfläche. Jeder, der in psychologischer Aufklärung geübt ist, wird merken können, was in einer Person vorgeht.

Das notwendige Wissen und Können, um solche verborgenen Zusammenhänge offenzulegen scheint vielleicht von einem Lehrer zu viel verlangt. Viele glauben, es würde beträchtliche fortgeschrittene Studien erfordern, die weit über die derzeit schon bestehenden Ansprüche hinausgehen. Tatsächlich könnten jedoch solche „fortgeschrittenen" Techniken schon im ersten Semester gelehrt werden. Wir sind der Auffassung, daß Lehrerstudenten mit psychologischer Sensitivität nicht nur vertraut gemacht werden könnten sondern auch müßten; ohne das werden sie nie in der Lage sein, Kinder und ihre Motivationen zu verstehen oder zu wissen, wie man sie ändern kann. Gegenwärtig lernen Lehrer kaum etwas von einer praktischen Psychologie, die sie im Klassenzimmer anwenden können.

Der Lehrer muß lernen, die *unmittelbaren Ziele* des Kindes zu erkennen. Das erfordert ein gewisses Maß an Geschicklichkeit und Sensitivität, das aber erworben werden kann.

Das würde natürlich auch bedeuten, daß Dozenten und Seminarleiter dieses Können und diese Fähigkeiten besitzen und sie ihren Studenten weitergeben. Der Grund dafür, daß so wenige Institutionen diese Art von Erziehungspsychologie lehren, liegt darin, daß wir zu wenig Dozenten haben, die in diesen Methoden ausgebildet sind.

Der *erste Schritt* zur Entwicklung dieser diagnostischen Fähigkeiten ist die Aufgabe, das *Verhalten des Kindes* und seine Folgen zu *beobachten*. Kindliches Verhalten gibt Aufschluß über seinen Zweck. Sogar in Situationen mit minimaler Aktivität drückt das Kind seine Absichten klar aus.

Wenn schon Ausschnitte von Handlungen so aufschlußreich sind, um wieviel mehr sind es dann die zahlreichen Interaktionen, die der Lehrer in jeder Klasse beobachten kann. Er muß nur lernen, zu beobachten und situationsangemessen zu interpretieren. Zur Zeit finden sich in mehr und mehr Fachveröffentlichungen Lehrerbeobachtungen; aber diese Beobachtungen sind nur Beschreibungen des kindlichen Verhaltens ohne Bezug zu dessen Bedeutung und Zweck.

Es kann sein, daß die Diagnose manchmal nicht einfach ist, wenn die Bedeutung einer bestimmten Handlung nicht klar ist. Dann kann der Lehrer seinen diagnostischen Eindruck durch die Reaktion des Kindes auf seine Korrekturmaßnahmen bestätigen. Wir nennen es das *korrektive Feed Back*. Stellen wir uns eine der vielen Störungen vor, die in jeder

Klasse vorkommen, z. B. ein Kind spricht mit seinem Nachbar, steht von seinem Platz auf, stört andere Kinder etc. Bevor der Lehrer diese Vorfälle verstehen kann, muß er zuerst über die Ursachen eines solchen Verhaltens nachdenken. Solange er nicht erkennt, daß das Störverhalten seinetwillen geschieht, solange er es der Unruhe, Konzentrationsschwäche, Hyperaktivität des störenden Kindes oder irgendeiner sonstigen Entschuldigung zuschreibt, wird er den Zweck des Störverhaltens nicht verstehen. Dieser wird sich zeigen, wenn der Lehrer versucht, das Kind zurechtzuweisen. Wenn der Zweck war, Aufmerksamkeit zu erlangen, wird das Kind nach der Ermahnung mit seinem Störverhalten aufhören – aber nicht für lange. Wenn das Kind seine Macht demonstrieren will, zu tun, was ihm gefällt, wird es auf die Zurechtweisung mit verstärkter Störung antworten, die dann gewöhnlich den Lehrer noch mehr in einen Machtkampf verstrickt.

Die Ziele, die Kinder in den folgenden Beispielen verfolgen, sind klar:

Einer der Autoren demonstriert ein Gruppengespräch mit 9- bis 10-jährigen Kindern. Es fand in einem Raum statt, der einen nur von seiner Seite durchsichtigen Spiegel besaß. Studenten und Lehrer beobachteten auf der anderen Seite. Es war nicht vorgesehen, daß die Kinder wußten, daß sie beobachtet würden – aber irgendwie fanden sie es heraus. Jemand hatte ihnen gesagt, daß sie für das Fernsehen gefilmt und daß sie von vielen Leuten gesehen würden.

Als die Tür für die Kinder geöffnet wurde, schubste ein Junge die zwei Mädchen vor ihm und drängelte sich vor. Er lief zum Fenster, streckte die Zunge heraus und rief: „Schaut jemand zu? Das bin ich, Georg“. Er hörte nicht auf, Grimassen zu schneiden und zu rufen, bis Sandra und Hans ihn wegzogen. Er setzte sich, fuhr aber fort, mit den Händen zu winken und zu lachen.

Wir können annehmen, daß Georg Aufmerksamkeit haben möchte, die unter die Rubrik aktiv-destruktives Betragen fällt.

Sandra fuhr fort, ihn aufmerksam zu machen, daß es nicht nett sei, wie er sich verhalte. Dann schaute sie zum Leiter der Gruppe mit der Erwartung, daß er etwas tue, um Georg zu bremsen.

Das Verhalten von Sandra, die gefallen und das tun will, was man von ihr erwartet, kann aktiv-konstruktiv genannt werden.

Hans setzt sich nahe zum Gruppenleiter, legte den Finger an die Lippen und sagte fortwährend: „Sch, sch".

Auch er kann als aktiv-konstruktiv klassifiziert werden.

Marianne, die als erste in der Reihe ging, bevor Georg sie herausstieß, blieb an der Tür stehen, und erlaubte allen Kindern, an ihr vorbeizugehen. Sie blieb sogar noch dort stehen, als alle Kinder sich gesetzt hatten.

Mariannes Verhalten erscheint eher entmutigt mit dem Ziel der eingebildeten Minderwertigkeit.

Andi rannte von Stuhl zu Stuhl und versuchte, den Stuhl zu finden, von dem aus er von der unsichtbaren Kamera am besten aufgenommen werden könne. Er konnte keinen Stuhl finden, der ihm gefiel und ging zurück zur Tür, wo Marianne noch stand. Sein Gesichtsausdruck verriet Ärger. Plötzlich öffnete er die Tür und es sah aus, als ob er weggehen würde; er überlegte es sich aber anders, schloß die Tür und blieb dort stehen.

Andi beansprucht das Recht, seinen Eigenwillen durchzusetzen und würde vermutlich in einen Machtkampf eintreten, wenn man ihn nicht läßt.

Ruth setzte sich sehr zurückhaltend hin, strich sich mehrmals übers Haar und starrte dabei zum Fenster.

Ruth scheint der Situation angepaßt und verfolgt offenbar kein Ziel verbunden mit Störverhalten.

Ingrid setzte sich an die Seite des Leiters, bedeckte ihr Gesicht mit den Händen und sagte: „Ich möchte nicht im Fernsehen gesehen werden".

Wir könnten annehmen, daß Ingrid um Aufmerksamkeit wirbt, sind dessen aber nicht ganz sicher.

Karola, die neben Ingrid saß, versuchte Ingrids Hände von ihrem Gesicht wegzureißen. Beide waren sehr hartnäckig und fuhren eine ganze Weile mit diesem Kampf fort. Schließlich gewann Ingrid die Auseinandersetzung.

Nun sind wir schon sicherer, daß Ingrids Verhalten genauso wie das von Karola ein Werben um Anerkennung ist. Die zwei arbeiteten zusammen, um einigen Wirbel zu schaffen und alle dazu zu bringen, zu ihnen hinzuschauen und um den Gruppenleiter mit hineinzuziehen, der sie normalerweise aufgefordert hätte, damit Schluß zu machen. Diese beiden Mädchen würden unter die Rubrik aktiv-destruktiv fallen.

In diesem Moment rannte Georg zurück zum Fenster, steckte die Daumen in seine Ohren, wedelte mit den Händen und rief: „Könnt ihr mich sehen? Ich bin Georg". Hans war prompt hinter ihm und versuchte, ihn wegzuziehen.

Der erste Eindruck über Georgs Ziel wird bestätigt.

Beatrix, die bis jetzt sehr ruhig dasaß, stand auf, um Hans zu helfen, Georg vom Fenster wegzuziehen. Sie drängte ihn, nicht die Gruppe zu stören, weil sonst die Diskussion nie beginnen würde.

Beatrix schien ein „gutes" Mädchen zu sein. Aus dieser kurzen Beobachtung läßt sich noch nicht schließen, wie sie ihr positives Verhalten anwendet; ob sie Verantwortungsgefühl zeigt oder sie es einsetzt, um zu zeigen, wie gut sie im Vergleich zu anderen ist. Im letzteren Fall sucht sie zu sehr nach Aufmerksamkeit (aktiv-konstruktiv).

Noch ein weiteres Beispiel: Vera und Sonja summten und kopften rhythmisch mit dem Bleistift.

Lehrer: Vera, fängst du schon wieder damit an? Ich habe dich heute schon ein Dutzendmal gebeten mit diesem Unsinn, dem Summen und dem Klopfen aufzuhören. Merkst du nicht, daß das die anderen stört oder kümmert dich das nicht? Wie kann jemand nur so rücksichtslos sein?

Vera: (Lächelt vor sich hin und hört auf zu summen und zu klopfen.)

Lehrer: Sonja, ich habe dir gesagt, du sollst aufhören. Zwing mich nicht zu drastischen Maßnahmen!

Sonja: (Fährt fort zu klopfen.)

Lehrer: (schreiend): Sonja, hör sofort auf, hörst du mich? Ich werde das keinen Augenblick länger dulden. (Der Lehrer windet ihr den Bleistift aus der Hand. Sonja findet schnell einen anderen Bleistift in ihrem Pult und fänge wieder an zu klopfen.)

Lehrer: Das reicht. Wir gehen zum Rektor hinunter, Sonja. Los, komm. (Sonja bewegt sich nicht.) Ich sagte, wir gehen ins Büro. Wenn du nicht freiwillig kommst, werde ich dich ziehen müssen und – zum Donnerwetter –, ich werde es tun. Kommst du nun oder nicht?
(Sonja klopft weiter, macht aber keinerlei Anstalten, aufzustehen. Der Lehrer packt ihren Arm und versucht sie aus der Bank zu ziehen.)

Sonja: Au, sie tun mir weh. Lassen sie das, sag ich! (Der Lehrer zieht weiter. Sonja beißt den Lehrer in den Arm, dieser läßt sie los.)

Lehrer: Du kleiner Teufel du. Damit kommst du nicht durch, und wenn ich bis zum Äußersten gehen muß! Wir werden sehen, was der Rektor dazu zu sagen hat. (Der Lehrer stürzt aus dem Klassenzimmer. Ein paar Minuten später kehrt er mit dem Rektor zurück.)

Beide Mädchen hatten dasselbe Störverhalten; einerseits ist die Reaktion des Lehrers auf beide sehr unterschiedlich; weiter zeigt die Situation die verschiedenen Ziele der Mädchen auf. Vera ärgert den Lehrer lediglich. Sie möchte Aufmerksamkeit, die sie bekommt. Sie reagiert auf den Lehrer in der charakteristichen Art eines Kindes, das Aufmerksamkeit will. Sobald sie ihr Ziel erreicht hat, ist sie zufrieden und hört mit ihren Störverhalten auf.

Für Sonja ist die Lage ganz anders. Aus der Art ihres Störverhaltens und aus der Reaktion des Lehrers kann man ihr Ziel erkennen: den Lehrer in einen *Machtkampf* zu verwickeln. Oberflächlich betrachtet sieht es so aus, als ob der Lehrer den Machtkampf gewonnen hätte. Er bringt den Rektor auf seine Seite. Aber niemand ist in der Lage, das Mädchen an seinem Störverhalten zu hindern. Im Gegenteil, jeder Schritt, den der Lehrer unternimmt, läßt die Auseinandersetzung eskalieren.

Der zuverlässige Schlüssel für eine korrekte Diagnose des Ziels des Kindes ist die *impulsive , unmittelbare Reaktion des Erwachsenen.* Wenn der Erwachsene sich geärgert fühlt und dem Kind sagt, daß es aufhören soll mit dem, was es tut, oder eine andere Aufforderung an es richtet, dann hat sich das Kind wahrscheinlich nur um Anerkennung bemüht. Wenn der Lehrer sich in seiner Autorität bedroht fühlt und dem Kind zeigen will, daß es sich ihm gegenüber nicht so verhalten kann, dann tut er genau das, wozu das Kind ihn veranlassen wollte. Wenn der Lehrer sich durch die Handlungsweise des Kindes tief verletzt fühlt, dann wollte das Kind ihn offensichtlich verletzen. Und wenn er das Gefühl hat, als wollte er am liebsten verzweifelt die Arme hochwerfen, tut er auch nur das, was das Kind von ihm wollte, nämlich es nicht mehr zu behelligen.

Wir sehen, daß die Reaktion des Erwachsenen das Ziel des Kindes *widerspiegelt* und deshalb für die Diagnose mit einbezogen werden kann. Unglücklicherweise werden diese Reaktionen als Versuche, Abhilfe zu schaffen benutzt und auch verstanden. Das ist allerdings das schlechteste Mittel, das ein

Erwachsener wählen kann, weil impulsive, unbedachte Reaktionen nur das mißverstandene Ziel des Kindes bestätigen und verstärken. Bevor ein Lehrer mit einem störenden Kind richtig umgehen kann, muß er seine eigene Rolle bei der Auslösung des Störverhaltens erkennen.

Falsch ist es, wenn der Lehrer auf einer Verhaltensänderung des Kindes besteht. Im Gegenteil gewinnt er an Autorität, wenn er offen eingesteht, daß er das Kind nicht dazu zwingen kann, sich unterzuordnen. Dann kann er viele andere Wege einschlagen, die für eine Einflußnahme wirksam sind, z. B. direktes Eingreifen, oder auch – wirksamer – Eingreifen unter Zuhilfenahme der Gruppenfunktion. Wie man mit störenden Kindern sinnvoll umgeht, wird später ausführlicher behandelt werden. An dieser Stelle möchten wir nur die Zusammenhänge andeuten, durch die der Lehrer lernen kann, ein Kind und sein Verhalten zu verstehen.

Bei kleinen Kindern ist das Erkennen des kindlichen Nahzieles alles, was der Lehrer berücksichtigen muß; diese Nahziele repräsentieren die kindliche Logik. Wenn der Lehrer das Kind mit seinen Zielen konfrontieren kann, wird es gewöhnlich einen Erkennungsreflex zeigen. Dieser wird unsere Vermutung bestätigen und den ersten Schritt für den Beginn einer Umorientierung auslösen, für die Suche nach anderen Mitteln, seinen Platz zu finden. Man sollte das Kind nie wegen seiner Ziele kritisieren, und auch nicht – während es sie noch weiter verfolgt – auf sie Bezug nehmen.

Verhaltensziele sollten *nur* diskutiert werden, wenn es von der Situation her geboten erscheint, entweder in einem persönlichen Gespräch oder während des wöchentlichen Klassengesprächs. Es gibt einen Weg, der sich beim Prozeß der Aufdeckung als sehr wirkungsvoll herausstellte. Zunächst wird das Kind gefragt, warum es sich so verhält. Wir wissen, daß das Kind den Grund nicht kennt und deshalb entweder sagt, daß es das nicht weiß oder seine Überlegungen anbietet. Doch ist diese Frage als Vorbereitung für die nächste notwendig: „Soll ich dir sagen, was ich glaube?“ Und dann, wenn das Kind zustimmt, sollte man das angenommene Ziel als Hypothese anbieten. „Könnte es sein, daß du dich so verhältst, weil . . .“ Dann folgt der Bezug auf das spezifische Ziel: „. . . damit sich der Lehrer mit dir beschäftigen muß“; oder: „Um ihm zu zeigen, daß du tun kannst, was du willst und er dich nicht daran hindern kann“; „Um ihn zu bestrafen und zu verletzen wegen dem was er dir angetan hat“; „Um alleingelassen zu werden, weil du nichts tun kannst. Es kann sein, daß der Erkennungsreflex nicht sofort erscheint, weil das Kind erst darüber nachdenken muß. Deshalb muß man auf seine Reaktion warten. Es ist sehr aufregend, das Kind zu beobachten, wie es zuerst die Sache erwägt und wie sich dann seine Mundwinkel zu einem wissenden Lächeln verziehen und ein Schimmer in den Augen erscheint. Es beginnt zu erkennen, was es vorhatte.

Nur wenige Kinder zeigen keinen Erkennungsreflex. Das sind die pokergesichtigen „Youngsters“, die nichts von dem preisgeben wollen, was in ihren Gedanken vorgeht, die sich selbst nicht erkennen wollen. Aber auch sie können möglicherweise dazu gebracht werden, ihr Ziel zu erkennen und sich dazu zu stellen, wenn man das findet, was sie stolz macht, etwas Schlechtes zu tun.

Ein kleiner Junge war ein Lügner. Als er gefragt wurde, warum er gelogen hatte, stritt er das Lügen einfach ab. So fuhren wir fort, ihn zu fragen, ob wir ihm den Grund sagen sollten, den er unserer Meinung nach für das Lügen hatte. Er war wütend, denn er hatte doch schon gesagt, daß er nicht gelogen hatte. Wie können wir ihm dies dann vorhalten? In solchen Fällen muß man unorthodox vorgehen. Die Hauptsache ist, ihm sein Ziel vor Augen zu führen. So fragten wir ihn, ob er jemanden kenne, der besser lügen könne als er. Und mit einem Grinsen rief er, „Nein, natürlich nicht!“ Dann war er bereit auf seinen mächtigen Stolz einzugehen, alle Erwachsenen besiegen zu können.

Das Erkennen der vier Ziele in ihrer *Einfachheit* und doch auch in der *Vielfalt* ihrer Ausdrucksformen macht es für den Lehrer leicht, die Motivation eines Kindes zu diagnostizieren. Es bedarf jedoch der Erfahrung und der Übung, um sich seines diagnostischen Eindrucks sicher zu sein. Ein Hinweis kann die richtige Diagnose erleichtern: Es gilt allgemein: je heftiger die Interaktion zwischen Lehrer und Kind ist, desto größer ist auch der Kampf. Im Verlauf dieses Prozesses geht das Ziel Aufmerksamkeit zu bekommen über zu Machtstreben und eventuell zu Vergeltungswünschen. Die Feindseligkeit wächst auf beiden Seiten – sowohl beim Kind als auch beim Erwachsenen. Der Anfänger wird dazu neigen, jedes Störverhalten als Mittel zu betrachten, Aufmerksamkeit zu erreichen. Natürlich gelingt es durch jedes Störverhalten, den Lehrer zu beanspruchen; man muß jedoch die verschiedenen spezifischen Absichten des Kindes voneinander unterscheiden. Wenn sich der Lehrer besiegt fühlt, wollte das Kind seine Macht zeigen; wenn der Lehrer sich verletzt fühlt, suchte es Vergeltung und wenn der Lehrer verzweifelt aufgibt, wollte das Kind alleingelassen werden. Nur wenn er sich lediglich ärgert, kann er annehmen, daß das Kind seine Aufmerksamkeit wollte.

Der Erkennungsreflex und die Reaktion des Erwachsenen sind immer noch die beste Hilfe, das Ziel eines Kindes zu verstehen. Aber das gilt nur bei kleinen Kindern. Während jedes der vier Ziele in jeder Altersstufe beobachtet werden kann, werden während der Adoleszenz viele andere Mittel herangezogen, um in der Altersgruppe einen Platz zu finden. Einige davon werden aus dem Widerstand zu den Anforderungen der Erwachsenen entwickelt. Teenager zeigen ihre Unabhängigkeit gern durch jedes Verhalten, gegen das die Erwachsenen etwas haben und das sie nicht ausstehen können . . . z. B. im Ausdruck von Kleidung, Sprache, Lieblingsmusik . . . Ernstere Vergehen haben das Ziel, anti-erwachsene Reize und Vergnügungen zu finden, wie Gebrauch von Drogen, Wettrennen mit frisierten Motorrädern usw. Um die Jugend zu verstehen, kann man sich nicht mehr ausschließlich auf die vier Ziele beschränken, die man bei Kindern beobachtet. Wenn man die vielen Stunden während des Studiums in Erwägung zieht, die Lehrerstudenten aufwenden, ohne davon für ihre Fähigkeit im Umgang mit Kindern einen nennenswerten Nutzen zu haben, dann sollten alle Lehrer wenigstens einen kleinen Teil ihrer Zeit darauf verwenden, sich diese notwendigen Kenntnisse anzueignen. Es genügt nicht, daß Lehrer nur lernen, ihre Fachgebiete zu unterrichten; sie müssen auch lernen, wie man Kinder erziehen kann. Obwohl die Form des Trainings und der Praxis, die wir vorschlagen, einen fast revolutionären Wandel in unseren Schulen auslösen kann, erscheinen gerade dieses Training und diese Praxis unerläßlich, wenn wir eine wachsende Anzahl von Versagern und „Dropouts" unter den Schülern in unseren weiterführenden Schulen *vermeiden wollen,* nicht zu reden von der alarmierenden Zunahme der Drogenabhängigen.

Die *Technik,* die wir vorschlagen, kann ohne Risiko gelernt werden. Sie kann sowohl in einem persönlichen Gespräch mit dem Schüler als auch in einer Gruppendiskussion angewandt werden. Warum hat Hans irgend etwas besonderes gesagt oder getan? Nun können alle vermuten. Raten als Untersuchungsmethode hat seinen Wert und seine Eignung erwiesen. Viele meinen zu glauben, daß eine falsche Vermutung abträglicher und schädlicher ist, als überhaupt keine. Wir können diese Regel nicht unterschreiben. Wenn man eine falsche Vermutung aufstellt, bleibt man blind und kann nichts tun. Darüber hinaus kann die von uns vorgeschlagene Form des Vermutens keinen Schaden anrichten. Wenn man zu vermuten sucht, was im Kopf eines Menschen vorgeht während er etwas sagt oder tut, kann man sich unbedingt auf seine Reaktion verlassen. Wenn die Vermutung falsch ist, wird der Betroffene das sagen. Wenn er sagt: „Kann sein, da ist etwas dran", dann ist man auf der richtigen Spur. Und wenn man in Worte fassen kann, was der Betroffene gedacht hat, wird er notwendigerweise zustimmen. Wichtiger aber ist: der Jugendliche hat in diesem Moment das Gefühl, verstanden zu werden. Er verliert seine Verteidigungshaltung. Ungeachtet dessen, wie widerspenstig und feindselig er auch vorher gewesen sein mag, plötzlich ändert er seine Haltung und wird kooperativ. Man muß das gesehen haben, um es zu glauben. Jeder Lehrer kann dies lernen als Teil seiner Lehraufgabe und nicht in dem Bemühen, ein Psychotherapeut zu werden. Es ist nicht wahr, daß geringe psychologische Kenntnisse schlechter sind als gar keine. Die Gefahr liegt nur im Mißbrauch als Konversation oder Anklage. Jeder auch noch so kleine Schritt in

Richtung auf psychologische Einsicht kann nützlich sein. Den vielen, die immer noch Angst haben, jemandem zu schaden bei dem Versuch, Psychologie anzuwenden, können wir nur sagen, daß sie schwerlich mehr Schaden anrichten können als sie jetzt schon tun, da sie sich um die Psychologie von Kindern nicht kümmern.

Was sind *typische Beweggründe,* die das Kind hat, wenn es sich falsch verhält? In vielen Fällen möchte es nur zeigen, wie klug es ist. Entweder fühlt es sich als Opfer oder als Held oder es fühlt sich berechtigt, zu tun was ihm gefällt. Wir haben die unmittelbare Wirkung erlebt, die eine derartige Bestätigung seitens der Altersgenossen auf ein sehr gestörtes oder störendes Kind haben kann. Es fühlt sich verstanden und erkennt, daß es selbst entscheidet und deshalb auch selbst seine Pläne ändern kann.

Ein Training dieser Fähigkeiten sollte für Lehrer geplant werden entweder während des Grundstudiums oder in Workshops und Arbeitsgemeinschaften eingeplant werden und mit dem Rektor, mit Schulberatern, Seminarleitern oder Schulpsychologen durchgeführt werden. Wenn dies alles nicht möglich ist, kann ein engagierter Lehrer diese Zusammenhänge mit Studenten diskutieren und sie gemeinsam an der Aufgabe arbeiten lassen, einander besser zu verstehen.

Es gibt noch einen anderen möglichen Zugang zur Persönlichkeit des Kindes, nicht nur den, seine Nahziele kennenzulernen. *Alfred Adler* hat uns eine Technik gezeigt, wie man mit einer einfachen Untersuchung die Gesamtpersönlichkeit verstehen kann. Während der Entwicklungsjahre in der Familie bildet jedes Kind durch Versuch und Irrtum gewisse Ideen über sich selbst, über die anderen und über die Möglichkeit, seinen eigenen Platz zu finden, zunächst in der Familie und dann im Leben allgemein. In den ersten drei bis vier Jahren des kindlichen Lebens entstehen festgefügte Überzeugungen. Weder das Kind selbst noch die Menschen um es herum bemerken diese Überzeugungen, die es ausgebildet hat und die Mittel, die es gewählt hat, um seine Überzeugungen auszudrücken. Alle Handlungen und Haltungen des Kindes sind nur Aspekte seines allgemeinen Weltbildes, begründet auf der zentralen Einschätzung seiner selbst und seiner Fähigkeiten. Gewöhnlich spielen Gefahren und Enttäuschungen eine wichtige Rolle beim Entstehen von Weltbild und Lebensauffassung, die zu einem Handlungsschema führen, durch das das Kind zukünftige Demütigungen zu vermeiden hofft, indem es fiktive Ziele angenommener Sicherheit setzt. Die Ziele sind fiktiv, weil es nicht zutrifft, daß man nur unter bestimmten Bedingungen wertvoll sein und einen Platz haben kann. Es ist unsere neurotische Kultur, die uns das Gefühl abspricht, uns *so wie wir sind* wertvoll und zugehörig zu fühlen, ohne Rücksicht auf unsere Fehlschläge oder Leistungen; diese Verunsicherung bringt Menschen dazu, sich das fiktive Ziel einer angenommenen Sicherheit zu setzen. Ein Kind zum Beispiel, das sich durch die Ankunft eines jüngeren Geschwisters bedroht fühlt, könnte sich für wertvoll erachten, wenn es sich auf dem obersten Rang halten und der erste bleiben kann. Andererseits wird das jüngste Kind einer Familie, das erfolgreich seine Schwäche und Kleinheit dadurch kompensierte, daß es die älteren und stärkeren Familienmitglieder für sich benutzte, vielleicht für den Rest seines Lebens glauben, daß es nur mit der Unterstützung, Hilfe und Protektion anderer einen Platz haben kann. Ein Kind wird vielleicht denken, daß es nur durch Gefallen etwas erreichen kann, während ein anderes sich auf Kämpfen verläßt als seinen Weg, sich seinen Platz zu sichern. Natürlich kann keine dieser Maximen allein ausreichend sein. Sicher ist es nicht schlecht, wenn ein Mädchen seinen Platz zu finden sucht durch Gefallen. Aber wenn das sein Lebensgrundsatz ist, wird es völlig handlungsunfähig sein, wenn es einmal nicht gefallen kann und dann wird es in seiner Verzweiflung gehässig werden.

2.2. Die Familienkonstellation berücksichtigen

Man kann Weltbild und Lebensauffassung eines Menschen verstehen, wenn man die Beziehung zu den anderen Familienmitgliedern in seiner besonderen *Familienkonstellation* betrachtet. Die Familienkonstellation zwingt ein Kind nicht, sich auf eine bestimmte Art und Weise zu verhalten; sie *zeigt* nur *auf, wie es zu seinen Überzeugungen kam.* Es ist nicht das Opfer anderer, da es sich schon sehr früh an der Gestaltung der gegenseitigen Beziehungen beteiligt. Die wichtigste Person bei der Entwicklung der Persönlichkeit des Kindes ist der Bruder oder die Schwester der/die ganz anders ist als es selbst.

Die Beziehungen, die das Kind innerhalb der Familie hat, tragen sehr viel bei zu der Entwicklung seiner Persönlichkeit und zu den zwischenmenschlichen Beziehungen außerhalb der Familie. In der Familie entwickelt jedes Kind *sein* Bezugssystem, durch das es die Welt wahrnimmt, interpretiert und wertet. Die Kenntnisse, Gewohnheiten und Fertigkeiten die es zu Hause erwirbt, bestimmen seine Fähigkeit, mit allen übrigen Lebenssituationen erfolgreich umzugehen. Wir werden uns hier damit befassen, was das Kind in der Familie erlebt, welche Möglichkeiten und Grenzen sich für es ergeben, welche Herausforderungen und Erwartungen eintreten, die beeinflußt werden durch die Stellung des Kindes in der Geburtenreihe und seine individuellen Beziehungen zu allen anderen Familienmitgliedern. Dieser Einblick kann Eltern und Erwachsenen helfen, die Ziele und Überzeugungen des Kindes zu verstehen.

Persönlichkeit und Charakterzüge sind ein Ausdruck der Interaktion innerhalb der Familiengruppe. Sie können durch Vererbung, psychosexuelle Entwicklung, frühe traumatische Erlebnisse oder Umwelteinflüsse nicht völlig geklärt werden. Das Konzept der Familienkonstellation als dynamische Kraft, die die Entwicklung des Kindes beeinflußt, darf nicht so sehr verstanden werden als das Ergebnis von Faktoren, die im Kind aufeinandertreffen, sondern als Resultat seiner eigenen Interaktionen.

3. Pädagogische Maßnahmen bei Verhaltensstörungen von Schülern

3.1. Das Kind gewinnen

3.1.1. Wie findet man den ersten Kontakt zum Kind?

Ein Lehrer sollte sich über die Lebensumstände des Schülers, seine Persönlichkeitsmerkmale oder besondere Ereignisse *informieren, bevor* er die Schüler zum erstenmal trifft. Sobald die Schülerliste herausgegeben wird und er weiß, wer in seiner Klasse sein wird, sollte er damit anfangen, die Schülerbogen zu studieren, wenn das möglich ist. Gelegentlich kann er sich auch mit dem vorherigen Lehrer des Schülers in Verbindung setzen, um mehr Informationen zu erhalten, wenn er feststellt, daß das Kind ernsthafte Schwierigkeiten hatte. Es ist wichtig, alle positiven Eigenschaften jedes Schülers herauszufinden, so daß der Lehrer das Kind mit wirklichkeitsnahen oder ermutigenden Bemerkungen, wie die folgenden, begrüßen kann:

„Wie geht es dir, Daniel; Ist das Bein deines Hundes wieder in Ordnung und kann er jetzt laufen, ohne zu hinken?“ „So du bist Marlene. Ich habe schon viel Gutes über dich gehört von Frau Hansen.“

Es ist sehr schwer, die richtigen Worte zu finden, besonders während der ersten Schultage, wenn versteckte oder halbe Versprechungen so leicht herausrutschen. Manchmal wird ein Lehrer vielleicht nicht bemerken, daß der persönliche Kontakt mit dem einen Kind einen hemmenden Einfluß auf ein anderes Kind haben kann. Man muß behutsam sprechen und darauf bedacht sein, keine falschen Bemerkungen zu machen und man muß sich ständig der Komplikationen bewußt sein, die auftreten können.

Die Kinder werden sich vielleicht danach erkundigen, wie der Lehrer sich mit den Problemen und Interessen der Schüler vertraut gemacht hat. Er kann ihnen sagen, daß jeder Lehrer eine Namensliste der Schüler erhält, die in seiner Klasse sein werden und daß er dann die Schülerbogen durchsieht und sich beim vorherigen Lehrer nach ihnen erkundigt.

Eine humorvolle Bemerkung kann einer kritischen Situation die Spitzen nehmen, wie das folgende Beispiel zeigt:

Die Lehrerin forderte Anne auf, sich einen Platz ihrer Wahl zu suchen und erklärte, daß die Sitzordnung zu einem späteren Zeitpunkt neu geordnet werden würde. Anne setzte sich neben ein Mädchen und bemerkte mit einer Stimme, die laut genug war, daß jeder sie hören konnte, „Falls sie mir diesen Platz wegnehmen sollte, schlage ich ihr ins Gesicht". Offensichtlich waren die Kinder schockiert. Sie schauten abwechselnd zur Lehrerin und zu Anne. Es schien, daß Anne selbst Angst bekam wegen ihrer gewagten Bemerkung. Sie schaute bittend die Lehrerin an, die erkannte, daß schnell etwas getan werden mußte. Sie sagte: „Anne, du mußt lächeln, wenn du Spaß machst, sonst glauben die Kinder, du meinst es ernst. Kannst du sehen, wie schockiert sie sind? Sie glauben, du weißt nicht, was sich gehört. Ich weiß, daß du das genau weißt, warum lächelst du also nicht, um ihnen zu zeigen, daß du nur Spaß machst?" Die Lehrerin lachte und bald entspannten sich die Gesichter der Kinder, einschließlich das von Anne. Nach einer Weile lächelten alle. Dies hätte auch fehlschlagen können, wenn sich Anne entschlossen hätte, die Lehrerin zu testen und die Klasse weiterhin zu beeindrucken. (Falls Anne die Lehrerin herausgefordert hätte, indem sie sagte: „Ich mache keinen Spaß", hätte sie antworten können: „Ich werde warten, bis du mich um einen anderen Platz bittest", oder „Ich weiß, daß ich dich nicht daran hindern kann".)

In der Pause kam Anne zur Lehrerin und sagte, daß es nett war, daß sie nicht bestraft wurde. Die Lehrerin gewann ihr Vertrauen vom ersten Schultag an. Anne wurde eine sehr kooperative und hilfsbereite Schülerin. Jahre später überredete sie ihre Mutter, zum Rektor zu gehen und darauf zu bestehen, daß Margret, ihre jüngste Schwester, in die Klasse dieser Lehrerin käme.

Um das ganze Vertrauen eines Kindes zu gewinnen und zu behalten, ist es nötig, daß sich der Lehrer ständig intensiv darüber Gedanken macht. Der erste Kontakt ist gewöhnlich die Basis für spätere Beziehungen, denn das Kind beurteilt seinen Lehrer und bildet seine Haltung ihm gegenüber oft nach seinen ersten Eindrücken. Wenn die Haltung des Kindes eine negative sein sollte, wird es Monate dauern, bevor der Lehrer das ändern und ein gutes Verhältnis herstellen kann. Auf der anderen Seite – falls der erste Eindruck günstig war – hat der Lehrer schon einen ersten Erfolg, seine Chancen für weitere Erfolge sind viel größer und die Chancen des Kindes, etwas zu lernen haben zugenommen.

Ein Kind zu gewinnen, erfordert viele Überlegungen: das Alter des Kindes, die allgemeine Klassenatmosphäre, irgendwelche früheren Zusammenstöße des Kindes mit dem Lehrer – direkt oder indirekt –, die Zeit, die er dem Kind während des ersten Schultages widmen kann, alles was er bezüglich der allgemeinen Haltung des Kindes zu sich selbst und zur Schule weiß, – um nur ein paar zu nennen. Falls der Lehrer vorher schon etwas über den Schüler weiß, kann er das erste Zusammentreffen mit großer Sicherheit so einrichten, daß es für das Kind erfreulich wird. Allgemein gesehen gibt es jedoch keine bestimmte Technik, ein Kind zu gewinnen. Jeder Lehrer muß seine *eigene* Technik finden. Was bei einem Lehrer oder Kind wirksam ist, könnte bei einem anderen nicht ankommen. Ein Kind zu gewinnen hängt nicht nur von Worten ab, sondern auch vom Tonfall, dem Gesichtsausdruck, der physischen Nähe des Lehrers, der Wahl des richtigen Zeitpunkts, von anderen, die in der Klasse anwesend sind und von seiner allgemeinen Persönlichkeit.

3.1.2. Der erste Schultag

Der erste Schultag kann für den neuen Lehrer genauso mit Angst verbunden sein wie für das Kind. Der Lehrer und auch die Kinder brauchen Zeit, sich an die neue Situation zu gewöhnen. Der Lehrer steht vielen Problemen gegenüber. Er muß dem Kind helfen, zufriedenstellende zwischenmenschliche Beziehungen mit den anderen und auch mit ihm herzustellen.

Wenn der Lehrer sorgfältig plant, kann er helfen, Gefühle von Angst und Unsicherheit abzubauen. Es ist von größter Bedeutung, daß der Lehrer eine Anzahl von Aktivitäten vorbereitet, so daß die Schüler genug Zeit haben, sich an die neue Klasse zu gewöhnen und einen günstigen Eindruck davon bekommen, wie die Schule dieses Jahr sein wird.

Es ist eine große Hilfe für den Lehrer beim Herstellen von Disziplin und einem geordneten Tagesablauf, wenn er im

Klassenzimmer oder an der Eingangstür ist, wenn die Kinder ankommen. Es hilft auch, wenn er seinen Namen an die Tafel schreibt und ihn den Kindern vorliest.

Es ist für den Lehrer wichtig, schon am ersten Morgen von der Klasse als Lehrer akzeptiert zu werden, sich mit den Kindern bekanntzumachen und einen gewissen Tagesablauf festzulegen. Die Kinder sollten sich in einer fröhlichen, entspannten Atmosphäre befinden, wenn sie von ihren Sommererlebnissen erzählen und Verfahrensfragen für die Klasse besprechen. Wenn die Kinder gemeinsam mit dem Lehrer planen, werden sie lernen, einige Verantwortung für ihr eigenes Betragen zu übernehmen und dann kann der Lehrer anfangen, sich zu entspannen und sich gemeinsam mit den Kindern zu freuen.

3.1.3. Wie lassen sich Entmutigungen vermeiden?

Der Lehrer sollte sich *nicht* entmutigen lassen, wenn nicht alle Kinder sich innerhalb weniger Tage auf seine Seite stellen. Kinder, die bereits unerfreuliche Beziehungen zu Erwachsenen hatten, werden ziemlich mißtrauisch sein. Das sind meistens solche Kinder, über die schon jeder Lehrer lange zuvor etwas gehört hat – die Quälgeister.

Wenn der Lehrer mit ihnen zu tun hat, muß er selbstdiszipliniert auftreten und Ressentiments in positives Handeln umwandeln, wie das folgende Beispiel zeigt:

Ich wußte bereits zweieinhalb Monate lang, daß ich Leo in meiner Klasse haben würde, wenn die Mittelschule wieder begann. Ich dachte an Pensionierung, Krankwerden und Umziehen – dann dachte ich an Leo. Wie war es ihm wohl zumute? Er mußte sich wirklich schrecklich fühlen, wenn er aus dem Leben so eine Hölle machte. Was konnte ich tun, um ihm zu helfen – so daß wir beide überlebten und vielleicht sogar etwas Spaß haben könnten? Ich plante ein Aktionsprogramm:

1. Ich wollte sichergehen, daß er Erfolgserlebnisse hätte
2. ihn wissen lassen, daß ich ihn mag – durch meine Haltung und Handlungen und indem ich es ihm sagte
3. ihm eine wirklich vertrauenswürdige Aufgabe geben
4. meine Erwartungen in Leo und mich steigern
5. Zeit aufbringen für wöchentliche Besprechungen mit Leo.

Leo und ich lernten zusammen auf unseren gemeinsamen Erfolgen aufzubauen, langsam, Schritt für Schritt. Es war eine schwierige Aufgabe – aber eine lohnende. Ich schaudere, wenn ich daran denke, was hätte sein können, wenn ich nicht vorausgedacht und geplant hätte!

Ein gutes Verhältnis zwischen Lehrern und Schülern verlangt *gegenseitige* Achtung und Vertrauen; Kinder, die mit Würde und Freundlichkeit behandelt werden – nicht nur für den Augenblick, sondern ständig – reagieren darauf früher oder später und akzeptieren Ordnung und Zusammenarbeit, die für jedes soziale Leben nötig sind. Gegenseitige Achtung und Vertrauen kann und muß man herstellen. Kinder akzeptieren die größere Erfahrung und Geschicklichkeit des Erwachsenen, vorausgesetzt, dieser stellt seine Überlegenheit nicht zur Schau und nimmt sich besondere Privilegien heraus, die den Kindern versagt sind. Wir können uns bestimmt alle daran erinnern, mitangehört zu haben wie ein Kind sich bei seinem Freund beklagt: „Unsere Lehrerin unterhält sich immer mit anderen Lehrern in Versammlungen, aber wenn wir es tun, straft sie uns. Warum dürfen wir nicht reden, wenn sie es auch tut?". Ein Lehrer, der für sich selbst *Sonderrechte* in Anspruch nimmt, hat wenig Chancen, den Kindern zu helfen Charakter und Werthaltungen zu entwickeln. Die Kinder mögen dem Lehrer vielleicht aus Angst gehorchen, aber sie werden ihn nicht respektieren. Wir dürfen jedoch Freundlichkeit und Verständnis nicht verwechseln mit Nachsichtigkeit oder des Laissez-Faire-Verhaltens. Ersteres bezieht sich auf die grundlegenden Regeln von Achtung, Vertrauen und Mitarbeit, während das Zweite auf Unordnung und einem Mangel an Selbstachtung beruht. Um *effektiver* zu unterrichten und zu erziehen, muß ein Lehrer freundlich und fest sein.

3.1.4. David? Eine Herausforderung für den Lehrer

Am ersten Schultag sprach mich eine Lehrerin auf dem Korridor an und drückte mir ihr Mitgefühl aus, daß ich David in meiner Klasse hätte. Er war das vergangene Jahr ihr Schüler. Sie sagte, daß er der faulste, abscheulichste und langsamste Junge sei, den man sich nur vorstellen könne. In Davids

Schülerbogen fand ich, daß alle seine ehemaligen Lehrer diese Meinung teilten. Sein Lehrer aus der zweiten Klasse ließ ihn fast täglich nachsitzen, damit er seine Arbeit fertig machte. Seine Eltern bestraften ihn sehr häufig und hart. Jedoch, nichts schien Davids Haltung und Benehmen zu ändern. Nachdem ich mit Davids ehemaligem Lehrer gesprochen hatte, ging ich in mein Klassenzimmer und hielt Ausschau nach David. Ich erblickte einen blassen, blonden Jungen im Alter von neun Jahren, zu klein für sein Alter, mit einem schmutzigen Gesicht – eine vollkommen unordentliche Erscheinung.

Ich fragte ihn, ob er David Johnson hieße und er antwortete: „Wer, ich?".

Ich zeigte auf einen Jungen neben ihm und sagte: „Nein, nicht du, er".

David schaute etwas überrascht, antwortete aber schnell: „Sein Name ist nicht David Johnson. Das ist mein Name".

Ich fragte ihn, ob er den Platz mag, auf dem er sitze; falls nicht, könnte er sich auf den Platz vorne setzen. Wieder antwortete er: „Wer, ich?" Ich antwortete nicht und ging weg.

Eine Minute später kam er zu mir heraus und fragte, ob er den leeren Platz in der ersten Reihe haben könne. Ich sagte, daß ich es noch nicht wisse und daß ich gerne darüber nachdenken würde. Er versäumte nicht, mich sofort daran zu erinnern, daß ich erst vor einer Minute zu ihm gesagt hätte, er könne sich dorthin setzen. Ich lachte und entgegnete ihm, daß ich mir das Recht nähme, meine Meinung zu ändern, wenn er sich das Recht nimmt, „nicht zu hören". Ich fügte schnell hinzu, daß ich nur Spaß mache mit meiner Meinungsänderung und daß er jeden Platz haben könne, den er wolle.

Als ich an die Schüler Bleistifte austeilte, die keinen hatten und ich David fragte, ob er einen braucht, antwortete er wie zuvor: „Wer, ich?" Ich ignorierte seine Frage und ging an ihm vorbei. Drauf rief er laut: „Hallo, Lehrerin was ist mit mir? Sie haben mir keinen Bleistift gegeben!". Ich antwortete: „Wer, du?" Die Klasse lachte, da sie genau wußte, worauf ich mich bezog. David aber schaute mich verwirrt an. Ich bat eines der Kinder, David doch zu erklären, warum wir lachten.

David übernahm immer mehr Verantwortung um anderen behilflich zu sein und die Klasse in Ordnung zu halten. Er brachte sogar einen kleinen Besen von zu Hause mit und fing an, den Fußboden zu kehren. Als ich ihm sagte, daß dies die Arbeit des Hausmeisters sei, meinte er, daß er nur die Ecken kehren würde. Eines Morgens bat ich David nachzusehen, ob er ein gewisses Buch unter den anderen Büchern der Klassenbibliothek finden könne. Ich erwähnte den Titel. Absichtlich hatte ich einen leicht zu lesenden Titel gewählt. David fand das Buch in kürzester Zeit. Ich fuhr fort nach Büchern mit etwas längeren, komplizierteren Titeln zu fragen. Zu meiner Überraschung und Freude fand er fast alle ohne jede Schwierigkeit. Als ich David nach seiner Methode fragte, bestand er darauf, daß er die Titel nicht lesen könne – er hätte die Bücher eben nur „gefunden". Ich öffnete eines der leichteren Bücher und bat ihn, mir vorzulesen. Er schüttelte jedoch den Kopf und blieb dabei, daß er das nicht könne. Ich fragte ihn, wer ihm das gesagt hätte, daß er es nicht kann. Er antwortete, daß Maria, seine Schwester das sage. „Wer sagt noch, daß du nicht lesen kannst?" erkundigte ich mich. Er erwähnte seine Mutter, seine ehemaligen Lehrer und die Kinder. Zum Schluß sagte er mir, daß er selbst wisse, daß er es nicht könne. Als ich ihn fragte, ob er sich für einen klugen Jungen hält, schüttelte er verneinend den Kopf. Während der ganzen Zeit war Davids Gesicht ernst, aber nicht beunruhigt. Während unserer nächsten Klassendiskussion fragte ich die Klasse, ob jemand, der nicht lesen kann, zwischen den vielen Büchern, die wir in unserem Regal haben, die richtigen Bücher einfach „finden" könne. Die Kinder meinten, daß dies unmöglich sei. Ich sagte ihnen: „Wir haben einen ungewöhnlichen Jungen in unserer Mitte – einen, der jedes Buch finden kann, wenn man ihm den Titel sagt, ohne daß er selbst lesen kann". Ich erwähnte Davids Namen nicht. David verhielt sich ruhig. Wir diskutierten die Frage vom Standpunkt des „als ob". Die Kinder beharrten darauf, daß so etwas unmöglich sei. Alle stimmten zu, daß dieses Kind wenigstens etwas lesen können müsse. Ich wandte mich David zu, bat ihn, mir ein Buch zu bringen und nannte ihm den Titel. Er ging zum Bücherregal und brachte mir das Buch innerhalb weniger Sekunden. Es gab „Ah" und „Oh" in der Klasse. Ich sagte den Kindern, daß es nun an ihnen und an mir läge, David zu helfen, daß er sich uns beim Lesen anschlösse. Ich erklärte, daß er wahrscheinlich entmutigt sei, weil sie ihm offen gezeigt hätten, daß sie nicht an ihn glaubten. Ja, daß er nun selbst glaube, was sie so lange von ihm geglaubt hatten. Ich appellierte an sie, den Schaden, den sie ihm dadurch vielleicht zugefügt haben, wieder gut zu machen. Die neue Haltung der Kinder gegenüber David war der Anfang seiner Veränderung. Allmählich begann er, sich an den Aktivitäten der Klasse zu beteiligen. Ich übte keinen Zwang auf ihn aus, zeigte ihm aber meine Freude. Die Klasse ermutigte ich, ihre Anerkennung zu zeigen. Auch die Eltern, die David als einen hoffnungslosen Fall bereits aufgegeben hatten, bat ich, ihm zu zeigen, wie froh sie über seinen guten Willen und seine Bemühungen waren. Davids Leben, sowohl in der Schule, als auch zu Hause änderte sich. So begann das Ende von Davids „Wer, ich?". Immer, wenn er dieses Spiel anfing, merkte er es selbst rechtzeitig und antwortete dann auf meine Frage. David verbrachte den größten Teil des Tages damit, mit irgendeinem Gegenstand zu spielen, zur Toilette zu gehen oder einfach nur ins Leere zu starren. Da er die Klasse nicht störte, ignorierte ich sein Betragen.

Anläßlich einer Schulfeier entschloß ich mich, David Geld zu geben und ließ ihn dafür etwas zu essen kaufen. Dieses Mal war sein „Wer, ich?" auf echte Überraschung zurückzuführen. Er schien glücklich, als ich ihm das Geld gab, aber nach einigen Augenblicken verdüsterte sich sein Gesicht. Ich fragte ihn, was ihn bekümmere. Er meinte, daß er nicht wüßte, wieviel die Bonbons kosteten und auch nicht, wieviel er für die Kinder kaufen solle. Ich riet ihm, er sollte sich umsehen und herausfinden, was sie kosteten. Ich sagte ihm auch, daß er nicht unbedingt Bonbons kaufen müsse, außer er wolle es unbedingt. Eines der Mädchen meinte, daß jemand mit David gehen sollte, weil er nicht wisse, was er kaufen solle. Ich sagte, daß ich sicher sei, daß David wüßte, was er mit dem Geld anfangen solle, denn sonst hätte ich ihm den Auftrag nicht gegeben. Er brauche aber die Aufgabe nicht zu übernehmen, wenn er nicht selbst wolle.

Nach der Pause kam David mit einer Tüte Kaugummi, Bonbons und Wechselgeld zurück. Er sagte, daß er nicht genügend Geld übrig gehabt hätte, um von allem genug für die ganze Klasse zu kaufen. Dann fragte er die Klasse, ob sie mit Kaugummi zufrieden wären. Manche Kinder erklärten, daß ihnen Kaugummi lieber ist als Bonbons, weil sie länger etwas davon hätten. David freute sich darüber und ich dankte ihm für seine Hilfe und erklärte ihm, daß er gut gewählt habe. Eines Tages fragte mich David, ob wir wieder einmal eine Schulfeier machen würden und ob er dann wieder einkaufen könne. Ich sagte ihm, daß wir die nächste Zeit keine Feier machen würden, daß es aber andere Dinge gäbe, die er erledigen könne. Ich übertrug David die Verantwortung für die Regale im Klassenzimmer. Er sollte sie ordentlich und staubfrei halten. David verbrachte den halben Vormittag mit den Regalen und achtete nicht darauf, was in der Klasse vor sich ging. Er weigerte sich, bei einer Lesegruppe mitzumachen und sagte, daß er nicht müsse. Als ich ihn fragte, was er mit „muß nicht" meine, konnte er nur den gleichen Satz ohne weitere Erklärung wiederholen. Die Mitschüler, die mit David das vergangene Jahr in derselben Klasse waren, erzählten mir, daß er kaum jemals an den Aktivitäten der Klasse teilgenommen habe. Als ich nach dem Grund hierfür fragte, zuckten manche mit den Schultern während andere meinten, daß er wahrscheinlich die Arbeit nicht tun könne. Ich fragte David, ob er dem zustimme, was die Kinder sagten. Zuerst antwortete er, daß er es nicht wisse, nach einem Augenblick aber meinte er, daß die Kinder recht hätten – daß er es nicht könne. Er sagte es sehr sachlich und verriet keine Emotionen. Ich erklärte meine Zweifel über seine und der Kinder Überzeugung. „Schließlich" erklärte ich, „hat keiner von uns bis jetzt je gehört noch gesehen, was er kann. Wie kann einer von uns mit Gewißheit sagen, daß David etwas nicht kann, was wir können. Wenn er es versuchen würde, könnte er vielleicht sich selbst und uns überraschen."

Die Lehrerin hatte tatsächlich Davids Vertrauen gewonnen und durch ihre Bemühungen war es ihm möglich, seine Fähigkeiten weiterzuentwickeln.

3.1.5. Entstehen gute Beziehungen von selbst?

Der Lehrer kann es sich *nicht* leisten, die gute Beziehung, die er zu einem Kind hergestellt hat, als *selbstverständlich* zu betrachten. Wenn er sie nicht pflegt und bei neuen Situationen einfühlsam ist, könnte er plötzlich entdecken, daß er das Vertrauen des Kindes verloren hat, ohne zu wissen, wann oder wie. Kinder wie David reagieren unverhältnismäßig stark auf eine schlechte Stimmung ihres Lehrers. Manche Kinder fühlen sich durch Stimmungswechsel bedroht, während andere Kinder es als persönlichen Affront empfinden – besonders jene, die Menschen gegenüber immer schon mißtrauisch waren und nie zuvor gute zwischenmenschliche Beziehungen mit Erwachsenen aufgebaut hatten. Sie warten auf Zeichen von Zurückweisung. Das soll nicht heißen, daß ein Lehrer nie schlechter Laune oder nie gereizt sein darf. Wie alle anderen haben auch Lehrer wunde Punkte und schwache Minuten. Jedoch hilft es, wenn man den Mut hat vor den Schülern zuzugeben, daß man heute nicht bei guter Laune ist. Ein Lehrer könnte sagen: „Kinder, seid nicht verstimmt, wenn ich etwas sage, das euch ärgert oder kränkt – ich bin heute nicht gut aufgelegt.“ Eine Möglichkeit wäre auch an die Tafel zu schreiben: „Scht . . . der Lehrer hat Kopfschmerzen“. Dadurch kann man oft Mißverständnissen vorbeugen.

Trotzdem können Mißverständnisse vorkommen, nicht nur an den Tagen, an denen der Lehrer schlechter Laune ist.

3.2. Das Kind ermutigen

3.2.1. Wie und wann lernen Kinder?

Die meisten Lehrer sind sich klar über Umfang und Schwierigkeit des Lehrstoffes, der im Lehrplan vorgeschrieben ist. Aber nicht alle Lehrer sind sich auch bewußt, welche Rolle die Ermutigung und Bestätigung im Lernprozeß bei Kindern spielt. Das Kind, das seine Schularbeiten gerne macht, liefert natürlich eine bessere Arbeit als ein Kind, das mit seiner Arbeit nicht zufrieden ist. Der Lehrer kann die Arbeit durch Ermutigung und sorgfältige Planung und Organisation lohnender erscheinen lassen und dabei den eigenen Lernprozeß der Schüler anregen helfen. Niemand lernt, wenn er unmotiviert ist. Wir lernen vom Erfolg und wir lernen aus Mißerfolg. Eine Bindung an das Lernen kann nicht stattfinden, solange das Kind nicht eine richtige Selbsteinschätzung hat und bereit ist, seine Chancen mit Erfolg oder Mißerfolg wahrzunehmen.

Lehrer haben eine Verantwortung, die über das Mitteilen von Tatsachen und das Lehren von Fertigkeiten hinausgeht. Es gilt, *jedem* Kind gerecht zu werden, ihm zu helfen, seinen Platz in der Gruppe zu finden, wo es Zufriedenheit erlebt und als Mensch akzeptiert wird – ganz gleich wie gut oder schlecht es sich in der Schule erweist. Wenn der Lehrer in diesem Bemühen Erfolg hat, wird das Kind sicherlich auf alle Lernsituationen positiv und aufnahmefähig reagieren und Wissensfortschritte machen. Falls dem Lehrer diese Bemühungen nicht gelingen, wird das Kind sich zu enge Grenzen für seine Fähigkeiten setzen und entweder ein soziales oder ein schulisches Problem werden – oder beides.

3.2.2. Was ist Ermutigung?

Ermutigung und Verstärkung spielen die wichtigste Rolle, um die Lernfähigkeit des Kindes aufzubauen und intrinsische Motivation für Lernen zu entwickeln. Ermutigung und Verstärkung sind ein komplexer Vorgang. Ihre Entwicklung hängt von vielen Umständen ab, die ständig wechseln. Deshalb ist eine präzise Definition unmöglich. Bestenfalls können wir sagen, daß Ermutigung das ist, was dem Kind vermittelt, daß der Lehrer es achtet, ihm Vertrauen schenkt und an es glaubt und daß sein momentaner Mangel an Fähigkeiten in keiner Weise seinen Wert als Person beeinträchtigt. Motivation durch Ermutigung verlangt eine *ständige* Wachheit für den richtigen Augenblick, für Tonfall und Wortwahl. Gelegenheit zur Ermutigung gibt es auf vielen Gebieten, schon bei kleinen Anlässen, wenn die Schüler sich bemühen – ob die Anstrengung nun erfolgreich ist oder nicht.

Anerkennung muß dem ernsthaften Versuch zukommen, auch wenn sich kein *sichtbarer* Erfolg einstellt. Ein Lehrer könnte sagen: „Du warst beim Rechtschreiben heute sehr fleißig. Ich habe dich beobachtet und bin sehr froh darüber, daß ich deine Bemühungen gesehen habe“. Er könnte auch sagen: „Möchtest du einen Augenblick aussetzen? Du warst so fleißig, daß du eine Pause verdient hast“. Anerkennung sollte nie übertrieben werden. Ein paar Worte werden ausreichen.

Ein Lehrer kann ein Kind auch ermutigen, ohne irgendwelche Worte zu gebrauchen. Zum Beispiel wird die Arbeit eines Kindes sofort durchgesehen, sobald es die Aufgabe gelöst hat. Jede richtige Lösung wird mit einem großen R versehen. Jede falsche Frage wird nicht gekennzeichnet. Das Blatt wird dem Kind sofort zurückgegeben, das sodann die falschen Lösungen überarbeitet. Dann wird ein R zu den richtigen Antworten geschrieben. Auf diese Weise hat das abgeschlossene Aufgabenblatt *nur* positive Zeichen und das bedeutet einen weiteren Schritt, mehr *Leistung* zur Geltung zu bringen. Fehler bagatellisieren wird einen ermutigenden Effekt haben, wenn das Kind sich noch abmüht. Das soll nicht heißen, daß ein Lehrer übersehen oder sogar negieren soll, daß das Kind Fehler gemacht hat.

Wenn der Lehrer sagt: „Das ist ziemlich gut für den ersten Versuch, mach dir nichts draus, wenn due Fehler entdeckst. Mit der Zeit werden sie verschwinden“, dann baut er auf die Stärke des Kindes.

Ermutigung kann systematisch angewandt werden bei einem langsamen Kind, indem man die Aufgaben in mehrere kurze Abschnitte aufteilt. Diese Art der Programmierung verschafft Erfahrungen, die sich „festsetzen“ um die positive Aufmerksamkeit des Kindes zu stimulieren. Die Konzentrationsspanne wird verlängert. Seine Freude an der Arbeit und seine Selbstachtung werden gesteigert. Diese Ergebnisse werden wesentliche Punkte seines früheren gestörten Verhaltens beseitigen. So hat ein Kind die Chance, während einer 45-Minuten-Stunde zehn bis fünfzehn Aufgaben zu lösen. Dies bewirkt auch einen Spiraleffekt beim Lernen, da der Lehrer die Möglichkeit hat, das Problem zu wiederholen; das Kind kann seine Aufgaben richtig lösen und dadurch sein Begriffsvermögen stärken.

3.2.3. Wann sollen Lehrer beginnen, ein Kind zu ermutigen?

Ermutigung ist am wirkungsvollsten, wenn sie gleich zu Beginn des Schuljahres einsetzt. Ohne Zweifel wird eine gewisse Änderung im Verhalten des Lehrers eine Wirkung auf das Verhalten des Kindes haben – besonders, wenn der Lehrer seine neue Anerkennung beibehält. Der Lehrer könnte viel Zeit und Kraft sparen, wenn er sein Vertrauen in das Kind schon beim ersten Zusammentreffen mit ihm zeigt. Dies setzt Aufrichtigkeit gegenüber Kindern und Vertrauen in die Technik der Ermutigung voraus.

Da kein Kind wie das andere ist, muß der Lehrer *sensitiv* sein für die Empfindungen jeden Schülers, um zu wissen, wann und wie er ermutigen soll. Die Wirkung seiner Ermutigung wird auch vom Verhältnis des Kindes zur Gruppe abhängen. Ein Kind wird wohl skeptisch sein gegenüber der Anerkennung des Lehrers, wenn es bereits eine gewisse Zeitlang in dessen Klasse war und der Lehrer nie zuvor irgendeine Anerkennung oder Vertrauen in das Kind ausgedrückt hatte.

3.2.4. Welche Fehler können Lehrer dabei machen?

Manche Lehrer werden zu Beginn des Schuljahres die positiven Möglichkeiten der Ermutigung nützen; falls sie jedoch *nicht sofort* ein Ergebnis sehen, werden sie selbst entmutigt. Entweder kehren sie zu autokratischen Disziplinarmaßnahmen zurück oder sie verlieren das Vertrauen in ihre Fähigkeit, ein Kind zu motivieren; dann lassen sie es das tun, was es will. Wie oft hören wir Lehrer sagen: „Ich habe alles versucht, jedoch vergebens." „Ich gebe auf, da ich nicht weiß, wie ich an dieses Kind herankommen soll." Diese Reaktion ist sehr mißlich für beide, Schüler und Lehrer. Ein Lehrer muß Techniken und Fähigkeiten entwickeln und mit ihnen in Geduld und Selbstvertrauen versuchen, dem Kind zu helfen, seine Schwierigkeiten zu meistern. Das heißt vielleicht, *den eigenen Standpunkt* zu *ändern.* Anstatt meßbare, zensierbare Schulleistungen zu suchen, sollte der Lehrer darauf bedacht sein, daß das Kind seine übrigen Tagesaufgaben zur Zufriedenheit erfüllt.

3.2.5. Ist Ermutigung ohne Wettbewerbsförderung möglich?

Der Lehrer sollte vorsichtig sein mit der Wendung „besser als andere“. Viele Kinder bekommen den Eindruck, daß sie nur dann etwas wert sind, wenn sie „besser“ als die anderen sind. Solche Mißverständnisse werden oft durch Lehrer und Eltern gefördert. Es empfiehlt sich, eher zu sagen: „Es gefällt mir, wie du die Arbeit erledigt“ als „Du bist der beste Tafelputzer, den ich je hatte.“

3.2.6. Beständigkeit in der Beziehung

Untrennbar zur Ermutigung gehört das Konzept, ein *grundlegendes Vertrauen zwischen Lehrer und Kind* zu entwickeln, da gegenseitiges Vertrauen die Grundlage ist, auf der gute zwischenmenschliche Beziehungen aufgebaut werden. Offenheit und Vertrauen eines Kindes sind oft Vorstufen für Gewinn von Selbstvertrauen. Vertrauen schließt ein, daß das Kind gelernt hat, auf die Berechenbarkeit und Beständigkeit des Lehrers zu bauen und daß es sich in seinen Interaktionen mit dem Lehrer auf sich selbst verlassen kann. Dann ist das Kind fähig, sich selbst als so vertrauenswürdig einzuschätzen, daß der Lehrer in seiner Beziehung zu ihm beständig bleiben wird. Das Vertrauen eines Kindes in seinen Lehrer schließt den festen Glauben an Redlichkeit und Aufrichtigkeit des Lehrers ein. Das Kind wird u. U. diese Beziehung ständig auf die Probe stellen.

Die Fähigkeiten eines Kindes können sich in unterschiedlichem Maße entwickeln. Seine Lernsituation *ändert* sich mit der Zeit ebenso wie seine Meinung über seine Beziehung zum Lehrer. Deshalb werden manche Kinder diese Beziehung ständig erproben, andere nur gelegentlich. Ein Kind, das nicht gelernt hat, anderen zu vertrauen, wird oft kein Selbstvertrauen haben. Es wird nur wenigen Menschen vertrauen und sein Lernverhalten wird blockiert. So ist das Aufbauen von Vertrauen ein notwendiger Schritt der Ermutigung.

3.2.7. Die Überlegenheit von Geschwistern als Schlüssel für Entmutigung

Was kann ein Lehrer tun, wenn er feststellt, daß ein Kind deshalb entmutigt ist, weil es Bruder oder Schwester hat, die bessere Schüler sind? Es gibt verschiedene Möglichkeiten. Er könnte dem Schüler vielleicht helfen mit einem Klassengespräch über die persönlichen Unterschiede bei Menschen. Er könnte betonen, daß jeder bestimmte Probleme hat und daß keiner allein ist mit seinen Minderwertigkeitsgefühlen und Schwierigkeiten. Er könnte mit den Eltern sprechen und ihnen klarmachen, was sie falsch machen, wenn sie Geschwister miteinander vergleichen.

Am wichtigsten ist es, daß der Lehrer Situationen rasch erfaßt, die ihm eine Chance geben, das Selbstwertgefühl des Kindes zu heben. Er muß *Anlässe schaffen,* daß das Kind sich wichtig genommen und von der Gruppe respektiert fühlt. Der Fall ‚Michael' wird eine solche Situation beschreiben:

Michael war das zweite Kind in einer Familie von vier Kindern. Seine ältere Schwester, wie auch sein jüngerer Bruder waren ausgezeichnete Schüler. Die Eltern, die selbst wenig Bildung genossen hatten, gaben schulischen Leistungen einen großen Stellenwert und waren fest entschlossen, ihren Kindern eine gute Ausbildung zu geben. Sie waren auf die ältere Tochter – Sonja – angewiesen, die alle Schreibarbeiten für sie erledigte und versprachen ihr, sie auf die Universität zu schicken, da sie eine so gute Schülerin sei. Sie liebten Michael, waren aber enttäuscht wegen seiner schlechten Leistungen. Ständig hielten sie ihm seine Schwester Sonja als Beispiel vor. Trotz aller Zuneigung, die Michael von seinen Eltern bekam, war er überzeugt, daß sie ihn nicht liebten. Es war schwierig für die Eltern, zu verstehen, was sie tun könnten – besonders, wie sie ihn ermutigen sollten. Michael hatte nie einen Erwachsenen erlebt, der echtes Interesse an ihm zeigte. Er hatte sich von der Gruppe zurückgezogen und zeigte keinerlei Interesse an irgendwelchen Tätigkeiten – außer an Musik. Er hatte eine wunderbare Stimme, hielt sich aber immer zurück und sang nur in der Gruppe. Das erste Mal gelang es mir, ihm näher zu kommen, als wir über die verschiedenen Namen sprachen, die Menschen haben. Jemand fragte mich, welchen Namen ich am liebsten hätte. Ich antwortete, daß mein Lieblingsname Michael sei; er hätte einen musikalischen Klang und er sieht sehr interessant aus, wenn er geschrieben ist. Alle Augen wandten sich zu Michael. Der wurde rot – aber zum ersten Mal sah er mich direkt an. Beiläufig fügte ich hinzu: „Manchmal mögen wir bestimmte Namen, weil sie uns an Leute erinnern, die wir mögen. – Vielleicht ist das auch ein Grund, warum ich den Namen Michael mag." Als er aus der Schule ging, sagte er „Auf Wiedersehen", was er nie zuvor getan hatte.

Bald darauf fragte ich ihn, ob er im Kirchenchor singe. Als er verneinte, antwortete ich ihm, daß man im Chor froh wäre, jemanden zu haben, der so schön singen könne, wie er und daß er doch eintreten sollte. Als ich ihn fragte, ob er Lust dazu hätte, zuckte er die Schultern, als ob es ihm gleichgültig wäre. Doch ich konnte in seinen Augen ein Leuchten feststellen. Ich fragte ihn, ob er etwas dagegen hätte, wenn ich herausfände, wie er in den Chor eintreten könnte. Er antwortete, daß es ihm egal wäre. Wenigstens sagte er nicht nein.

Michaels Eltern hatten keine Ahnung von seiner Stimme, er sang nur selten zu Hause. Ich war sehr froh zu hören, daß keiner sonst in der Familie gut singen konnte. Sie waren weniger beeindruckt von der Stimme ihres Sohnes als von der Möglichkeit, daß er im Kirchenchor singen könnte. Beide Eltern verstanden, daß dies Michael Achtung einbringen könnte und daß sie sein Talent wichtig nehmen müßten. Bald darauf sang Michael in der Kirche. Dies war der Anfang einer allgemeinen Veränderung zu besseren Leistungen in der Schule und zu Hause.

Michael war nun auch bereit, in der Klasse vorzusingen und er stimmte sogar zu, alleine bei einer Schulfeier vorzusingen, bei der die Eltern anwesend waren. Wenn wir in der Klasse sangen, bat ich ihn, sich neben Kinder zu setzen die Schwierigkeiten haben, den Ton zu halten, um sie zu führen. Er war sofort bereit. Es wurde auch leichter, mit ihm zu sprechen, denn er ließ seinen Kopf nicht mehr hängen wie früher. Er war auch bereit, seine Aufsätze der Klasse vorzulesen. Oft stellte er sich freiwillig zur Verfügung, etwas zu organisieren. Als Michael in der Schule Fortschritte machte, war es auch leichter seinen Eltern zu sagen, wie sie den Jungen behandeln sollten, da auch ihr Glaube an ihn gewachsen war. Auf diese Weise gelang es, daß Michael eine engere Beziehung zu seinem Lehrer, zu seiner Gruppe und zu seinen Eltern aufbaute.

3.2.8. Ermutigung versus Lob

Es ist entscheidend, daß der Lehrer den *Unterschied* zwischen Lob und Ermutigung kennt. Lob erhält ein Kind, wenn es eine Aufgabe gut gemacht und zu Ende gebracht hat. Ermutigung ist nötig, wenn das Kind versagt. Das Kind für sein Bemühen bei seiner Arbeit zu ermutigen, ist so wichtig wie die Anerkennung, wenn die Aufgabe beendet ist. Wenn das Kind einmal mit Lob belohnt wurde, bedeutet das Vorenthalten oder Ausbleiben von Lob einen Mißerfolg. Schmeicheleien können Unsicherheit hervorrufen, da das Kind vor der Möglichkeit Angst bekommen könnte, die Erwartungen nicht erfüllen zu können und nun nicht sicher ist, ob es immer wieder das gleiche Lob erhalten würde. Das Kind hat die falsche Vorstellung, daß es nichts wert ist, wenn es nicht gelobt wird und deshalb ein Versager ist. Im Gegensatz zu Lob hebt Ermutigung die Leistung hervor.

Vicki Soltz stellt in einem Kapitel, überschrieben: „Warum kein Lob“ (in ihrem Buch „Study Group Leader's Manual“) folgendes fest:

> „Wir sind fast alle in dem Glauben aufgewachsen, daß alle Kinder lob dringend brauchen, um sie zum richtigen Benehmen zu veranlassen. Wenn wir genau hinsehen, wenn ein Kind gelobt wird, werden wir einige erstaunliche Tatsachen entdecken. Einige Kinder schauen einen erstaunt an, andere geraten in Panik, manche meinen ‚Na und . . .‘ und manche scheinen zusagen ‚Na endlich‘.“

Wir werden plötzlich mit der Tatsache konfrontiert, daß wir Ereignisse eher so betrachten müssen, wie sie das Kind interpretiert, als anzunehmen, daß das Kind sie so sieht wie wir.

Untersuchen wir die *Absichten* dessen, der lobt, so zeigt sich, daß er eine Belohnung anbietet. „Wenn du gut bist, wirst du als Belohnung meine Wertschätzung erhalten.“ Was ist falsch an dieser Methode? Warum sollen wir den Kindern nicht helfen zu lernen, das Richtige zu tun, indem sie sich die Wertschätzung der Eltern verdienen? Wenn wir die Situation von der Sicht des Kindes aus betrachten, werden wir den Fehler sehen, der in diesem Schritt liegt. Wie wirkt Lob auf die Selbsteinschätzung, die das Kind von sich hat? Es wird den Eindruck bekommen, daß sein persönlicher Wert davon abhängt, wie weit es mit den Wünschen und Werten der anderen Schritt halten kann. „Wenn ich gelobt werde, ist mein persönlicher Wert hoch. Wenn ich ausgeschimpft werde, bin ich wertlos“. Wenn dieses Kind erwachsen wird, werden sein Handeln, seine beruflichen Fähigkeiten und die Bewältigung weiterer Lebensaufgaben ausschließlich davon abhängen, wie es von anderen eingeschätzt wird. Es wird in einem ständigen Auf und Ab leben. Lob führt leicht dazu, die Aufmerksamkeit des Kindes auf sich selbst zu lenken. „Wie werde ich eingeschätzt?“ zählt mehr als „Was verlangt die Situation?“ Das fördert das fiktive Ziel „Eigenlob“ anstelle des wirklichen Ziels: „Was kann ich tun, um zu helfen?“

Ein anderes Kind könnte dahin kommen, Lob als sein

Recht anzusehen, das was ihm rechtmäßig vom Leben zusteht. Deshalb wird es das Leben als ungerecht ansehen, wenn es nicht für jede Anstrengung gelobt wird. „Ich bin zu bedauern – niemand mag mich.“ Oder es hat das Empfinden, daß es keine Verpflichtung hat, etwas zu leisten, wenn dafür kein Lob in Aussicht steht. „Was springt für mich dabei heraus? – Was werde ich dafür bekommen? Wenn kein Lob (keine Belohnung) dabei zu ernten ist, warum sollte ich mich anstrengen?“

Lob kann sehr entmutigend sein. Wenn die Bemühung des Kindes nicht das erwartete Lob bringt, kann es annehmen, daß es entweder nicht gut genug ist oder daß das, was es anzubieten hat, der Anstrengung nicht wert sei und deshalb gibt es auf.

Wenn ein Kind außerordentlich hohe Anforderungen an sich selbst stellt, wird Lob wie Spott und Hohn klingen, besonders wenn seine Anstrengungen nicht ausreichen, den eigenen Maßstäben zu genügen. Bei einem solchen Kind führt Lob nur dazu, die Unzufriedenheit mit sich selbst zu steigern, wie auch seine Vorbehalte anderen gegenüber, weil sie sein Dilemma nicht verstehen.

Bei all unseren Bemühungen, ein Kind zu ermutigen, müssen wir genau auf seine Reaktion achten. Die Betonung muß übergehen von der Frage „Bin ich auch gut?“ auf „Wie kann ich die ganze Situation verbessern?“ Jedes Tun, das das falsche Bild, das ein Kind von sich hat, verstärkt, ist entmutigend. Alles was wir tun, das einem Kind dazu verhilft, sich als Glied einer funktionierenden Einheit zu sehen, einen Beitrag zu leisten, mitzuarbeiten, teilzunehmen an der Gesamtsituation – das ist Ermutigung. Wir müssen lernen zu sehen, daß das Kind, so wie es ist, gut ist.

Lob belohnt das Individuum und führt dazu, die Aufmerksamkeit auf es selbst zu richten. Aus dieser Richtung kommt wenig Befriedigung und Selbstbestätigung.

Ermutigung fördert das Bemühen und lenkt die Aufmerksamkeit auf die Fähigkeit, sich den Menschen zuzuwenden und auf die Ich-Stärke und die angeborene Fähigkeit mit dem

Leben fertig zu werden. Lob bezieht sich auf den Handelnden, Ermutigung erkennt die Handlung an.

Lob	*Ermutigung*
– Bist du nicht phantastisch, daß du das tun kannst?	– Ist es nicht gut, daß du helfen kannst? – Wir schätzen deine Hilfe. Schau, wie die Teller glänzen! (nach dem Abtrocknen) – Wie gut der Teppich jetzt aussieht! (nach dem Staubsaugen) – Wie schön dein Zimmer aussieht – Danke, daß du auf das Baby aufgepaßt hast. Es war eine große Hilfe. – Ich mag deine Zeichnung. Die Farben passen so gut zusammen. – Dein Zimmer sieht viel ordentlicher aus, seitdem du die Spielsachen aufgeräumt hast. – Wie gut, daß du das selbst herausgebracht hast. Du kannst es immer besser!
– Ich bin so stolz auf dich, daß du so gute Noten hast. (Ich schätze dich hoch ein.)	– Ich freue mich so, daß du so gerne lernst (zusätzlich zu deinen Begabungen)!
– Ich bin stolz auf dich, daß du dich im Restaurant so gut benommen hast.	– Wir haben uns alle gefreut, daß wir zusammen im Restaurant waren.

– Ich bin schrecklich stolz darauf, wie du den Vortrag gemacht hast.	– Es ist schön, zu sehen, daß du gerne spielst. Was du gemacht hast, hat uns allen gefallen. Ich muß dich wirklich loben, daß du so fleißig warst.

Ein Lehrer neigt oft dazu, ein Kind *nur* nach seinen intellektuellen Fähigkeiten zu beurteilen, die er daran mißt, was das Kind leistet. Wenn es gut arbeitet, ist der Lehrer mit sich selbst und dem Kind zufrieden. Diese Haltung hat einen sehr deutlichen Einfluß auf die Einstellung des Kindes zu geistiger Leistung an sich, denn es spürt, daß der Grad seiner Leistungsfähigkeit seine Position in der Klasse bestimmt.

Ich erinnere mich an einen Jungen – er war nicht mein Schüler – der besonders gemein war zu anderen Schülern auf dem Spielplatz. Als ich ihm diese Tatsache vorhielt antwortete er: „Ich weiß – mein Lehrer sagt, daß ich eine Plage sei, aber er unternimmt nie etwas gegen mich, weil ich der Beste in der Klasse bin."

Dieser Junge fühlte sich geschützt aufgrund seines schulischen Rangs in der Klasse. Seine Streitsucht zeigte jedoch einen Mangel an Selbstvertrauen, wenigstens in sozialen Beziehungen. Seine Lernerfolge halfen ihm sichtlich nicht zu einer besseren sozialen Anpassung.

3.2.9. Ermutigung und Entmutigung

Alle Kinder brauchen Anerkennung und alle suchen Beifall ohne Rücksicht auf den Status, den sie in der Gruppe haben. Der Mangel an Anerkennung kann leicht sogar ein sehr begabtes Kind entmutigen und es wird sich von der Mitarbeit zurückziehen.

Wenn der Lehrer einen Mißerfolg *erwartet* und überzeugt ist, daß er dem Kind gut zureden oder es bestrafen muß, wird das Kind meistens diese Erwartung erfüllen, was wiederum den Lehrer überzeugen wird, daß er recht hatte.

Auf der anderen Seite wird das Kind sicherlich ein besseres Ergebnis als erwartet erreichen, wenn ihm *geholfen* wurde, den Mut zu haben, Möglichkeiten wahrzunehmen und sogar einen Mißerfolg zu riskieren. Für ein entmutigtes Kind ist schon der kleinste Erfolgsbeweis ein starkes Antriebsmittel, denn es hat selten Erfolg gehabt und ist überzeugt, daß es nie so weit kommen würde. Sogar dieser kleine Erfolg kann für den Lehrer und für die Gruppe eine große Hilfe sein, auf der sich aufbauen läßt. Denn das ist die Grundlage für alle weiteren Schritte. Ohne daß sie sich beim Erteilen von Anerkennung überkritisch vorkommen, neigen Lehrer dazu, die dieses Verständnis nicht haben, ihre Schüler durch bestimmte Handlungen zu entmutigen, von denen sie annehmen, daß sie ermutigen. Ein Lehrer entmutigt das Kind durch seine Handlungen vielleicht sogar mehr als durch Worte. Der Lehrer kann sich so verhalten, als wäre das Kind unwissend, dumm oder unfähig.

Michael arbeitete an einer Sozialkunde-Aufgabe der 6. Klasse. Er bat die Lehrerin, ihm zu helfen, wo er die Antwort zu einer bestimmten Frage finden könne. Die Lehrerin half ihm, den Stoff zu finden und beugte sich über ihn, bis er die Antwort geschrieben hatte. Dann las sie die nächste Frage laut vor und begann das Buch nach der Antwort durchzublättern. In dem Moment sagte Michael: „Gehen Sie weg! Ich kann das allein. Glauben sie, daß ich dumm bin oder sonst was?«

Das In-der-Nähe-bleiben hat an sich schon einen entmutigenden Effekt, weil es dem Kind sagt, daß der Lehrer es nicht für fähig hält, allein weiterzumachen. Einem anderen Kind wird es so vorkommen, als ob der Lehrer seinem Urteilsvermögen oder seiner Denkfähigkeit nicht traut oder glaubt, daß es seine Arbeit nicht richtig machen kann. Einer der häufigsten und verheerendsten Fehler bei der Entmutigung eines Kindes ist, wenn man ihm vorhält, wieviel besser es sein könnte. Anstatt es zu größeren Anstrengungen anzuspornen, wird es dadurch sogar von weiteren Versuchen abgehalten. Hat man ihm nicht gesagt, daß es so, wie es ist, nicht gut ist?

Dies aber ist das Schlimmste, was man einem Menschen sagen kann.

Die *Form*, wie ein Lehrer ein Kind bittet, etwas zu tun, kann ermutigend oder entmutigend wirken. Gewöhnlich erreicht der Lehrer eine bessere Mitarbeit, wenn er von negativen Aufforderungen absieht. „Versuche deinen Bleistift so zu halten, dann wird deine Hand nicht müde werden“ ist besser, als „Halte deinen Bleistift nicht an der Spitze, wer schreibt denn so!“ – „Glaubst du nicht, daß es besser ist, wenn du zuerst in deinem Arbeitsheft arbeitest, da wir es gleich gemeinsam ansehen werden“, ist besser als „Ich habe dir doch gesagt, du sollst zuerst in deinem Arbeitsheft arbeiten. Warum machst du nicht, was dir gesagt wird?“. Ein zusätzliches „Bitte“ und „Danke“ kann nie schaden.

Der Lehrer darf die Ermutigung eines Kindes nicht damit verwechseln, daß er es dazu bringt, mutig zu sein. Mut zu zeigen bedeutet nicht immer Selbstvertrauen. Ein Kind kann Mut zeigen, wenn sein Wunsch nach Anerkennung sehr stark ist. Ein Schüler, der vor dem Ballspielen Angst hatte aus Furcht, sich zu verletzen, kletterte auf das äußere Fensterbrett im zweiten Stock und veranlaßte jeden, ihm zuzuschauen. Ein Kind kann sich zwingen, Mut zu zeigen, nur um nicht als Feigling zu gelten. Viele Menschen glauben, daß solche Wagnisse Zeichen von Mut und Männlichkeit sind und erkennen nicht, daß das gleiche Kind in Wirklichkeit furchtsam und unsicher sein kann. Es ist nicht selten, daß ein Lehrer Eltern sagen hört: „Wie können Sie sagen, daß mein Junge entmutigt ist? Sie sollten ihn sehen, wenn er auf Bäume klettert und sein Fahrrad freihändig fährt!“ Dem gleichen Kinde kann das Zutrauen fehlen, sich an Lernaufgaben zu beteiligen oder an irgendeiner anderen Gruppenarbeit mitzuwirken. Es kann sein, daß es glaubt, niemand mag es. Der einzige Weg, Aufmerksamkeit zu bekommen, liegt in gewagten Taten. Es kann sogar gefährlich werden, solche Tapferkeitsbeweise zu ermutigen, denn das Kind wird möglicherweise tollkühn oder streitlustig.

Ein Kind fühlt sich nicht ermutigt, wenn ein Lehrer mit der

einen Hand gibt und mit der anderen wieder nimmt. Ein Kind mit einem „aber“ zu loben tötet jedes ermutigende Wort. Ein „aber“ schleicht sich leicht in unsere guten Absichten. „Ich bin sehr stolz, wie du liest, – aber du mußt auf die Satzzeichen achten.“ „Deine Rechtschreibung wird besser, aber du vernachlässigst dein Deutsch.“ Anerkennung muß für sich selbst stehen – ohne Beeinträchtigung – wenn sie wirksam sein soll. Der Lehrer kann zu einem anderen Zeitpunkt darüber reden, daß das Deutsch verbessert werden muß.

Das Vergleichen von Kindern ist ein anderer wichtiger Aspekt, der berücksichtigt werden muß. Eltern und Kinder glauben oft, daß sie ein Kind zu besseren Leistungen motivieren, wenn sie hervorheben, wieviel besser *ein anderes* Kind lernt oder ein wieviel besserer Schüler der Bruder oder die Schwester sind. Wie oft hören wir: „Hannes hat sich gebessert und wir freuen uns darüber – aber Michael, sein Bruder war in diesem Alter in der Schule schon viel weiter.“ Oder „Warum bist du nicht so gut wie dein Bruder? Mit ihm hatte ich keine Schwierigkeiten, als er in meiner Klasse war“. Kinder zu vergleichen schafft ungünstige Bedingungen, trägt zur Geschwisterrivalität bei und mindert die Selbstachtung des Kindes. Man muß immer berücksichtigen, daß jedes Kind anders ist und daß jedes Kind geachtet werden muß, so wie es ist.

3.2.10. Sichere Wege zur Ermutigung

Ein wichtiger Faktor bei der Ermutigung des Kindes ist das *Verständnis* des Lehrers *für das Ziel,* das sich ein Kind in einer bestimmten Situation gesetzt hat. Was für *ein* Kind ermutigend sein mag, kann für *ein anderes* das Gegenteil sein – das hängt von der Reaktion des Kindes ab. In den meisten Fällen ist Anerkennung eines Kindes vor der ganzen Klasse besonders wichtig, denn die Anerkennung der Klassenkameraden bedeutet dem Kind mehr, als die des Lehrers. In ihrem Buch „Encouraging children to learn“ („Wie man Kinder zum Lernen ermutigt) zählen *Don Dinkmeyer* und *Rudolf Dreikurs* neun Aspekte auf, die man beachten sollte, wenn man Kinder ermutigt:

1. Das Kind wertschätzen, so wie es ist
2. an das Kind glauben und das Kind befähigen, an sich selbst zu glauben
3. Ernsthaft an die Fähigkeit des Kindes glauben und sein Vertrauen gewinnen, während es seine Selbstachtung aufbaut
4. Eine Arbeit und ein Bemühen als „gut gemacht" anerkennen
5. die Klassengemeinschaft mit einbeziehen, um die Entwicklung eines Kindes zu fördern und zu steigern
6. die Gruppe integrieren, so daß jedes Kind darin einen sicheren Platz hat
7. folgerichtige Hilfe bei der Entwicklung von Fertigkeiten geben, um den Erfolg zu sichern
8. Stärken und Vorzüge erkennen und in den Mittelpunkt stellen
9. das Interesse des Kindes dazu gebrauchen, um konstruktive Aktivität herauszufordern.

Um den Prozeß der Ermutigung weiter zu beschreiben, führt *Clint Reimer* in seiner Abhandlung „Einige Gedanken zur Ermutigung" zehn Möglichkeiten auf, dem Kind näher zu kommen. Es sind folgende:

1. Du kannst gut ...

Kinder sollten ermutigt werden, wenn sie es nicht erwarten. Bei jedem Kind kann man etwas sinnvolles oder einen Beitrag hervorheben. Auch eine Bemerkung über etwas, das uns gering und unwichtig erscheint, kann für das Kind von großer Bedeutung sein.

2. Du bist besser geworden in . . .

Wachstum und Fortschritt ist etwas, was wir von allen Kindern erwarten sollten. Sie sind vielleicht noch nicht so weit, wie wir es gerne hätten. Wenn es Fortschritte gibt, gibt es weniger Gelegenheit zur Entmutigung. Kinder werden es meistens weiter versuchen, wenn sie Fortschritte bemerken.

3. Wir haben dich gern (freuen uns über dich), aber wir mögen nicht, was du tust.

Ein Kind empfindet, daß man es nicht mag, wenn es einen Fehler gemacht oder sich schlecht benommen hat. Ein Kind sollte nie glauben, es selbst wird abgelehnt. Wichtig ist, zu unterscheiden, zwischen dem Kind und seinem Verhalten, zwischen Handlung und Handelndem.

4. Du kannst mir helfen (uns, den anderen etc.) durch . . .

Für jeden ist es wichtig zu fühlen, daß man gebraucht wird und daß man helfen kann. Kinder möchten gern helfen, wir müssen ihnen nur die Gelegenheit dazu geben.

5. Wir wollen es zusammen versuchen.

Kinder, die glauben, daß sie alles perfekt machen müssen, trauen sich oft nichts Neues zu versuchen, aus Angst sie könnten einen Fehler machen oder es nicht schaffen.

6. Du hast also einen Fehler gemacht; wir wollen sehen was du daraus lernen kannst.

Was passiert ist, kann man nicht ungeschehen machen, aber man kann immer für die Zukunft daraus lernen. Ein Kind kann und wird aus Fehlern sehr viel lernen, wenn man es nicht wegen des Mißerfolgs in Verlegenheit bringt.

7. Du möchtest uns gerne dazu bringen, daß wir glauben, du kannst es nicht – aber wir denken, daß du es kannst. Dieser Zugang sollte versucht werden, wenn ein Kind sagt oder den Eindruck macht, daß ihm etwas zu schwer ist und es sogar zögert, es wenigstens zu versuchen. Wenn es den Versuch wagt und scheitert, hatte es wenigstens den Mut zum Versuch. Unsere Erwartungen sollten den Fähigkeiten und der Reife des Kindes entsprechen.

8. Versuch es weiter, gib nicht auf!

Wenn ein Kind einen Versuch macht aber keinen Erfolg hat, kann eine Bemerkung wie diese hilfreich sein.

9. Ich glaube bestimmt, daß du das herausbringst (das Problem löst etc.)

Wenn du Hilfe brauchst, weiß du wo ich zu finden bin. Erwachsene müssen das Vertrauen ausdrücken, das Kinder fähig macht, ihre eigenen Konflikte zu lösen, wenn sie eine Möglichkeit dazu haben.

10. Ich kann mir vorstellen, wie dir zu Mute ist (nicht Mitleid sondern Mitgefühl) aber ich bin sicher, daß du das schaffst.

Mitleid mit einer anderen Person hilft selten, es gibt eher den Eindruck, daß das Leben unfair war. Verständnis für die Situation und der Glaube in die Fähigkeiten, mit ihr fertig zu werden sind eine größere Hilfe.

Was ein Lehrer noch tun kann, um ein Kind zu ermutigen:

1. Wenn ein Kind trotz der Bestätigung des Lehrers Zweifel in seine Fähigkeiten äußert, kann er dem Kind von günstigen Berichten anderer Lehrer erzählen. Er wird vielleicht sagen: „Ich mache das nicht oft, aber ich möchte, daß du selbst siehst, daß ich nicht der einzige bin, der an dich glaubt. Hör zu, was Frau X über dich gesagt hat . . .

2. Wenn ein Kind unsicher ist und deshalb eine ihm zugewiesene Aufgabe nicht anpackt, sollte sich der Lehrer neben das Kind setzen und einen Teil der Arbeit mit dem Kind zusammen tun. Dies kann in manchen Fällen schon genügen, das Kind zu motivieren.

3. Ein Kind sollte etwas, was es gut kann, vor der ganzen Klasse vortragen können – ganz gleich, wie unwichtig es sein mag.

4. Wenn der Lehrer merkt, daß ein Kind unglücklich ist wegen seiner Größe – zu groß oder zu klein für sein Alter – kann er den Kindern von den Leistungen bedeutender Menschen vorlesen, die das gleiche Problem hatten. Auf diese Weise lernt das Kind sich und andere nicht nach der Körpergröße zu beurteilen, sondern nach der Persönlichkeit des Menschen.

5. Der Lehrer sollte einen schlechten Rechtschreiber ab und zu den Rechtschreiblehrer spielen lassen, indem er das Buch benützen darf. Das gilt auch für andere Fächer, die ein Kind scheut.

6. Er sollte dem Kind besondere Aufgaben geben, Aufgaben, die ihm Wertschätzung der anderen einbringen.

7. Ein Kind mit schlechten Schreibgewohnheiten sollte die Ankündigungen des Lehrers an die Tafel schreiben.

8. Ein Kind, das sich zurückgesetzt fühlt, sollte gebeten werden, bei einer Schulfeier die Organisationsleitung zu übernehmen.

9. Der Lehrer sollte ein Familienmitglied des Kindes, das Eindruck auf die Mitschüler machen könnte, einladen vor der Klasse zu sprechen. Z. B. den Vater oder Bruder eines Kindes, der Polizist oder Feuerwehrmann ist oder einen anderen Beruf hat, der von Kindern bewundert wird.

10. Der Lehrer, der weiß, daß ein Kind zu Hause etwas Besonderes leistet, sollte davon in der Klasse erzählen.

11. Die Arbeit eines Kindes könnte ausgestellt werden, so daß jeder in der Klasse sie sehen kann.

12. Der Lehrer könnte Eltern einladen und ihnen in seiner Gegenwart etwas positives über das Kind sagen.

13. Der Lehrer könnte eine Nachricht an die Eltern schicken und etwas Gutes über Betragen, Leistung oder beides berichten. Lehrer neigen dazu, nur dann Mitteilungen nach Hause zu schicken, wenn Schwierigkeiten auftreten.

Lehrer müssen den Kindern *Gelegenheit* bieten *für Erfolgserlebnisse.* Einem Kind nur zu sagen: „Du kannst, wenn du dich nur genügend anstrengst" reicht nicht aus. „Es kann" nur, wenn der Lehrer Möglichkeiten vorsieht, in denen es Erfolg haben kann. Das heißt Vorbereitung und Arbeit für den Lehrer – zusätzliche Arbeit zu der bereits großen Belastung, die Lehrer tragen. Auf lange Sicht jedoch lohnt sich diese Arbeit – nicht nur, weil die Kinder besser arbeiten – es verringert auch den Zeitaufwand, den der Lehrer für Kinder aufbringen muß, die sich antisozial benehmen.

Einige Lehrer werden anführen, daß sie beim besten Willen *kein* Gebiet finden können, auf dem ein Kind gut ist oder auch nur den geringsten Erfolg verbuchen kann. Wenn wir davon ausgehen, daß diese Lehrer sich nur auf Schulleistungen beziehen, mag es stimmen. Man kann sich jedoch *nicht nur* auf intellektuelle Erfolge beziehen, wenn es darum geht, einem Kind zu helfen, sein Wertgefühl und seine Selbstschätzung zu fördern.

Martin war ein Erstkläßler, der visuell-motorisch ungeschickt war. Wir wollten ihm zu einer besseren Koordination verhelfen. Tag für Tag übte Martin, den Ball zu fangen. Nach einigen Wochen bemerkte der Lehrer, daß Martin den Ball fangen konnte. Was für eine glückliche Zeit das war – die Klasse applaudierte, um Martin zu zeigen, daß sie seine Leistung schätze.

Jede Gelegenheit, die sich bietet, ein gutes Wort für ein Kind einzulegen, sollte genutzt werden. Wenn der Lehrer eine besondere Begabung bemerkt, sollte er dem Kind Gelegenheit geben, diese Geschicklichkeit zu zeigen und dafür Anerkennung zu erhalten. Man muß sich in Erinnerung rufen, daß dies nur ein Baustein ist für zukünftige Handlungen, nach einer gewissen Zeit, wenn sich das Kind mehr anerkannt fühlt, wird es sich auch für andere Leistungen interessieren. Man darf nicht vergessen, daß kein Rezept für jede Situation anwendbar ist. Jedes Kind und jede Situation ist *einmalig.*

3.3. Natürliche und logische Folgen

Durch den Einsatz *natürlicher* und *logischer Folgen* lassen sich Kinder zu *situationsangemessenem Verhalten* bringen. Durch diese Folgen erfährt das Kind die Konsequenzen seines eigenen Verhaltens auf eine Weise, daß es Freude und Schmerz nur auf sein Verhalten zurückführt und nicht auf die Intervention von irgend jemand anders.

Natürliche Folgen repräsentieren die Wirklichkeit bzw. natürliche Handlungsabläufe, ohne Einmischung des Lehrers oder der Eltern. Das Kind, das nicht essen will, wird hungrig werden. Die natürliche Folge von Nicht-Essen ist Hunger. Die Eltern lösen diese Folgen nicht aus; werden dann auch nicht von den Kindern verantwortlich gemacht. *Logische Folgen* werden arrangiert oder angewendet. Wenn das Kind seine Milch ausschüttet, muß es diese aufwischen. In dieser Situation sind die Konsequenzen an den Handlungszusammenhang gebunden. Ein besessenes Kind wird nur auf natürliche Folgen ansprechen – auf logische Folgen wird es mit Rebellion reagieren.

Wenn logische Folgen angewandt werden, wird das Kind durch seine eigene Erfahrung der sozialen Ordnung zu situationsangemessenem Verhalten motiviert. Nur in Augenblikken der wirklichen Gefahr ist es notwendig, das Kind vor den natürlichen Folgen seines gestörten Verhaltens zu schützen. Natürliche und logische Folgen sollten vor der Anwendung mit dem Kind besprochen, von ihm verstanden und akzeptiert werden – sonst wird das Kind sie nur als eine Art von Strafe betrachten. Die Technik der logischen Folgen kann nur dann effektiv angewandt werden, wenn zwischen dem Lehrer und dem Kind ein gutes Verhältnis besteht. Wenn auch der Lehrer verantwortlich ist für das, was vor sich geht, so handelt er doch nicht als Autorität, sondern als Vertreter einer Ordnung, die alle Kinder gleich betrifft. Wenn der Lehrer diese Technik verwendet, gesteht er dem Kind zu, die logischen Folgen seines eigenen Verhaltens zu erleben. Natürliche und logische Folgen werden *nur* wirksam sein, wenn sie ständig angewandt werden. Wenn Lehrer sie nur sporadisch anwenden und vielleicht ab und an die *gleiche* Situation nicht beachten, wird das Kind bald die Inkonsequenz des Lehrers ausnützen. Der Lehrer muß hellwach sein und sich nicht auf Ablenkungsmanöver einlassen, wenn er ein Kind mit den Konsequenzen seines Verhaltens beeindrucken will. Natürliche und logische Folgen müssen so angewandt werden, daß das Kind überzeugt wird, daß sie seinem Verhalten auf dem Fuß folgen – genau so wie es überzeugt ist, daß seine Hände naß werden, wenn es sie unter Wasser halten würde.

Holger antwortete nicht, als am ersten Schultag die Namen vorgelesen wurden. Ich rief seinen Namen zum zweiten Mal, ohne jedoch eine Antwort zu bekommen. Ich beschloß, dies zu ignorieren und fuhr fort, die Namen vorzulesen. Am nächsten Tag, als Holger beim Vorlesen seines Namens nicht antwortete, ignorierte ich diesen Vorfall wieder. Am dritten Tag ließ ich den Namen aus. Als ich fertig war, rief Holger: „Sie haben meinen Namen nicht gerufen". Ich sagte ihm, daß ich glaubte, es würde ihm nichts ausmachen, aber falls er Wert darauf lege, würde ich seinen Namen am folgenden Tag wieder aufrufen. Am nächsten Tag, als sein Name genannt wurde, rief er mit lauter Stimme „hier". Die Klasse lachte so laut, daß es einige Minuten dauerte, sie wieder zu beruhigen. Als ich am nächsten Tag Holgers Namen wieder ausließ, stand er auf und schrie: „Sie haben meinen Namen wieder nicht genannt." Ich ignorierte seinen Ausbruch und fuhr fort die Namen zu lesen. Mehrere Tage las ich seinen Namen nicht vor. Holger beobachtete mich, sagte aber nichts. Nach einer Woche entschloß ich mich, es wieder einmal zu versuchen. Als ich seinen Namen vorlas, schaute er erfreut drein und auf angenehme Weise antwortete er „hier". Ich hatte mit Holger in dieser Beziehung keine Schwierigkeiten mehr.

Lehrer und Eltern erwarten oft Wunder, wenn sie ein oder zwei Tage lang logische oder natürliche Folgen anwenden. Da es in den meisten Fällen mehr Zeit beansprucht, als ein paar Tage ein Verhalten aufzugeben, das für lange Zeit erfolgreich war, verlieren Eltern und Lehrer manchmal die Geduld, wenn sie keine durchgreifenden Änderungen sehen und kommen dann wieder auf ihre alten Methoden im Umgang mit dem Kind zurück. Die Methode, Folgen eintreten zu lassen, erscheint ihnen als eine unbrauchbare Form der Disziplin. Das Konzept der natürlichen und logischen Folgen ist vielen nicht klar. Manche bestehen darauf, daß es nur ein anderes Wort für die gleiche Sache ist – nämlich für *Bestrafung*. Das ist *nicht* der Fall. Strafe wird durch andere ausgeführt. Das Kind fühlt sich erniedrigt und ärgert sich über den Strafenden, der seine Macht ausspielt. Unweigerlich hofft das Kind auf eine Chance, es ihm heimzuzahlen. Belohnung und ebenso Strafe setzen beim Kind falsche Werte. Viele Kinder haben nur deshalb den Wunsch, gut zu sein, weil Lehrer oder Eltern eine Belohnung versprochen haben. Wenn keine Belohnung in Aussicht ist, ist auch der Ansporn, sich so gut wie möglich zu verhalten, nicht mehr da.

Wir hören oft von Eltern, die ihren Kindern für gute Noten oder vorbildliches Verhalten Geld, Spielzeug oder besondere Vergünstigungen zugestehen. Beide. Eltern und Lehrer bestechen das Kind – anstatt es zu ermutigen, Stolz und Freude an seiner Tätigkeit zu finden. Nehmen wir den Fall „Paul":

> Paul war ein schlechter Schüler, bis ihm seine Mutter für jede gute Note Geld versprach. Solange Paul eine Belohnung zu erwarten hatte, arbeitet er sehr gut in der Schule, was seine Begabung beweist. Als jedoch diese Belohnung nicht mehr angeboten wurde, wurde er nicht nur schlechter in der Schule als je zuvor, er kam auch zu spät, stritt, schmierte in die Bücher etc. Früher, vor den Versprechungen seiner Mutter war er nur ein schlechter Schüler gewesen.

Dieses Beispiel zieht folgende Punkte in Betracht:

1. Paul war begabt

2. er arbeitete nur für Belohnungen

3. er wollte es seinen Eltern heimzahlen – wie viele Kinder es machen, indem sie ihre Eltern durch Schulversagen bestrafen und

4. es zeigt die Bedeutung, die die Eltern der Schule beimessen. Je mehr *sie* tun, um so weniger wird das widerstrebende Kind tun.

Etwas ähnliches geschah mit Karola, die das Pensum von zwei Jahren in einem Semester schaffte, weil ihr die Mutter eine Reise versprochen hatte, wenn sie in der Schule gut arbeitete. Als Karola von der Reise zurückkehrte, gab es für sie keinen Anreiz mehr zu arbeiten. Sie wurde wieder so gleichgültig wie zuvor und innerhalb einiger Wochen war sie in ihrer Arbeit schlechter geworden. Nach der Reise waren die Versprechungen der Mutter, ihr mehr Geld zu geben oder sie zu einer Kino- oder Theatervorstellung mitzunehmen, reizlos.

Kinder, die nur für *Belohnung* arbeiten, haben keine Freude an persönlichem Vorwärtskommen oder irgendeiner Leistung. Oft legen sie die gleiche Haltung an den Tag auf allen Gebieten, z. B. auch in Kunst, Musik, Turnen und weigern sich, daran teilzunehmen, außer wenn eine Belohnung für ihre Anstrengungen in Sicht ist.

Das gleiche bewahrheitet sich bei *Strafe:* sie unterliegt den gleichen Prinzipien. Sehr oft bringt das Kind die Strafe nicht mit seinem Verhalten in Verbindung, sondern mit dem Strafenden. Da das Hauptziel des Kindes ist, aus jeder Situation als Sieger hervorzugehen, weigert es sich, sein Verhalten mit anitsozialem Verhalten in Verbindung zu bringen. Alles was es daraus entnimmt ist, daß es ertappt wurde und das ist erniedrigend. Sein ganzes Denken dreht sich um Wege, wie es wieder Oberwasser gewinnen kann. Es will nicht nur sein herausforderndes Verhalten beibehalten – trotz jeglicher Art von Strafe, sondern es versucht auch oft die Rolle des Strafenden zu übernehmen, in dem Glauben, wenn andere es bestrafen können, hat es das gleiche Recht, Strafen anzuwenden für die, die es bestrafen. Solche Kinder sind dann auch bei der Wahl ihrer Mittel nicht mehr allzu kritisch, um eine Gelegenheit zur Vergeltung zu finden. In Familien und Schulklassen findet man solche Akte gegenseitiger Vergeltung recht häufig. Der Fall von Klaus ist ein Beispiel für ein Kind, das seine antisoziale Haltung nicht mit der Strafe in Beziehung bringen will, sondern sich vom Strafenden unterdrückt glaubt und sich deshalb ungerecht behandelt fühlt.

Klaus' Mutter hatte den Lehrer gebeten, ihm zu erlauben, sein Mathematikarbeitsheft mit nach Hause zu nehmen, damit er nacharbeiten könne. Die Erlaubnis wurde gegeben. Der Lehrer merkte, daß Klaus einen Widerwillen dagegen hatte und fragte ihn, ob er wirklich seine Arbeit zu Hause machen wolle. Klaus zögerte und antwortete dann: „Ich bringe es besser nach Hause, da meine Mutter sagt, ich solle es tun". Auf dem Nachhauseweg überlegte er es sich anders, warf das Arbeitsheft auf die Straße und ließ es dort. Sein Freund, der mit ihm nach Hause ging, erzählte seiner Mutter den Vorfall. Diese wiederum rief die Mutter von Klaus an und berichtete ihr, was sie gehört hatte. Klaus hatte seiner Mutter erzählt, daß ihm ein Junge sein Arbeitsheft aus der Hand gerissen habe und damit weggerannt sei. Als die Wahrheit herauskam, wurde er von den Eltern bestraft. Der Vater schlug ihn mit seinem Gürtel und seine Mutter schickte ihn ohne Abendessen zu Bett. Klaus ließ die Strafe über sich ergehen ohne zu weinen oder sich zu beschweren, als jedoch sein jüngerer Bruder ins Zimmer kam, schlug ihn Klaus mit dem Gürtel. Als ihn seine Eltern daraufhin zur Rede stellten, antwortete er: „Wenn ich für nichts bestraft werde, warum kann ich nicht das gleiche mit jemand anderen tun?" Er sah nicht ein, daß er etwas falsches gemacht hatte, als er das Heft wegwarf und später deshalb log. Das einzige, was er verstand, war die Macht, die sein Vater über andere hatte, weil er stärker war. Da er älter und stärker als sein Bruder war, dachte er, er hätte die gleichen Vorrechte.

Wenn wir die Reaktion von Klaus mit demselben Vorfall in der Schule vergleichen, die dort als logische Folge angewandt wurde, sehen wir, daß er anders darauf einging. Am nächsten Tag brachte die Mutter Klaus in die Schule und erzählte dem Lehrer, was gesihehen war. Der Lehrer bat Klaus, die Sache aus seiner Sicht zu schildern. Er gab zu, das Heft weggeworfen zu haben, aber nur, weil er mit seinen Freunden nach der Schule spielen wollte und nicht gewußt habe, wie er es sonst hätte anstellen können. Der Lehrer sagte darauf: „Klaus, du hättest eine andere Lösung gefunden, wenn du deinen Verstand gebraucht hättest, anstatt deiner Laune nachzugeben. Kannst du dir vorstellen, daß du ein paar Sekunden nachdenkst und mir sagst, wie es möglich gewesen wäre, zu spielen und trotzdem im Heft zu arbeiten? Du hast anderen Kindern bei ähnlichen Problemen immer so prima geholfen. Ich glaube, daß du dein Problem auch lösen kannst". Klaus erster Gedanke war, daß er das Arbeitsheft mit nach Hause hätte nehmen können um darin zu arbeiten. Aber nach weiteren Fragen nach einer noch besseren Lösung sagte er: „Ich hätte meiner Mutter sagen können, daß ich erst eine Zeitlang spiele und dann im Arbeitsheft arbeiten würde oder ich hätte sie bitten können, daß ich es nur über das Wochenende nach Hause bringen muß. Als er gefragt wurde, was er vorschlage, was wegen des Arbeitsheftes zu tun sei, zu^ckte er die Schultern. Der Lehrer schlug vor, daß dieses Problem während des Klassenrates besprochen werden soll und er stimmte zu. Die Klasse machte drei Vorschläge:

1. daß Klaus dem Lehrer ein neues Arbeitsheft abgebe, das er selbst bezahle
2. daß er es über das Wochenende mit nach Hause nehme und
3. daß er versuchen solle, die Arbeit in vier Wochen nachzumachen.

Klaus stimmte ohne Widerrede zu. Alles, was er wollte, war die Erlaubnis, in Raten zu zahlen, da sein Taschengeld nur 25 Pfennig in der Woche beträgt. Klaus nahm sein Arbeitsheft gewissenhaft mit nach Hause, ohne daß er erinnert werden mußte und vollendete die Arbeit rechtzeitig.

Dies ist ein Beispiel, das zeigt, wie man Kampf vermeiden kann und logische Folgen anwendet an Stelle von Strafe. Wir wollen diesen Punkt noch etwas weiter ausführen. Wenn der Lehrer Josef nicht erlaubt, während der Zeichenstunde so wie die anderen Kinder zu zeichnen, weil er trödelte, als er hätte rechnen sollen, wird sich Josef ungerecht behandelt fühlen, da ihm sein Recht vorenthalten wird ohne guten Grund. Wenn jedoch andererseits bei der Klassenbesprechung die Gruppe die Regel aufstellt, daß jeder, der trödelt während andere arbeiten, seine Arbeit in der Zeichenstunde nachholen müssen, kann Josef dem Lehrer nicht länger etwas nachtragen, da dieser nur genau das Prinzip in die Praxis umsetzt, das Josef selbst mit aufgestellt hat.

Josef war der einzige Junge und das jüngste von drei Kindern. Seine Schwestern waren 12 und 8 Jahre alt. Seine älteste Schwester war sehr intelligent, ihrer Altersgruppe eine Klasse voraus, musikalisch talentiert und zu wissenschaftlichem Denken gut befähigt. Die zweite Schwester war geistig zurückgeblieben und besuchte eine Sonderschule. Die Eltern beschrieben sich selbst als Nonkonformisten und Perfektionisten. Weiter beschrieb sich die Mutter selbst als ihren Kindern gegenüber sehr verantwortlich, indem sie ihnen viel Zeit widmete.

Josefs erster Tag in der Vorschule verlief ohne besondere Vorkommnisse. Als seine Mutter ihn dorthin gebracht hatte, ließ sie für die Lehrerin eine kurze Notiz da, in der sie seinen Charakter und seine Eigenschaften – wie sie sie sah – beschrieb und betonte, daß, wenn ein Problem auftauchen sollte, sie es mit Josef besprechen würde. Sie erwähnte dies nach der Bemerkung, Josef würde normalerweise auch von selbst richtig handeln. Am zweiten Tag in der Vorschule saß ein anderes Kind an dem Platz, den Josef gern haben wollte. Josef weigerte sich, irgendeinen der noch freien Plätze zu nehmen und wurde vor die Wahl gestellt, sich entweder auf einen der noch freien Plätze zu setzen oder stehen-zu-bleiben. Er entschied sich, stehenzubleiben. Seine Eltern kamen innerhalb der nächsten Wochen mehrmals zur Schule, sehr bekümmert darüber, daß das einzige, was Josef in der Schule tat, nichts anderes als Stehen war. Sie bemühten sich um einen Lehrerwechsel, hatten aber keinen Erfolg. Eines Tages fragte Josef seine Mutter, was sie und die Lehrerin tun würden damit er sich hinsetzen würde. »Nichts«, sagte sie darauf. Ungefähr zur gleichen Zeit hörte sie auf, mit Josef über diese Angelegenheit zu reden.

Langsam begann Josef, sich bei den Aktivitäten zu beteiligen, die es nicht erforderlich machten, daß man dabei sitzen mußte. Schließlich begann er, den Gruß der Lehrerin zu erwidern und gelegentlich sogar mit ihr zu sprechen. Seine Anstrengungen bei der Gymnastik wurden mehrfach gelobt. Am ersten Tag jeden Monats konnten die Kinder einen anderen Sitzplatz wählen. Als die Kinder wieder ihre Plätze tauschten, fand Josef einen Platz und nahm jetzt an allen Veranstaltungen teil. Am vorhergehenden Abend hatte Josef seinem Vater gesagt, daß er sich am folgenden Tag auf irgendeinen Platz setzen werde. Von jetzt ab waren seine Arbeit und sein Verhalten zufriedenstellend.

Josef erhielt keine Verstärkung in der Klasse für seine falsch verstandenen Ideen. Sein Lehrer gab weder nach, noch kämpfte er mit ihm. Es wurde ihm erlaubt, seine eigene Entscheidung zu treffen und die Wahl seiner Handlung wurde respektiert. Dadurch wurde das Gefühl von Gleichwertigkeit geweckt bei gegenseitigem Respekt für die Entscheidung des anderen. Die Eltern wurden ermutigt durch die Entdeckung, daß es einen Weg aus dem Dilemma gab ohne daß sie Druck ausüben oder ihr Gesicht verlieren würden und daß der Sohn, wenn er auf sich selbst gestellt war, eine vernünftige Entscheidung treffen konnte. Der Glaube des Lehrers an die angewandten Methoden wurde gefestigt und er war zufrieden, daß Josef seine Fähigkeiten nun auf nützliche und produktive Bahnen lenken konnte.

Es gibt *kein Patentrezept* für logische Folgen. Was in der einen Situation wirkt, kann bei einer anderen nicht helfen. Stefan, der gerne draußen ist, wird anders reagieren, wenn er während der Freizeit drinnen bleiben muß als Maria, die es haßt, hinauszugehen. *Gleiche Ergebnisse* können erzielt werden, wenn Stefan und Maria *verschieden* behandelt werden. Da sie bei der Aufstellung logischer Folgen mitgewirkt haben, werden sie sich nicht vorkommen, als ob sie vom Lehrer bestraft worden wären. Es darf nicht vergessen werden, daß die Anwendung von logischen Folgen das Verständnis für das Kind und für die Situation voraussetzt. Die Frage, wann für wen was zu tun ist verlangt die Beurteilung einer sehr großen Anzahl von Imponderabilien, da jede Situation einzigartig ist.

Erwachsene finden es häufig schwierig, das Konzept der logischen Folgen zu verstehen. Es wird jedoch von den Kindern bereitwillig akzeptiert. (Ein weiteres Beispiel hierzu im Anhang S 223.)

Natürliche Konsequenzen sollten für jeden gelten, nicht nur für Schüler. *Piaget* unterscheidet zwischen ausgleichender Gerechtigkeit, welche für alle gilt und Vergeltung suchender Gerechtigkeit, die straft und rächt. Auch der Lehrer muß die Folgen seines Verhaltens auf sich nehmen. Wenn eine Gruppe von demokratischen Interaktionsformen getragen wird, muß der Lehrer die Folgen seines eigenen Verhaltens akzeptieren. Zwei Beispiele werden eine solche Situation beschreiben:

„Einmal, als ich schnell eine Aufgabe an die Tafel geschrieben hatte, ließ ich die Klasse einige Minuten allein. Nach meiner Rückkehr fand ich einige Wörter an der Tafel, die mit farbiger Kreide eingekreist waren. Am Ende war geschrieben: „Schlampige Schrift, bitte noch einmal schreiben". Ich machte die Verbesserung ohne Kommentar. Da von der Klasse keine Reaktion kam, war es augenscheinlich, daß das für die Kinder eine selbstverständliche Sache war."

„Ein andermal vergaß ich anzukündigen, daß am Nachmittag ein Film gezeigt werden sollte. Da die Klasse den Film versäumte, baten sie mich um 20 Minuten Spielzeit als Ersatz. Sie glaubten, daß dies ihr gutes Recht sei."

Als diese Vorfälle bei einigen Kollegen des Lehrers bekannt wurden, waren diese über die „Frechheit" der Schüler entsetzt. Ihrer Meinung nach führt solche „Nachsichtigkeit" zu Respektlosigkeit und Unordnung. Wir können diesen Pessimismus nicht teilen. Kinder haben größeren Respekt vor Erwachsenen, die ihre Fehler zugeben, die die Meinung des Kindes respektieren und an Privilegien gleichen Anteil haben.

Wie bereits erwähnt, müssen wir *vor* dem Eintreten natürlicher Folgen über das jeweilige Kind nachdenken, über sein Verhaltensziel und die Methode, es zu erreichen. Dann werden wir die logische Folge anwenden, die höchstwahrscheinlich in diesem spezifischen Fall am wirksamsten ist.

Andreas stört. Was sollen wir mit Andreas tun? Eins ist gewiß – wir können nicht und dürfen nicht erlauben, daß er die Klasse stört. Dies sind einige Konsequenzen, die ihn beeindrucken könnten; wir wollen zwei davon in Erwägung ziehen:

Ein Weg, mit diesem Problem fertig zu werden ist der:

Wir machen jedesmal ein Kreuz an die Tafel, wenn Andreas schwätzt oder Lärm macht um den Lehrer und andere zu stören. Jedes Kreuz zählt für zwei bis fünf Minuten – je nach dem Ausmaß seiner Störung – dann wir die Zeit von Andreas' Sprechzeit während der Gruppendiskussion abgezogen. Kinder wie Andreas machen gewöhnlich bei jeder Diskussion aktiv mit. Nicht sprechen zu können, wenn alle anderen dürfen, könnte für ihn eine bittere Pille sein.

Der Lehrer kann an die Situation auch *anders* herangehen. Er kann mit Andreas alleine sprechen und ihn fragen, ob er weiß, warum er soviel redet. Dann kann er ihn in der bekannten Art und Weise mit seinem Ziel konfrontieren, in diesem Fall, daß er des Lehrers Aufmerksamkeit auf sich lenken will. Er wird das wahrscheinlich mit einem Erkennungsreflex zugeben. Nun kommt die entscheidende Frage: „Wie oft denkst du, willst du meine Aufmerksamkeit in der folgenden Stunde haben?" Darauf antworten die Kinder meistens: „Ich weiß es nicht!" Das stimmt. Sie wissen wirklich nicht, was sie sagen sollen. So könnte der Lehrer fragen, ob fünfzehn Mal genug sei? Wieder wird ein Kind, das sich des Ausmaßes seines Störens nicht bewußt ist, denken, es ist zuviel. Aber der Lehrer könnte immer noch fünfzehn Mal vorschlagen. Sobald Andreas stört, sollte er ihn nur ansehen und sagen: „Andreas Nr. 1, Andreas Nr. 2, . . ." Meistens braucht man es nicht fünfzehn Mal zu tun. Diese Art von Aufmerksamkeit ist nicht lustig. Ohne Zweifel werden manche Lehrer dies als Zeitverschwendung betrachten; es könne auch sein, daß sie es anderen Kindern gegenüber als unfair ansehen.

Alles ist fair, wenn es der Klasse hilft und wenn es auf längere Sicht größere Kooperation bringt. Lehrer, die hieran zweifeln, sollen diese Methode einmal eine Woche lang versuchen. – Sie werden feststellen, daß die Zeit nicht verloren ist. Wenn ein Lehrer oder eine Mutter sich nicht die Zeit nehmen, ein Kind zu erziehen, werden sie mehr Zeit aufbringen müssen für das störende Kind. Daraus sehen wir, daß es verschiedene Möglichkeiten für ein Kind gibt, Konsequenzen zu erleben, die in engem Zusammenhang mit seinem Verhalten stehen, und die es gewöhnlich ohne Vorbehalt trägt, ohne daß es sich schlecht behandelt fühlt.

Bei allen Fällen müssen wir bedenken, daß die Anwendung von natürlichen oder logischen Folgen *nur eine Korrekturmaßnahme* ist, die sich mit der unmittelbaren Situation befaßt. Sie ist nicht in sich selbst abgeschlossen. In jedem Fall muß dem Kind geholfen werden, zu verstehen, *warum* es sich so verhält, wie dieses Verhalten ihm bis jetzt nach eigener Meinung Erfolg brachte, wie es auf andere wirkt und nicht zuletzt, wie es durch annehmbarere Verhaltensweisen mehr Anerkennung finden kann.

3.4. Die Struktur der Gruppe analysieren

Vom Augenblick seiner Geburt an ist ein Individuum Mitglied einer Gruppe und bleibt dies während seines ganzen Lebens in einer möglicherweise wechselnden Form von Gruppenzugehörigkeit. Ein Charakteristikum, das allen Menschen *gemeinsam* ist, ist das *Bedürfnis, sich zugehörig zu fühlen,* d. h., das Bedürfnis und die Fähigkeit, mit anderen Menschen Kontakt zu haben. Wann immer Menschen zusammenkommen, entsteht durch ihren Kontakt untereinander eine Interaktion. Das sich daraus ergebende Interaktionsmuster definiert die Rolle und die Aktivitäten des Individuums im Hinblick auf andere – unter Berücksichtigung der wichtigsten Untergruppen und der Gruppe als Ganzes. Dem Individuum wird von den anderen Mitgliedern der Gruppe eine Rolle übertragen werden oder es spielt eine Rolle, die es selbst gewählt hat und durch sein Verhalten festigt. Seine Rolle ist ihm indirekt von der Gruppe übertragen worden. Andererseits hat aber z. B. ein Kind, das ein Raufbold ist, gute Chancen, diese Rolle zu behalten, auch dann, wenn die anderen der Gruppe sein Verhalten mißbilligen. Das Kind zwingt der Gruppe sein Verhalten auf. In der Gruppe holen sich manche Status und Bewunderung während andere vollkommen ignoriert oder zurückgewiesen werden – was ihre soziale Partizipation widerspiegelt. Manche sind einsam auf einen Wunsch, andere werden einsam durch die Zurückweisung durch die Gruppe.

Willi, beinahe elf Jahre alt, war einer der ältesten Schüler in der dritten Klasse. Er war ein hübscher Junge, groß und gut gebaut; jedoch gaben ihm seine krumme Haltung, sein schlürfender Gang, seine baumelnden langen Arme und die hängenden Augenlider die Erscheinung eines geistig zurückgebliebenen Kindes. Man mußte ihn öfters aufrufen, bevor er antwortete. Es schien, daß Willi an keinem der Kinder interessiert war und umgekehrt. Willi verbrachte fast den ganzen Schultag damit, daß er vor sich hinträumte, mit Gegenständen spielte, zum Fenster hinausschaute oder zum Waschraum ging. Es war nicht ungewöhnlich für ihn, daß er für längere Zeit in der Toilette verschwand. Gewöhnlich mußte man ihm jemanden nachschicken. Er zeigte keinerlei Interesse an irgendeiner Tätigkeit in der Schule – nicht einmal an Kunsterziehung oder Turnen.

Willi hatte zweimal wiederholen müssen – in der ersten und in der zweiten Klasse. Während dieser vier Jahre in der Schule hatte er wirklich nichts gelernt, denn er konnte nicht einmal seinen Namen ganz schreiben, er kannte die Buchstaben des Alphabets nicht, konnte große und kleine Buchstaben nicht unterscheiden und konnte nicht zählen. Der Lehrer erfuhr, daß die Familie viel umgezogen war, daß er ein Jahr lang bei der Großmutter lebte und daß von Zeit zu Zeit ein Onkel bei ihnen lebte. Er war schwierig, herauszufinden, was wahr und was falsch und erfunden war, da Willi nie auf irgendwelche Fragen direkt antwortete. Wenn er gefragt wurde; Willi, wo ist dein Vater?“ antwortete er: „Manchmal kauft mir mein Onkel Bonbons.“ Wenn der Lehrer erwiderte: „Oh, du hast einen Onkel? Wohnt er bei euch?“, sagte er: „Manchmal darf ich auf seinen Schultern reiten“. Es war unmöglich, richtige Antworten von ihm zu erhalten, da er immer seinem eigenen Gedankengang nachhing. Eines Tages bemerkte der Lehrer, daß Willi mit Faszination zwei Jungen beobachtete, die Dame spielten. Er fragte ihn, ob er wisse, wie man dieses Spiel spiele. Er verneinte. Als der Lehrer ihn fragte, ob er es lernen möchte, war er sehr interessiert. Der Lehrer erzählte dies der Klasse während der Gruppendiskussion. Es wurde beschlossen, daß der Lehrer eine Zeitlang jeden Tag zehn Minuten mit Willi Dame spielen sollte und einer der Schüler sollte dann nochmal zehn Minuten mit ihm spielen. Willi freute sich sehr darüber. Am nächsten Morgen kam er sofort zum Lehrer und fragte, wann er mit ihm spielen würde. Dieser sagte ihm, er solle genau auf die Uhr schauen bis der große Zeiger auf einer bestimmten Zahl stehe und ihn dann rufen (er konnte die Uhr noch nicht lesen). Willis Augen schauten gebannt auf die Uhr und in der Sekunde, da der Zeiger auf die bestimmte Zahl zeigte, erinnerte er den Lehrer, daß die Zeit gekommen war. Willi lernte nicht leicht, doch schien es, daß er über seine Fortschritte glücklich war. Nach ein paar Tagen verstand er die fundamentalen Regeln und konnte die Steine auf den schwarzen Quadraten entlang führen, ohne auf die roten zu kommen. (Diese Regel half ihm später beim Schreiben, so daß die Buchstaben auf der Zeile blieben.) Markus, der Junge, der meistens mit ihm Dame spielte, zeigte viel

Geduld und gab in unserer Gruppendiskussion ebenfalls Ermutigungen. So lobte er Willis Haltung, hob seine Fortschritte hervor und trug dadurch bei, daß Willis Ansehen in den Augen der anderen Kinder stieg. Daraufhin hatte Willi den Mut, vor den Augen der ganzen Klasse auf Markus zuzugehen und ihm für seine Hilfe zu danken. Das war der erste wirkliche Kontakt mit der Gruppe.

Eines Tages fragte Willi den Lehrer, ob er neben Markus sitzen dürfe, Markus sagte, daß er Willi gern als Nachbarn hätte und daß er ihm gern bei der Arbeit helfen würde. Der Lehrer war über diese neue Entwicklung sehr erfreut, da niemand Willi beim Soziogramm – das die Klasse vor ein paar Wochen gemacht hatte – gewählt hatte. Er hatte zwei Mädchen gewählt, die ebenfalls mit ihren Leistungen hintendran waren und die ihm bei der Arbeit nicht helfen konnten. So begann ein neuer Abschnitt in Willis Leben. Er übte stundenlang Schreiben. Als er leserlich schreiben konnte, begann er einfache Rechtschreib- und Rechenübungen zu bearbeiten. Markus half ihm, indem er seine Arbeit prüfte und indem er mit ihm an der Tafel übte. Es war für den Lehrer nicht mehr nötig, mit Willi Dame zu spielen und er benützte die Zeit, ihm beim Lesen zu helfen. Er war immer noch abgeneigt, bei der Lesegruppe mitzumachen aber er freute sich darüber, daß er jeden Tag zehn Minuten Unterricht im Lesen erhielt.

Als Willi nun auch Lernfortschritte machte, wurde er zugänglicher und wollte Freundschaften schließen. Das konnte man besonders während der Ferien beobachten. Er war nicht mehr isoliert, sondern nahm an den Aktivitäten der anderen Kinder teil.

Für viele Kinder ist die Schule der Platz, an dem sie sich im Kontakt und der Interaktion mit mehr Menschen üben müssen als im kleinen Kreis der Familie und der Freunde aus der Nachbarschaft. Das Klassenzimmer bietet daher dem Kind das erste intensive Gruppenleben.

Jede Schulklasse hat ihre bestimmten Eigenschaften. Wenn auch die Gruppe in mancher Hinsicht anderen Gruppen der gleichen Größe ähnlich ist, so hat jede Klasse doch ihren eigenen Charakter. Dieses Charakteristikum einer jeden Gruppe gibt eine Erklärung dafür, warum Lehrer oft überrascht sind über den Unterschied zwischen den Kindern, die sie im vergangenen Jahr hatten und denen in diesem Schuljahr. Mit der einen Gruppe ist es eine reine Freude zu arbeiten, während die andere „unmöglich“ ist. Was macht den Unterschied aus? Die Kinder kommen aus der gleichen Gesellschaftsschicht und haben einen ähnlichen familiären Hintergrund, sie sind gleich intelligent oder langsam und trotzdem – im Gegensatz zu den Kindern des letzten Jahres, die bereit waren, zusammenzuarbeiten und lernen wollten, streiten diese und haben kein Interesse, etwas zu lernen.

Die Klasse spiegelt die Eigenarten derjenigen wieder, die innerhalb dieser Gruppe eine führende Rolle spielen. Jeder trägt auf seine Weise durch sein Benehmen zu dem besonderen Klima bei, das in einer Klasse herrscht. Da gibt es jene, die leicht Kontakt mit anderen bekommen, die Friedensstifter; es gibt die Faulen, die Übereifrigen und Fleißigen, die Helden und die Zurückgewiesenen, die Schönen, die Häßlichen und ein Dutzend andere. Jeder Einzelne hat einen starken *Einfluß auf die Struktur* und die Atmosphäre der Gruppe. Deshalb finden wir ein spezielles Gruppenverhalten in einer Klasse, in der die gegenseitige Aufmerksamkeit groß ist – wiederum ein anderes spezielles Gruppenverhalten in einer anderen Gruppe, in der Feindschaft herrscht. Der Ton in der Klasse wird gewöhnlich durch einige wenige bestimmt, die die natürlichen Führer sind. Hier ist ein Beispiel:

Drei Jungen aus der 2. Klasse wurden von anderen einschließlich des Lehrers mit Schrecken betrachtet. Sie machten Lärm, sie schlugen jedes Kind, das ihre Forderungen nicht erfüllte oder verprügelten die, die wegen ihrer guten schulischen Leistungen bewundert wurden. Diese Jungen beherrschten die Klasse und kontrollierten sie buchstäblich. In der 3. Klasse bekamen sie einen neuen Lehrer, blieben jedoch bei den gleichen Kindern. Die alte Atmosphäre, die in der zweiten Klasse vorherrschte wurde automatisch in die dritte Klasse mitgenommen. Wären diese drei Jungen getrennt worden – jeder in eine andere Klasse gesteckt – wäre die Situation gleich von Beginn des Schuljahres an anders gewesen und das hätte die Bildung des Klassenklimas von Anfang anders beeinflussen können.

Dieses Beispiel zeigt, daß das *Bild*, das die Kinder *voneinander* haben für die Klasse sehr wichtig ist. Die gleiche Verhaltensweise von zwei verschiedenen Kindern könnte von den Mitgliedern der gleichen Klasse verschieden gesehen und interpretiert werden. Durch die Haltung, die die Gruppe dem Verhalten Einzelner entgegen bringt, wird seine Stellung in der Klasse bestimmt. Sie verleiht ihm Status und Befriedigung oder sie entwickelt und vergrößert seine Einsamkeit und sein Unglücklichsein. Eine Klasse ist *mehr* als nur eine Ansammlung von Individuen. Manche Lehrer verstehen nicht, warum ihnen gewisse Klassen so viel Schwierigkeiten machen, warum die Schüler nicht so lernen, wie sie sollten. Sie beklagen sich darüber, daß die Schüler jedes Jahr undisziplinierter werden und daß die wirksamen Methoden, die Disziplinarmaßnahmen, die sie früher anwandten, nichts mehr nützen. Der begabte Lehrer, der der Gruppenatmosphäre gegenüber sensitiv ist, wird die Atmosphäre der neuen Klasse spüren und ein konstruktives Programm planen, durch das er Schritt für Schritt die Haltung der Kinder ändern kann. Das Klima der Gruppe reflektiert die persönlichen Eigenschaften jedes Einzelnen und beeinflußt wiederum emotionelle, geistige und soziale Entwicklung jeden Kindes. Deshalb muß der Lehrer nicht nur jeden Einzelnen seiner Klasse kennen, sondern auch wissen, wie sie miteinander auskommen. Denn dies bestimmt, wie sich das Kind in der Klasse fühlt. Ohne *gruppendynamische Kenntnisse* kann ein Lehrer nicht die Einsicht in die Probleme der Gruppe haben. Er sollte nie die Tatsache aus den Augen verlieren, daß Kinder in einer Umgebung mit zwischenmenschlichen Beziehungen aufwachsen und sich entwickeln. Die Erklärung, für das, was vorgeht und wie und was das Kind lernt, liegt in den Gruppenbeziehungen, die den Fortschritt *fördern oder verzögern.* Die Funktion der Gruppe kann nur dadurch verstanden werden, daß man die Interaktion überprüft, die sich abspielt und die Empfindungen, Ziele und Frustrationen des einzelnen Schülers untersucht. Manchmal gerät der Lehrer an eine Klasse, die weder reagiert noch mitarbeitet. Er darf nicht vergessen, daß nicht er allein bestimmt, ob der Gruppenprozeß zufriedenstellend oder chaotisch sein wird. Es gibt andere Faktoren, die die Integration einer Gruppe schwierig gestalten. Von Bedeutung ist das Faktum, daß innerhalb jeder Gruppe Führer verschiedener Cliquen zu finden sind. Der Lehrer muß sich die Frage stellen: Gibt es eine *Cliquenstruktur* in der Gruppe? Welche Wertmaßstäbe haben diese Cliquen? Gibt es eine hierarchische Führungsstruktur? Gibt es eine Art von Cliquenrivalität und Wettbewerb? Der Lehrer, der einer solchen Klasse gegenübersteht, wird sich wohl fragen, wie er diesen Kindern beibringen soll, wie man zusammen lebt, Anteil nimmt und wie man seine verschiedenen Fähigkeiten und Interessen für das Allgemeinwohl einsetzt. Wie nur kann ein Lehrer jeden Schüler als Individuum und auch als Mitglied der Gruppe kennen lernen? Wie kann er von Feindschaft, vom Wettbewerb zwischen den Cliquen und ähnlichen Gruppierungen erfahren?

Aus der *direkten Beobachtung* im Klassenzimmer und auf dem Spielplatz kann eine ganze Menge gelernt werden. Es ist wichtig, zu sehen, wer mit wem spielt, wer anführt, wer sich weigert mitzumachen, wenn es nicht nach seinem Kopf geht, wer die anderen neckt und wie die anderen darauf reagieren; wer die ganze Zeit nicht beachtet wird und wer nur bei bestimmten Tätigkeiten nicht mitmacht, wer ungeschickt scheint und wer sich schnell ärgert, wer sich rächt, wer sich freiwillig zurückzieht, wer zum Lehrer rennt um Hilfe, wer die Regeln des Spiels mißachtet, wer angibt, wer sich in andere Dinge einmischt und viele andere Verhaltensweisen. Der Lehrer sollte darauf achten, wer andere beeinflußt, wer andere zu schlechtem Benehmen verführt, wer begeistert freiwillig mitmacht. Genauso wichtig ist zu wissen, wer mit wem nach Hause geht, wer mit wem nach der Schule spielt, wer wen zu Hause besucht, wer mit wem tuschelt, wer wem Zettel schickt und wer von wem abschreibt.

Oft erhalten Lehrer Informationen über ihre Schüler von anderen Schülern, obwohl sie nicht danach fragten. Alle diese Informationen können eine gewisse Einsicht geben, sind aber bestenfalls nur ein Ausschnitt oder ein kleiner Einblick. Sie sagen dem Lehrer weder, wie das Kind über seine Position in der Klasse denkt noch wie es sie gerne ändern würde, wenn es könnte. Sie geben keinen Aufschluß darüber, wen der Schüler bewundert oder beneidet oder mit wem er gern zusammen wäre. Der Lehrer bildet sich eine Meinung, wenn er einen einzelnen Schüler beobachtet. In mancher Hinsicht mag die Meinung zwar richtig sein, aber sehr oft treten Diskrepanzen auf.

Zum Beispiel ist ein Lehrer von Eva beeindruckt, die immer ordentlich, höflich und eine gute Schülerin ist. Aus diesem Grund kann er nicht verstehen, warum andere Schüler sie ablehnen. Rudi, der zwar grob, unordentlich und ein schlechter Schüler ist, ist bei seinen Mitschülern beliebt. Die Rolle, die ein Kind in der Klasse spielt, ist nicht immer sofort klar. Auch ist es nicht immer leicht zu wissen, wer der eigentliche Führer ist, wer bestimmt, ob ein Kind angenommen oder zurückgewiesen wird. Der Lehrer kann jedoch durch *soziometrische Methoden* herausfinden wie die gegenseitigen Beziehungen unter den Kindern in der Klasse sind.

3.4.1. Der Stellenwert soziometrischer Methoden

Die Soziometrie ist eine Methode zur *Erfassung bestimmter Aspekte der sozialen Beziehungen* in kleinen Gruppen. Ein *Soziogramm* zeigt die *Bindungen*, die Einzelne zueinander haben und entschlüsselt die *Rolle*, die sie in der Klasse einnehmen. *H. H. Jennings* verweist darauf als einen Test für Freundschaftsbeziehungen. Soziometrische Tests oder Fragebogen sind eine Methode, das Urteil des Lehrers zu belegen. Sie sind Bestandteil einer Technik, die Aufschluß gibt, wie Einzelne sich selbst in Bezug auf andere fühlen. Ein soziometrischer Test erlaubt es jedem Kind, seine persönlichen Empfindungen auszudrücken, wen es wählen und mit wem es Umgang innerhalb seiner Gruppe, der es angehört, haben möchte. Nachdem der Test durchgeführt worden ist, müssen die Einzelangaben katalogisiert werden. Zwei Methoden, die häufig verwendet werden, sind das Netzsystem oder die Soziomatrix und das Soziogramm – ein Diagramm, das die Verknüpfung von Anziehung und Zurückweisung deutlich zeigt. Es gibt verschiedene Formen der soziometrischen Methoden, aber in der Schule, besonders in den unteren Klassen, wird ein einfacher soziometrischer Fragebogen ausreichen für die Information, die ein Lehrer braucht, um die soziologische Struktur der Beziehungen zu erfahren. Ein solcher Plan wird dem Lehrer die nötigen Informationen vermitteln um die Probleme der Kinder wirksam zu behandeln. Der Lehrer, der soziometrische Informationen sammelt, hat damit eine gute Voraussetzung, die gewünschte Kooperation zu planen.

Ein *soziometrischer Fragebogen* kann nach einer Vielzahl sozialer Gesichtspunkte erstellt werden; z. B. neben wem sitzen, mit wem gehen, wen besuchen, mit wem spielen oder lernen, wem borgen und wem leihen, mit wem sprechen, wem Geheimnisse sagen usw. Ein Soziogramm wird dem Lehrer helfen, die Position des Kindes in der Gruppe kennenzulernen. Zu wissen, wen der Einzelne als Umgang wählt, kann Aufschluß geben über seine Haltungen und Wertbegriffe, die vielleicht seine Schwierigkeiten in der Klasse erklären. Außerdem vermittelt es Einsicht über die Rolle, die ein Kind in der Klasse haben möchte. Der Lehrer kann somit herausfinden, welcher Mitschüler das Verhalten eines bestimmten Kindes beeinflussen könnte. Wenn man den Schüler neben das Kind setzt, das er gewählt hat, verhilft man ihm dazu, mehr Anerkennung bei den Klassenkameraden zu finden und das kann seine ehemaligen dürftigen Kontakte verbessern. Das Kind steigert seine Fähigkeiten, Beziehungen mit anderen Kindern aufzubauen, zu denen es sich hingezogen fühlt.

Durch ein *Soziogramm* entdeckt der Lehrer, daß der schüchterne Klaus neben dem ungestümen Dieter sitzen möchte. Für Klaus ist Dieter ein starker und mächtiger Junge und seiner Bewunderung würdig. Das ermöglicht dem Lehrer, Maßnahmen zu planen, die Klaus unabhängig machen und ihn dazu bewegen, sich Kindern mit „gesünderen" Eigenschaften anzuschließen. Durch neue Kontakte kommt er zu einem besseren Selbstwertgefühl. Außerdem kann der Lehrer durch das Verständnis für ihre Beziehung beiden helfen – Klaus und Dieter, wenn er etwa beiden eine Aufgabe erteilen würde, über die sie je einen Bericht abliefern müssen. Es könnte sein, daß Dieters Unterstützung Klaus – der immer Angst hatte, vor einer Gruppe zu sprechen – helfen würde, die Feuerprobe zu bestehen. Mag sein, daß er es besser macht, als erwartet. Die Gruppe gibt Klaus dann echte Ermutigung, wenn sie ihm Verständnis für sein Problem entgegenbrächte und seine Leistung würdigt.

Dieter andererseits wird vielleicht auf entgegengesetztem Weg geholfen werden. Klaus' Bewunderung für ihn trägt dann dazu bei, daß er sich sicherer fühlt in seinen sozialen Beziehungen und infolgedessen hat er weniger Grund, anzugeben. Es bestehen Aussichten, daß er seinen Bericht auf eine Weise vorträgt, die die Wirkung von Klaus' Bericht nicht schmälert. Die Gruppe hat eine gute Gelegenheit, ihm Aufmerksamkeit zu schenken, indem sie seine bescheidene und rücksichtsvolle Art lobt. In derselben Klasse stellt der Lehrer beispielsweise auch fest, daß ein freundliches Kind von einer Anzahl Problemkinder favorisiert wurde. Das gibt dem Lehrer einen Schlüssel zu den geheimsten Wünschen dieser Kinder und diese Beziehung kann ausgenützt werden, um auf sie einzuwirken.

Um für das folgende Beispiel eine *Sozialmatrix* zu erstellen, braucht man folgende Informationen: Man bittet jedes Kind, anzugeben, neben welchem Klassenkameraden es sitzen möchte; jedes Kind hat zwei Auswahlmöglichkeiten. Alle werden aufgefordert, die Nummer 1 ihrer Wahl und die Nummer 2 zu kennzeichnen. (Siehe Tabelle 2, Seite 106).

Die Wahl des Einzelnen muß ernstgenommen werden, gleichgültig, was der Lehrer über diese spezielle Konstellation denkt. Besondere Beachtung brauchen jene Schüler, die von niemandem gewählt wurden. Der Lehrer sollte sie neben jemanden setzen, den sie wählten. Die Nichtgewählten sind meistens mutlose und unglückliche Kinder. Es wird daher automatisch ihr Selbstwertgefühl und ihren Status in der Gruppe erhöhen, wenn man sie neben einen Klassenkameraden setzt, den sie bewundern und beneiden.

Ein Soziogramm ist nur ein Ausgangspunkt für weitere Ermittlungen, mit dem Ziel, die Motive und Werte zu verstehen, die der Wahl und der Ablehnung zugrunde liegen. Soziogramme sollten in bestimmten Zeitabständen erstellt werden, da Anziehungen und Abneigungen sich durch die Zusammenarbeit der Klasse ändern. Solche Veränderungen sind in den unteren Klassen häufiger, wenn die Kinder noch leichter beeinflußbar sind. Einmal sollte der Test während der ersten drei Monate des Schuljahres durchgeführt werden und anschließend in gewissen Abständen wiederholt werden. Es gibt

Tabelle 2 Soziomatrix - Wahl/Nichtwahl von beliebten/unbeliebten Kindern

Wähler/Der Gewählte	Anne	Gert	Tommi	Heidi	Susanne	Peter	Barbara	Michael	Hans
Anne		x		1	x		2	x	
Gert		x	2		x	1		x	
Tommi		x			x	1		x	2
Heide	1	x			x			x	
Susanne	1	x			x			x	2
Peter	x	x	x	x	x	x	x	x	x
Barbara	2	x		1	x			x	
Michael		x			x	1		x	2
Hans		x	2		x	1		x	
Gesamt	3	0	2	2	0	4	1	0	3

x = nicht gewählt oder das Kind traf selbst keine Wahl.

Nicht gewählt: 1. Gert. Er sollte neben einen Mitschüler gesetzt werden, den er gewählt hat, Peter oder Tommi. 2. Michael. Er sollte neben Peter oder Hans gesetzt werden. Heidi wählte nur ein Mädchen, wurde selbst aber zweimal gewählt. Peter wählte niemanden, aber er ist sehr beliebt in der Klasse. Warum? Wahrscheinlich ein Spaßmacher. Wenn er beliebt wäre, weil er freundlich oder ein guter Schüler ist, hätte er sehr wahrscheinlich jemanden gewählt. Jemandem zu sagen, daß er ihn mag, liegt unter Peters Würde oder ist ein Zeichen von Schwäche, aber er konnte diese Klasse erfolgreich mit seiner „Stärke" beeindrucken. An zweiter Stelle der Beliebtheit liegt Hans.

Anne ist das beliebteste Mädchen, Niemand wählte Susanne; sie sollte neben Anne oder Michael sitzen. Es fällt auf, daß sie als einziges Mädchen einen Jungen wählte. Könnte es sein, daß sie zu viel Interesse an Jungen zeigt und die Mädchen sie deswegen nicht mögen? Sie sollte genau beobachtet werden. Ebenso sollte man hier auf die Haltung der Mädchen gegenüber den Jungen achten. Barbara ist nicht beliebt. Warum sind sie und auch Heide nicht beliebt?

jedoch kein festes Muster, wie und wann der soziometrische Test durchgeführt werden sollte. Jeder Lehrer muß seine Gruppe kennen und nach eigenem Ermessen vorgehen.

Oft ist man als Lehrer stark versucht, Kinder auseinanderzusetzen, die sehr aneinander hängen, weil sie sich gegenseitig von der Arbeit ablenken. Diese Kinder auseinanderzusetzen ist eine Zwischenlösung für das Problem des Lehrers aber es ist keine effektive Methode, die den Schülern zu besserem Lernverhalten und zu Selbstdisziplin verhilft.

Gewöhnlich werden Sitzordnungen, Arbeitsgruppen und andere Gruppierungen festgelegt ohne die Wünsche der Kinder zu berücksichtigen. Zwar werden die Anordnungen mit den besten Absichten, in dem Glauben getroffen, daß das die beste Arbeitsatmosphäre herstellt. Doch oft ist das Gegenteil der Fall, denn die günstigsten Lernbedingungen werden dadurch untergraben.

Die Verwendung soziometrischer Methoden gibt dem Lehrer Einsicht und *Wissen über die Zusammensetzung seiner Klasse und deren Untergruppen.* Er kann wiederstreitenden Kräften erfolgreich entgegenwirken und auf den positiven Elementen aufbauen, so daß isolierte Kinder und oppositionelle Führer *integriert* werden in eine *kooperative* Klassengemeinschaft.

3.4.2. Gruppengespräche mit Schülern leiten

Was ist der *Zweck* eines Gruppengesprächs? Gruppengespräche helfen nicht nur den Kindern, bessere zwischenmenschliche Beziehungen aufzubauen, sondern sie steigern auch das Lernvermögen aufgrund des größeren Informationsangebotes. Effektiver Gedankenaustausch führt zu *Problemlösungen;* Kinder lernen durch Diskussionen, Widersprüche zu ergründen und sich mit Menschen unterschiedlicher Sozialisation auseinanderzusetzen.

In einer Gesprächsrunde entwickeln die Kinder Stellungnahmen und Wertmaßstäbe, die sie ihr ganzes Leben lang beeinflussen können und die ihr Verhalten innerhalb und außerhalb der Schule mitbestimmen. Gruppengespräche schaffen Anlässe für emotionale und intellektuelle Anteilnahme und bestätigen das Gefühl, daß man nicht allein ist. Schwere Aufgaben erscheinen leichter, wenn wir unsere Gedanken, Hoffnungen, Erfolge, Probleme und Ängste ausgetauscht haben. Das Kind lernt, die Erfahrungen eines Klassenkameraden und auch seine eigenen zu beurteilen und davon zu profitieren. Es fühlt sich bestärkt und wird aufgeschlossener. Es kann konstruktive Möglichkeiten kennenlernen, mit Frustrationen fertig zu werden und sich durch widerwärtige Probleme durchzuarbeiten.

Kommunikation ist der Kitt, der den Einzelnen an eine Gruppe bindet. In der Gruppe tauscht man Gedanken und Gefühle aus. Wahrscheinlich sind Gruppengespräche das wirksamste Mittel, mit dessen Hilfe ein Lehrer alle Kinder für ein gemeinsames Vorhaben zu einer Klassengemeinschaft integrieren kann. In einem sinnvoll geleiteten Gruppengespräch kann es dem Lehrer gelingen, die Werthaltung der Gruppe zu ändern und die Atmosphäre im Klassenzimmer zu ändern. Auf diese Weise wird der Lernprozeß gefördert durch das gemeinsame Anliegen aller Schüler. Der Lehrer erfährt, was jedes Kind fühlt und denkt, welche Beziehungen es zu anderen hat und wie seine Einstellung zur Schule ist. Das Sprechen in einer Atmosphäre von gegenseitigem Verständnis regt viele Kinder zum Denken an. Wenn sich ein Kind für ein Problem erwärmt und darüber spricht, wird es auch eine Lösung finden.

Beim Gruppengespräch arbeitet eine Klasse zur gleichen Zeit am selben Problem und die Ergebnisse sind meistens gut. Oft werden die Kinder feststellen, daß es für ein und dasselbe Problem mehrere Lösungen gibt.

Zweck und Wert von Gruppengesprächen liegen darin, daß Gefühle, Meinungen, Zweifel, Ängste und Sorgen der Beteiligten erkundet werden, und daß jedem Teilnehmer geholfen wird, Verständnis und Achtung füreinander aufzubringen, wenn wir das Problem gemeinsam lösen. Die erste Aufgabe beim Gruppengespräch ist, jedes Kind dazu zu bringen, anderen zuzuhören.

Häufig hört man anderen nicht zu, wenn diese eine unterschiedliche Meinung äußern. Im Gruppengespräch hat jeder das Recht, zu sagen, was er denkt, aber auch die Pflicht, zuzuhören. Hier ist jeder gleichwertig und wird mit Achtung behandelt.

Manche Lehrer haben *mit Gruppengesprächen Schwierigkeiten* und halten sie für unwirksam. Meistens kommt das Hauptproblem daher, daß der Lehrer an seinen eigenen Fähigkeiten zweifelt. Er meint womöglich, daß er noch nicht so weit ist, oder daß die Gruppe darauf nicht vorbereitet ist, doch meistens steckt nur das Gefühl der eigenen Unzulänglichkeit dahinter.

Lehrer müssen lernen, wie man eine Gruppendiskussion führt. Es gibt zwei Schwierigkeiten in die Lehrer dabei oft hineingeraten.

1. Lehrer benutzen ein Gruppengespräch dazu, den Kindern ihre eigenen Ideen aufzudrängen, zu erklären und zu dozieren und wollen von ihren Schülern zustimmende Anmerkungen. (Erläuternde Beispiele zu Einstiegsmöglichkeiten in Gruppengespräche im Anhang S 224.)

2. Aus dem Gruppengespräch wird ein wirres, ungeordnetes Durcheinanderreden. Wir werden später noch genauer darauf eingehen.

Der Lehrer, der die Klasse bittet, ihm bei einem Problem, das er hat, zu helfen, wird erleben, daß die meisten Kinder darauf positiv reagieren. Der Appell an ihre Hilfe bewirkt, daß die Kinder sich wichtig genommen fühlen und vereinigt die Klasse in einem gemeinsamen Ziel.

Das folgende Beispiel ist besonders typisch für die Art, wie viele Lehrer Gruppengespräche führen.

Lehrer: Ich möchte mit euch über unseren Korbball reden. Ich wiederhole „Korbball“, nicht „Fußball“. Ich weiß, daß alle von euch den Unterschied kennen. Ein Korbball ist dazu da, in einen Korb geworfen zu werden. – Heute nachmittag habe ich gesehen, wie einige von euch den Ball mit dem Fuß geschossen haben. Wißt ihr, was passiert, wenn ihr den Ball kickt? Er kann ein Loch bekommen und dann müssen wir ihn reparieren lassen. Wißt ihr, wieviel es kostet, so einen Ball zu reparieren? Das ist nicht billig und die Schule wird es nicht bezahlen. Ihr wißt, wer es bezahlen muß! Ihr! Ich weiß, daß ihr an dem Korbball Freude habt, und daß ihr nicht wollt, daß etwas damit passiert. Wir wollen also alle vorsichtig damit umgehen. Einverstanden? (Die Kinder nicken.) Ich wußte, daß ihr das so seht, wie ich und ich bin sehr stolz auf euch.

Dieser Lehrer versucht, Freundlichkeit und Vertrauen in die Kinder auszudrücken. Dennoch kommt er ins „Dozieren". Es ist gut möglich, daß die Kinder dem, was er sagt, wenig Beachtung schenken. Er hätte sagen können:

Lehrer: Ich muß mit euch über unseren Korbball reden. Ich weiß, daß ihr gern mit ihm spielt, aber bevor wir wieder mit ihm spielen, müssen wir einige Entscheidungen treffen. Wem gehört der Ball?

Kind: Uns.

Lehrer: Ich fürchte nein.

Kind: Er gehört der Schule.

Lehrer: Das stimmt. Wir dürfen ihn benützen, doch sind wir verantwortlich, wenn etwas mit dem Ball passiert. Wie können wir das verhindern? (Die Kinder werden jetzt verschiedene Möglichkeiten besprechen, wie man den Ball benützen kann, ohne daß er beschädigt wird.)

Lehrer: Was sollen wir tun, wenn ein Kind den Ball mit dem Fuß schießt?

Die Kinder werden daraufhin eine Anzahl von Konsequenzen vorschlagen, die den potentiellen Missetätern einleuchten. Sie schlagen vielleicht vor, daß diese Kinder ein oder zwei Wochen nicht Korbball spielen dürfen, oder daß solche Kinder den Schaden, den sie anrichten, bezahlen müssen. Es ist wesentlich, daß die Schüler am Gespräch und an der Entscheidung beteiligt werden.

Wie schon erwähnt, liegt die zweite Schwierigkeit bei der Leitung eines Gruppengesprächs darin, daß man zuläßt, daß ein freies Spiel daraus wird, ungehemmt und ungeordnet, ohne Führung, bei dem jedes Kind sich ausdrücken kann, wie es will. Wenn die Dinge dann außer Kontrolle geraten, wird der Lehrer autoritär und dominierend. Kinder wollen und brauchen Führung, aber nicht einen „Boß".

Manche Lehrer erheben gegen das Gruppengespräch noch

andere Einwände. Sie haben die falsche Vorstellung, daß Kinder nicht fähig sind, das Verhalten anderer, die Rolle die sie in der Gruppe spielen oder die Art und Weise, wie sie einander beeinflussen, zu verstehen. Manche Lehrer meinen, daß Diskussionen zu viel Zeit beanspruchen und daß sie es sich nicht leisten können, diese Zeit vom Fachunterricht abzuzweigen. In Wirklichkeit wird viel Zeit gespart, weil die Schüler lernwilliger und kooperativer werden.

3.4.3. Wie Gruppengespräche gelingen

Es gibt eine Anzahl verschiedener Methoden, Gruppengespräche durchzuführen. Die Grundsätze für ein gutes Gruppengespräch bleiben immer die gleichen, nur die äußere Form kann sich ändern. Hier sind *fünf Wege, wie Gruppengespräche effektiv gestaltet werden können:*

1. Mit Gruppengesprächen könnte am ersten Schultag begonnen werden, bzw. dann, wenn der Lehrer mit der Klasse vertraut ist.

2. Gruppengespräche können über jedes Thema und zu jeder Tageszeit durchgeführt werden. Zum Beispiel kann die Diskussion in der Sozialkunde über Kuba, Vietnam, die Vereinten Nationen usw. geführt werden.

3. Manchmal ist es sinnvoll, mit allem aufzuhören und ein Gespräch zu führen über die Handlungsweise eines bestimmten Kindes, oder an bestimmten Vorfällen oder Ereignissen Anteil zu nehmen, wie zum Beispiel Tagesgeschehnissen, Wahlergebnissen oder anderen wichtigen Punkten. Das nimmt nur ein paar Minuten in Anspruch und kann den Spannungsdruck im Klassenzimmer lindern.

4. Bestimmte Gespräche sollten zu einer festgesetzten Zeit und an einem festgelegten Ort stattfinden. Zum Beispiel könnte man die letzte Stunde eines bestimmten Tages regelmäßig dafür reservieren, Klassenprobleme und persönliche Probleme zu besprechen und bzw. oder Gedanken und Gefühle auszutauschen.

5. Lehrer können Geschichten als Grundlage für Diskus-

sionen verwenden, um den Kindern zu helfen, Verhalten einsichtig zu machen.

6. Der Klassenrat kann als Rahmen für das Gruppengespräch dienen.

Lehrer müssen wissen, wie man Gruppengespräche zu gegenseitigem Verständnis und gegenseitiger Hilfe gestaltet. Deshalb muß der Lehrer die Absichten und Ziele des Verhaltens kennen. Die vier Ziele gestörten Verhaltens von Kindern wurden bereits beschrieben. Wenn der Lehrer die Schüler dazu bringt, die Ziele ihres Verhaltens offen zu sagen und wenn er mögliche Ziele interpretiert, werden die Schüler darauf eingehen. Jeder Lehrer soll ermutigt werden, diese Gruppengespräche zu versuchen. Er kann *Fehler* machen, – wenn er den Mut hat, *spontan* zu sein, wird es zwangsläufig dazu kommen. Aber *trotz* der Fehler kann er den Kindern helfen, *ihr eigenes Verhalten zu verstehen* und *ihre eigenen Probleme zu lösen.* Meistens bringen die erwarteten Schwierigkeiten bei der Durchführung von Gruppengesprächen keine ernsthaften Probleme. In der Tat hat schon das bloße Durchsprechen eines Tatbestandes eine starke Korrektivwirkung. Kinder haben ein tiefes Bedürfnis, mit Erwachsenen das zu besprechen, was für sie von Bedeutung ist. Sie haben zu wenig Gelegenheit, das zu tun. Nicht nur der Inhalt der Diskussion ist wichtig, sondern auch das Gefühl, akzeptiert zu werden und die Freiheit zum Reden zu haben, ohne gleich wieder still sein zu müssen, ohne sich lächerlich zu machen und bedroht zu fühlen. Das ermutigt zu Spontaneität und Selbstdarstellung.

3.4.4. Wie man Schüler für eine Diskussion motiviert und sie für die Gesprächsführung trainiert

Kinder brauchen ein bestimmtes *Training* für die Teilnahme an einer Gesprächsrunde. Übung an sich ist nicht wesentlich, das Training *für einen bestimmten Zweck* ist entscheidend. Gruppengespräche sind ein Mittel, die *Schüler zur Verantwortung zu erziehen;* Pflichten gehen dabei auf die

Gruppe über. Während der Trainingsphase muß der Lehrer aktiv als Gruppenleiter mitwirken und zudem zeigen, in welcher Beziehung der Leiter zur Gruppe steht. Eine natürliche Führerschaft wird meistens aus der Gruppe erwachsen, so daß der Lehrer nach einigen Wochen bestimmten Gruppenmitgliedern die Führung überlassen kann. Der Lehrer fungiert als Zuhörer, Berater und einfach als Teilnehmer. Er sollte der Gruppe bei der Themenwahl, bei der Fragestellung und beim Planungsablauf zur Seite stehen. Die Erinnerung an das Zeitlimit hilft der Gruppe, die Diskussion schärfer auf das Wesentliche zu konzentrieren. Vom Lehrer als Berater wird nicht erwartet, daß er eine Rede hält, oder die Diskussion monopolisiert, sondern, daß er vielmehr die Richtung angibt. Den Kinden zur Anteilnahme zu verhelfen, ist die Hauptaufgabe. Der Lehrer stellt die Bühne auf und schiebt die Kulissen. Durch sanfte Lenkung hilft er den Kindern, verschiedene Rollen und Verantwortungen zu übernehmen, so daß jedes Kind ganz beteiligt ist. Er sorgt dafür, daß die nicht kooperativen Gruppenmitglieder an den Belangen des Gruppenprozesses mitwirken. Das endgültige Ziel ist es, eine Klassenorganisation zu entwickeln, bei der die Verantwortungen von der Klasse übernommen werden.

Eine Anzahl von Überlegungen müssen erwogen werden, wenn man Kinder für Gruppengespräche trainieren will:

△ Erstellen von Spielregeln

Der erste Schritt bei der Erziehung der Kinder zur Gruppendiskussion ist das Gespräch darüber, was es heißt, eine gute Diskussion zu führen und was alles dazugehört. Wenn Einzelne sich zu einer Gruppe zusammenschließen, ergeben sich ganz von selbst gewisse Notwendigkeiten. In diesen ersten Übungsgesprächen wird die Gruppe feststellen, daß zum Nutzen aller gewisse Richtlinien existieren müssen, gerade so wie es für alle Spieler Spielregeln geben muß, wenn es zu einem fairen Spiel kommen soll. Richtlinien tragen dazu bei, die Rechte des Einzelnen zu schützen und hindern unfaire Mitglieder daran, sich in die Rechte der anderen einzumischen. Diese Art der gemeinsamen Planung ist freundlich, kooperativ und friedlich. Das weist den Teilnehmern an der Gruppe einen Weg in ihrem Verhalten zueinander und hilft ihnen, bei der Lösung von Problemen zusammenzuarbeiten.

Die aufgestellten Regeln sollten einfach, nicht zu umfangreich und gemeinsam von den Schülern und den Lehrern geplant sein. Die Regeln und Einschränkungen sind innerhalb jeder Gruppe einmalig und von Fall zu Fall, Ort zu Ort und Thema zu Thema verschieden.

Am Ende der ersten oder zweiten Schulwoche sollten der Lehrer und die Gruppe eine Aufstellung darüber machen, was erreicht wurde, wo schlecht geplant wurde und wie Verbesserungen aussehen könnten. Dann sollte die Gruppe Pläne für die Zukunft aufstellen.

△ Die Teilnahme der ganzen Gruppe sichern

Der zweite Schritt ist, jedes Kind zu ermutigen, im Rahmen seiner Fähigkeiten auf irgendeine Weise beizutragen. Hier könnte der Lehrer einfache Themen vorschlagen, Klassenämter, Ordnung in der Pause, Verhalten auf dem Spielplatz, Achtgeben auf Gegenstände, die der Schule gehören usw.

Das Problem sollte so sein, daß die meisten Kinder eine Meinung dazu haben und sie äußern können, wenn sie darum gebeten werden, ihre Meinung zu sagen.

Für das wortgewandte Kind ist es meistens einfach, sich zu beteiligen; das gilt jedoch nicht für ein zurückhaltendes Kind. Es muß ein Weg gefunden werden, das reserviertere Kind zu ermuntern, das selten freiwillig mitmacht. Man sollte nicht warten, bis die Diskussion fortgeschritten ist, bevor man so ein Kind um Reaktion bittet. Der Lehrer kann zu einem schüchternen Kind sagen: „Was ist deine Meinung Katja?“ oder „Wir haben von Ulrich noch nichts gehört. Laßt uns mal hören, was er zu sagen hat.“ Vorschläge sollten wohlwollend angenommen werden. Der Lehrer sollte nie Kinder um Vorschläge oder um Rat fragen, wenn er nicht bereit ist, sie ernst zu nehmen. Die Fragen sollten zur Erwägung an die Schüler zurückgegeben werden.

Folgende Redewendungen sind Beispiele, was ein Lehrer sagen könnte: „Das ist eine interessante Bemerkung, Susi. Hast du irgendwelche Beweise, die das belegen?“ – „Dein Gesichtspunkt ist gut gewählt, Walter, vielleicht könntest du uns das noch genauer erklären.“ – „Claudia, würdest du uns sagen, wie du glaubst, daß wir dieses Problem behandeln sollen?“ es soll nicht nur jedes Kind um seine Meinung gefragt werden, sondern die anderen sollten aufgefordert werden, die Vorschläge zu kommentieren.

△ Der Lehrer als Gruppenleiter

Die dritte Überlegung betrifft den Lehrer als Gruppenleiter. Der Lehrer sollte davon absehen, zu widersprechen, oder sich kritisch über den Beitrag eines Kindes zu äußern. Wenn ein Lehrer glaubt, ein Kind geht verkehrte Gedankengänge, dann soll er die anderen Kinder fragen, was sie über das Gesagte denken, ob sie zustimmen oder nicht, und sie erklären lassen, warum. Diese Art der Intervention gibt der Diskussion eine Richtung und läßt alles ruhig weiterlaufen. Um eine Gruppe effektiv zu führen, sollte der Lehrer den Kindern helfen, ihre eigenen Erfahrungen zu durchdenken, zu lernen, wie man Fragen stellt und das Gehörte wertet. Er sollte sie anleiten, Schlußfolgerungen zu ziehen und Lösungen zu finden für das anstehende Problem, gleichzeitig sich aber hüten, zu dirigistisch in das Gespräch einzugreifen. Wichtig ist auch, dafür zu sorgen, daß der Hauptakzent des Gesprächs auf konstruktiven Beiträgen liegt; unproduktives, belangloses Gerede sollte der Lehrer unterbinden.

△ Gedanken anregen

Wenn die Kinder eine Vorstellung bekommen haben, wie man an einer Diskussion teilnimmt, wenn sie etwas ungehemmter im Ausdruck sind und eine gewisse Geschicklichkeit erlangt haben bei der Lösung von Problemen, kann der Lehrer Aufgaben stellen, die Beobachtung, Urteilsvermögen und

Schlußfolgerungen seitens der Gruppe erfordern. Solche Probleme sollten etwas persönlicher gefärbt sein, z. B. wie vertrage ich mich mit meinen Geschwistern, wie komme ich mit den Eltern aus, Streiten, usw. Der Lehrer könnte etwa so beginnen: „Ich denke über Menschen nach, die Schwierigkeiten haben, mit anderen auszukommen, die sich schwer tun bei ihren Leistungen in der Schule, oder denen es schwerfällt, ordentlich zu sein oder sich in der Schule gut zu benehmen" . . . usw. Ich glaube, daß wir Kindern mit Schwierigkeiten helfen können, wenn wir so über sie reden, daß sie sich nicht kritisiert fühlen, sondern merken, daß wir ihnen helfen möchten. – Ihr wollt bestimmt manchmal über etwas reden, das ich nicht so mache, wie es eurer Meinung nach getan werden sollte. Lehrer haben auch Schwierigkeiten und ich wäre dankbar, wenn ihr mir helfen würdet."

Ein Beispiel:

Robert:	Jedesmal, wenn die Lehrerin die Klasse nach Hause schickt, läßt sie die erste Reihe zuerst gehen. Ich finde, das ist nicht gerecht. Sie sollte jede Reihe einmal als erste gehen lassen.
Viele Kinder:	Das ist richtig. Das ist nicht gerecht.
Lehrer:	Ihr habt recht und ich werde dieses Verfahren sofort ändern. Von jetzt an wird jede Reihe einmal Gelegenheit haben, zuerst hinauszugehen. Wir werden jede Woche abwechseln. Das ist leichter zu merken, als wenn wir jeden Tag tauschen. Was ist eure Meinung?
Kinder:	Einverstanden.

Wenn Kinder einmal herausfinden, daß andere die gleichen Probleme haben wie sie, daß diese Probleme durch kooperatives Handeln gelöst werden können, daß sie es fertigbringen, solche Erfahrungen kennenzulernen und auszutauschen, wird der Lehrer erstaunt sein, mit welcher Unbefangenheit Kinder sich ausdrücken und wieviel Teamgeist und Hilfsbereitschaft sie entwickeln.

△ Gruppendiskussionen

Die fünfte Überlegung zeigt, wie man Gruppengespräche durchführt und dann mit den Konsequenzen zurechtkommt.

Im Klassenzimmer werden ständig Entscheidungen von Gruppen gefällt. Der Lehrer muß sich bewußt sein, in welchem Maß Entscheidungen alle Mitglieder der Klasse betreffen und ob die Folgen wirklich so sind, wie die Gruppe beabsichtigt. Die Klasse muß in der Lage sein, verschiedene Meinungen zu tolerieren und zu schätzen. Es ist wichtig, daß Übereinstimmung nicht mit Kooperation verwechselt wird. Manchmal ist die Meinung einer Minderheit der wertvollste Beitrag und kann zu ernsthaftem Nachdenken anregen.

Es ist schwer, Gruppenentscheidungen rückgängig zu machen. Manchmal mag es notwendig sein, die Diskussion zu rekonstruieren, um verständlich zu machen, wie es zu dem Beschluß kam. Dabei wird die Gruppe die Folgen vorhergegangener Entscheidungen erkennen. Hier kann die Gruppe den Wunsch äußern, die Entscheidung rückgängig zu machen und einen anderen Handlungsablauf vorschlagen.

△ **Zusammenfassen und Beurteilen der gemachten Fortschritte**

Die sechste Überlegung zum Gruppengespräch befaßt sich mit Auswertung und Beurteilung des bisherigen Verlaufs und mit den Plänen für die Zukunft. Es ist wichtig, daß sich die Gruppe Zeit nimmt, zu beurteilen, wie weit sie gekommen ist und festzulegen, was noch getan werden muß und wie es getan werden soll. Der Rückblick auf das Getane trägt dazu bei, der Gruppe das Gefühl zu geben, eine Aufgabe vollendet zu haben und hilft auch, mit tieferer Einsicht die Ziele zu ändern.

Der Gebrauch direkter Fragen ist ein Weg, die Gruppe zur Selbsteinschätzung zu bringen. „Was haben wir getan? – War es sinnvoll? – In welcher Weise? – Warum war es nicht so gut? – Haben wir etwas übersehen? – Es scheint, daß wir uns verstehen, und einig sind, über . . . – Ich glaube, wir müssen darüber noch weiter diskutieren. – Es scheint, daß wir gut dabei zusammen arbeiten . . .“

Ein Lehrer, der mit seiner Gruppe arbeitet, wird noch andere Wege der Bestandsaufnahme finden, die den jeweiligen Erfordernissen entsprechen.

Gruppengespräche spielen eine wichtige Rolle bei der Lernerfahrung des Kindes. Durch Gruppengespräche und unmerkliche Lenkung seitens des Lehrers wird das Kind befähigt, zu verstehen, wie sehr ein Bedürfnis nach Aufmerksamkeit die Klasse betrifft. Die Herausforderung, mit Verhaltensproblemen umzugehen, wird zur Verantwortung des Kindes und der Gruppe. Als Ergebnis dieser Erfahrung werden Kinder gewandter bei der Urteilsfindung und beim Übernehmen von Verantwortung für ihr eigenes Verhalten.

△ Haltungen ändern durch das Gespräch

Ein „Problem" der Klasse vorzutragen und die Kinder „raten" zu lassen, warum dieses Problem besteht und wer wohl mit diesem Problem zu tun haben könnte, entwickelt sich oft zu den interessantesten und anregendsten Diskussionen. So ein Gespräch vermittelt den Kindern Einsichten in Ursache und Verhalten und in die falschen Schlußfolgerungen, die sie beim Streben nach erfolgversprechendem Verhalten gezogen haben. So etwa könnte ein Lehrer seine Klasse ansprechen:

„Ich würde gern mit euch ein Problem besprechen, das ich letztes Jahr hatte. Einer meiner Schüler kam immer nach der Pause zu spät in die Klasse. Wir wollen uns ein wenig Zeit nehmen, über dieses Problem nachzudenken. Warum glaubt ihr, verhält sich ein Kind so? Was für ein Kind wird so etwas tun? Wir können natürlich nur raten. Aber Raten macht Spaß und hilft uns, ein Problem zu durchdenken und einige recht gute Erklärungen zu finden, warum sich jemand auf eine bestimmte Art und Weise verhält. Wer möchte gern mit der Diskussion beginnen?"

Lehrer, die diese Diskussionstechnik versuchen, werden herausfinden, daß jedes gedankenanregende Gespräch – vorausgesetzt, es ist vom Lehrer klug geleitet – den Kindern Trainingsmöglichkeiten bietet für das *Verständnis von Verhalten* und für Schlußfolgerungen. Der Lehrer muß sorgfältig darauf achten, wann er welche Frage stellen muß, um zu weiterem logischen Denken anzuregen. Die Interpretationen müssen von den Kindern selbst kommen. Falls keine kommen, bietet sich die Möglichkeit, daß der Lehrer einige der Bemerkungen, die die Kinder zu diesem Problem machten, wieder vorbringt und die Diskussion zu einem anderen Zeitpunkt fortsetzt.

3.5. Motive verstehen lernen durch den Umgang mit Texten

3.5.1. Für den Kindergarten und die ersten beiden Schuljahre

Wenn der Lehrer den Eindruck hat, daß seine Schülergruppe noch nicht soweit ist, ihre *eigenen* Verhaltensprobleme zu diskutieren, könnte er seine Gruppe so trainieren, daß Lesen und Besprechen von Texten, in denen Probleme menschlichen Verhaltens thematisiert sind, den gleichen Effekt hat. In derart *verfremdeten* Situationen werden die Schüler ihre Gedanken und Gefühle eher äußern, weil sie *nicht persönlich betroffen* sind.

Des weiteren wird der Lehrer durch solche Texte auch eher in der Lage sein, das thematisierte Problem mit seiner Klasse von psychologischen Gesichtspunkten her zu diskutieren, weil dabei nicht die Gefahr besteht, daß ein einzelnes Kind sich *verletzt* fühlen kann. Dadurch, daß gemeinsam ein allgemeines Verhaltensproblem diskutiert wird, lernt jedes einzelne Kind einsehen, daß *jeder seine eigenen Probleme* hat. Das folgende Beispiel illustriert diesen Gesichtspunkt:

Lehrer: Hört einmal zu, ich werde euch eine Geschichte über einen französischen Pudel vorlesen. Danach werden wir besprechen, was ihr von ihm haltet.

Bo, der Ballspieler

Bo war ein hübscher, silbergrauer französischer Pudel. Er war zutraulich, spielte gern Ball und war schnell mit allen gut Freund.

Seine Besitzer waren Herr und Frau Jonson. Sie hatten viele Freunde, die oft zu Besuch kamen. Bo war ein guter Ballspieler. Er konnte einen Ball fangen, der quer über den Fußboden gerollt kam und sogar einen, der hoch durch die Luft geflogen kam. Er warf ihn jedem Besucher in den Schoß, den er für einen Ballspieler hielt. Für Bo sah jeder wie ein Ballspieler aus.

Immer wenn Gäste von Herrn und Frau Johnson Bo zum ersten Mal sahen, sagten sie: „Was für ein drolliger Hund und wie geschickt er die Bälle fängt und wieder bringt!“ Bo wedelte mit seinem kleinen kurzen Schwanz.

Ganz gleich, in welche Richtung man den Ball warf, Bo jagte sofort los und fing ihn. Alle bewunderten Bo.

Bo schien nie müde zu werden. Keiner konnte sich vor dem Ballspielen drücken, denn Bo wollte, daß jeder seine Kunststücke bewunderte. Er spielte zehn Minuten, eine halbe Stunde oder manchmal sogar eine ganze Stunde. Mit der Zeit wurde es den Gästen langweilig, mit Bo zu spielen. Sie waren gekommen, um sich zu vergnügen und sich mit Vater und Mutter Johnson zu unterhalten. Bo aber warf ihnen den Ball in den Schoß, wedelte mit dem Schwanz, beschnupperte den Ball und vollbrachte halbe Saltos in der Luft, wenn er danach sprang.

Was haltet ihr von Bo?

Die Gruppe wird Bo von verschiedenen Standpunkten aus betrachten. Die meisten Kinder halten ihn gewöhnlich für einen sehr liebenswerten Hund, einen, den sie selbst gern hätten.

Gefällt euch alles an Bo? Gefällt euch sein Benehmen immer?

Meistens greifen die Kinder diesen Impuls auf. Ein Teil von ihnen wird sich fragen, ob es richtig ist, daß Bo darauf besteht, mit den Gästen der Johnsons zu spielen, wenn diese sich unterhalten wollen.

Lehrer: Könnt ihr euch denken, warum er die ganze Zeit spielen will und weshalb er dauernd die Gäste belästigt?

Manche Kinder werden auf die Tatsache hinweisen, daß Bo Aufmerksamkeit erregen will.

Lehrer: Was ist daran verkehrt, wenn man Aufmerksamkeit will?

Die Kinder werden hervorheben, daß Bo zu viel Aufmerksamkeit beansprucht, daß er die Leute sich unterhalten und sich vergnügen lassen sollte; besonders, da sie ihm bereits eine Zeitlang ihre Aufmerksamkeit geschenkt haben.

Lehrer: Sind kleine Hunde die einzigen, die so viel Aufmerksamkeit beanspruchen und die Eltern ständig stören, wenn sie sich mit ihren Gästen unterhalten. Kennt ihr jemanden, der sich wie Bo verhält, wenn seine Eltern Besuch haben?

Der aufmerksame Lehrer wird meist eine Vielzahl von der Klasse beobachten können, welche das Betroffensein der Kinder signalisieren. Manche werden kichern, manche den Kopf senken, während andere offen zugeben, daß sie sich oft so verhalten wie Bo.

Lehrer: Gibt es auch Kinder, die sich im Klassenzimmer wie Bo benehmen?

Das Gespräch wendet sich nun der Situation im Klassenzimmer zu, wo Kinder häufig von Lehrer oder Mitschülern übermäßig viel Aufmerksamkeit beanspruchen und durch ihr Verhalten andere stören, die arbeiten wollen.

Da diese Geschichte auf kleinere Kinder zugeschnitten ist (Kindergarten bis 2. Schuljahr), sollte die ganze Diskussion nicht länger als 15 bis 20 Minuten dauern. Die Fragen sollten kurz und treffend sein. Sobald ein Kind eine Antwort gibt, die psychologische Einsicht zeigt, sollte der Lehrer zur nächsten Frage übergehen.

Zu einem späteren Zeitpunkt kann eine ähnliche Geschichte Gesprächsgrundlage sein.

Allmählich beginnen die Kinder die Probleme in der Geschichte mit ihren eigenen zu identifizieren und sie fangen an, darüber zu sprechen. Deshalb sind Geschichten ein Bindeglied in der Übergangsphase vom Besprechen allgemeiner Verhaltensprobleme zur Auseinandersetzung mit persönlichen.

Der Lehrer muß nicht unbedingt warten, bis die Gruppe im Diskutieren persönlicher Probleme geübt ist, wenn er einen Schüler hat, dessen störendes Betragen ihn vom Unterricht abhält. In einem solchen Fall gilt es, das Wohl der Klasse über die Reaktion des einzelnen Kindes zu stellen.

Beispiel:

Lehrer: Kinder, bitte unterbrecht eure Arbeit für einen Augenblick, ich brauche eure Hilfe. Ich habe ein Problem mit Hans. Weiß jemand, worüber ich spreche?

Kinder wissen sehr rasch, worum es geht und weisen ohne Scheu darauf hin, daß Hans Klopfen oder Pfeifen ein Problem für alle darstellt.

Lehrer: Jeder merkt, was du machst, Hans. Könnte es sein, daß du möchtest, daß jeder in der Klasse auf dich aufmerksam wird?

Nach so einer Enthüllung des Zieles eines Kindes wird es sich im allgemeinen eine Zeitlang ruhig verhalten. Wenn man in seinen Texten keine passenden Geschichten findet, kann man auch selber situationsangemessene Texte schreiben.

Eine ausgezeichnete Geschichte für ein Klassengespräch bietet *Ricki geht Fischen:* Es ist die Geschichte eines Jungen, der seinem Vater verspricht, nicht vom Hafendamm aus zu fischen, solange der Vater nicht da ist und auf See fischt. Am Hafendamm aber beißen die Fische besser. Ricki gerät in einen Gewissenskonflikt. Er überlegt hin und her und entscheidet sich schließlich, sein Versprechen zu halten.

Ricki geht Fischen
Das Gespräch über diese Geschichte verläuft meistens wie folgt:

Lehrer: Was hältst du von Ricki?

Kind: Ich mag ihn.

Lehrer: Warum magst du ihn?

Kind: Weil er seinem Vater folgt.

Kind: Ich mag ihn aus demselben Grund. Sein Vater sagte ihm, er soll nicht vom Hafendamm aus fischen und er befolgte es.

Lehrer: Möchte er nicht?

Kind: Doch, er möchte sehr gern, aber er hat es seinem Vater versprochen, es nicht zu tun.

Lehrer: Könnte er nicht überall fischen? Außerdem ist sein Vater zu weit weg, um ihn zu sehen und er wird es nie herausfinden.

Kind: Das wäre aber nicht schön, weil er es doch versprochen hat.

Kind: Ich glaube nicht, daß er es tun sollte, gerade deshalb, weil der Vater nicht in der Nähe ist, um es zu sehen.

Kind: Was ist der Sinn eines Versprechens, wenn man es dann doch bricht?

Lehrer: Wieviele von euch stimmen demzu, daß man ein Versprechen halten muß? (Die meisten Kinder heben die Hand).

Lehrer: Könnten wir dieses Beispiel auch auf eine Situation in der Schule anwenden?

Kind: Ich verstehe nicht, was Sie meinen. Wir fischen doch in der Klasse nicht.

Lehrer: Ich werde euch erklären, was ich meine. Gibt es jemals eine Situation in der Klasse, die der von Ricki ähnlich ist? (Keine Antwort) Nehmen wir an, das ist eine Familie, wer in der Klasse könnte Rickis Stelle einnehmen?

Kind: Meinen Sie einen von uns?

Lehrer: Gibt es ein Kind in meiner Klasse?

Kind: Sie meinen, daß wir in der Klasse genauso sind wie Ricki in der Familie?

Lehrer: Genau.

Kind: Dann sind wir für Sie alle wie Ricki.

Lehrer: Stimmt, wer ist der Vater?

Kind: Sie sind es.

Lehrer: Können alle folgen?

Kind: Wie können Sie ein Vater sein?

Lehrer: Wir versuchen nur, eine ähnliche Situation herzustellen. Wir könnten auch sagen, daß ich euere Mutter bin, wenn euch das hilft.

Kind: Aber Sie gehen doch nicht im Meer fischen.

Lehrer: Der Vater in der Geschichte geht weg und läßt Ricki allein. Richtig?

Kind: Richtig!

Lehrer: Geht nicht ein Lehrer auch einmal weg und läßt die Kinder allein?

Kind: Ja.

Kind: Jetzt verstehe ich Sie. Sie gehen genauso weg wie der Vater in der Geschichte und Sie lassen die Klasse zurück, genau wie er es mit Ricki macht.

Lehrer: Das ist richtig. Jetzt werden wir noch einmal wiederholen, was zwischen dem Vater und Ricki vor sich ging, bevor er wegging.

Kind: Der Vater bat ihn, nicht vom Hafendamm aus zu fischen.

Lehrer: Und was hat Ricki gesagt?

Kind: Er sagte, daß er es nicht tun würde.

Kind: Ich weiß, was Sie meinen.

Lehrer: Was meine ich?

Kind: Wenn Sie hinausgehen, bitten sie uns, nicht zu sprechen und nicht von unseren Plätzen wegzugehen.

Lehrer: Und was sagt die Klasse?

Kind: Wir versprechen immer, es nicht zu tun.

Klasse: Ich verstehe, was Sie meinen.

Lehrer: Und was geschieht, wenn ich hinausgehe?

Kind: Wir fangen an zu reden, und manchmal gehen wir von unseren Plätzen weg.

Lehrer: Findet ihr, daß Ricki ein netter Junge ist, weil er das Versprechen hält, das er seinem Vater gegeben hat, aber daß ihr euer Versprechen nicht halten müßt? (Keine Antwort). Das nennen wir „zweierlei Maß“. Das bedeutet, daß wir nicht zu unserer Meinung stehen, oder daß wir glauben, andere Leute müssen sich auf eine bestimmte Art benehmen, aber für uns gilt das nicht. Was haltet ihr davon?

Kind: Ich finde, daß wir unsere Plätze nicht verlassen dürfen, wenn der Lehrer das Zimmer verläßt.

Kind: Wir dürfen nicht versprechen, brav zu sein, wenn wir unser Versprechen nicht halten.

Kind: Das finde ich auch. Wenn wir ein Versprechen geben, sollten wir es halten.

Lehrer: Denkt darüber nach. Ein Lehrer muß oft das Zimmer verlassen. Deshalb wird es genügend Gelegenheiten geben, bei denen wir herausfinden können, wie ihr wirklich über diese Situation denkt, jetzt, nachdem wir darüber gesprochen haben.

Genau hier endet so eine Diskussion. Es wird kein bestimmtes Kind in der Klasse erwähnt. Zu einem späteren Zeitpunkt kann der Lehrer – in Verbindung mit dem Problem eines Kindes – Rickis Fall wieder zur Sprache bringen.

Diese Gespräche verfehlen nur selten ihre Wirkung auf Kinder und bringen sicherlich wichtige Ergebnisse.

Fast jede Geschichte eignet sich für ein Gespräch über soziale Beziehungen und zu einer Analyse der Motivationen. Ein in Gespräch und Diskussion geübter Lehrer wird erfolgreich die Gesichtspunkte herausarbeiten, welche die in der Klasse herrschenden Probleme berühren, ohne zu diesem Zeitpunkt das betreffende Kind anzuprangern. Die Betonung liegt mehr auf dem Problem im allgemeinen, so wie es jeden in der Klasse betrifft und weniger auf dem individuellen Kind.

Durch das Gespräch über die Personen in den Texten werden die Kinder dazu erzogen, ihr eigenes Verhalten und das anderer Kinder in Frage zu stellen und zu verstehen. Wenn sie gelernt haben, zu begreifen, daß jeder Fehler macht, daß Fehler wieder gutgemacht werden können, daß man nicht in Verlegenheit zu geraten braucht beim Reden über die eigenen Probleme, dann kann der Lehrer damit beginnen, die Kinder heranzuführen an das Gespräch über ein spezielles Problem eines bestimmten Kindes in der Klasse.

Wie schon erwähnt, kann der Lehrer eigene Texte schreiben, wenn ein Problem besprochen werden muß, zu dem er eine passende Vorlage findet.

Die folgende Geschichte wurde für Kinder geschrieben, um das Verständnis für Sozialverhalten zu schulen.

Carmen

Carmen war in der zweiten Klasse. Jeder, der sie kannte, hielt Carmen für ein sehr gescheites Mädchen. Sie ging gern zur Schule, aber sie arbeitete im Unterricht nicht mit. Sie verbrachte die meiste Zeit mit Zeichnen, im Zimmer Herumgehen oder Schwätzen mit anderen Kindern. Das ärgerte den Lehrer, und er bestrafte und schimpfte Carmen oft wegen ihres Benehmens. Auch die

Eltern waren sehr verärgert über sie; sie konnten nicht verstehen, warum sie sich so benahm, da sie doch immer sehr gut zu ihr waren und ihr alles gaben, was sie wollte. Die folgende Diskussion entwickelte sich:

Lehrer: Was hältst du von Carmen?

Ein Kind: Nun, ganz gewiß handelt sie nicht richtig.

Lehrer: Was meinst du damit?

Kind: Sie ist nicht nett.

Lehrer: Warum nicht?

Ein Kind: Sie sollte ihre Arbeit in der Klasse machen, wie alle anderen auch.

Lehrer: Ja, sie sollte, aber sie tut es nicht.
Warum nicht?

Kind: Vielleicht ist ihr die Arbeit zu schwer.

Lehrer: Glaubst du, daß die Arbeit für Carmen zu schwierig ist?

Kind: Kann sein auch nicht.

Ein anderes Kind: Ich glaube nicht, daß sie ihr zu schwierig ist.

Lehrer: Woher wissen wir, daß die Arbeit doch nicht zu schwer für sie sein kann?

Kind: Sie ist sehr gescheit und alle meinen das.

Ein anderes Kind: Ja, sie ist gescheit, aber ich glaube, daß sie nur eigensinnig ist.

Lehrer: Was meinst du damit?

Kind: Nun, sie muß ihren Willen durchsetzen.

Lehrer: Wie denken die anderen Kinder über das, was X gerade gesagt hat?

Viele Kinder werden zustimmen, daß Carmen wahrscheinlich ihren Willen durchsetzen muß.

Lehrer: Warum ist es für Carmen so wichtig, ihren Willen durchzusetzen?

Kind: Ich glaube, sie ist verwöhnt.

Lehrer: Könntest du den anderen erklären, was du meinst mit „verwöhnt" sein?

Kind: Nun, zu Hause bekommt sie alles, was sie will.

Lehrer: Ist daran etwas verkehrt?

(Viele Kinder werden „nein" sagen und viele „ja". So entwickelt sich ein Gespräch über Beziehungen innerhalb einer Familie und über die Vorzüge und Nachteile des Verwöhntwerdens.)

Kind: Ich glaube sie meint, sie muß ihren Willen deshalb überall durchsetzen, weil sie denkt, daß niemand sie gern hat, wenn sie es nicht tut.

Lehrer: Glaubt ihr, daß die Leute Carmen gern gern haben könnten, und daß sie auf eine andere Weise Aufmerksamkeit bekommen könnte – eine Weise, die das Leben mit ihr angenehmer machen würde?

Kind: Ja, ich glaube, das könnte sie.

Ein anderes Kind: Sie könnte, wenn sie es versuchen würde.

Lehrer: Was könnte sie tun?

Ein Kind: Sie könnte ihrer Mutter eine Hilfe sein und dadurch Aufmerksamkeit bekommen.

Ein anderes Kind: Sie könnte sogar anderen Kinder helfen, die nicht so gescheit sind wie sie.

Ein anderes Kind: Ja, und auf diese Weise würde sie auch dem Lehrer helfen.

Lehrer: Ich sehe, daß ihr alle sehr gute Ideen habt, wie Carmen Aufmerksamkeit erhalten könnte. Wir alle wollen beachtet werden und daran ist nichts Schlechtes. Es kommt nur darauf an, wie wir das erreichen. Wie sollte man Aufmerksamkeit erregen?

Unweigerlich wird nun jemand erwähnen, daß wir Aufmerksamkeit so erregen müssen, daß es für uns angenehm ist und andere nicht verletzt. Der Lehrer kann mit mehr Erfolg für den einzelnen Schüler planen, ein gemeinsam anerkanntes Wertsystem erstellen und die Moral der ganzen Gruppe heben, wenn er den Schülern seiner Klasse zuhört, ihre Probleme und die Lösungsvorschläge zu verstehen beginnt und wenn er sich ein Bild machen kann über die Beziehungen der Schüler untereinander. Das erfordert Vertrauen in die Gruppe, Selbstsicherheit, und innere Freiheit, so daß der Lehrer agieren kann, ohne um sein eigenes Prestige zu bangen. Nur dann wird es ihm gelingen, das Kind zu einer erfolgreichenden Entwicklung der in ihm wohnenden Fähigkeiten und der sozialen Anlagen zu führen.

Hier sind Beispiele von anschaulichen Geschichten, die Lehrer für die Verwendung in ihrer Klasse geschrieben haben.

Die ruhige Andrea

Andrea kam niemandem in die Quere. Sie trachtete, immer die letzte beim Anstellen zu sein. Wenn natürlich jemand anders als letzter gehen wollte, machte ihr das nichts aus.

Als Andrea zur Lesegruppe kam, wartete sie, bis alle anderen Kinder sich gesetzt hatten und schlüpfte dann leise auf ihren Stuhl.

Eines Tages bat der Lehrer Andrea zu lesen. Sie fing zu lesen an, aber wie üblich las sie so leise, daß niemand sie verstehen konnte. Der Lehrer und die Kinder taten alles Erdenkliche, um Andrea zu so lautem Lesen zu veranlassen, daß alle sie hören konnten, aber ohne Erfolg.

Fragen:

1. Was hältst du von Andrea?
2. Warum glaubst du, war sie immer so ruhig?
3. Hätte sie lauter lesen können?
4. Warum las sie nicht lauter?
5. Brachte sie andere dazu, sie zu beachten?
6. Wie stellte sie das an?
7. Kennst du jemand, der so wie Andrea ist?
8. Auf welche andere Weise könnte Andrea Aufmerksamkeit erregen, die besser wäre?

3.5.2. Für das dritte und vierte Schuljahr

Seid nett

„Hast du was in deinem Arbeitsheft getan?“ fragte Georg.

Peter schüttelte seinen Kopf. „Dieses verdammte Arbeitsheft. Ich habe es seit Tagen nicht mehr angerührt.“ Er zog das Arbeitsheft heraus und öffnete es. „So viele Fragen“, sagte er zu sich, „und so viele verschiedene Antworten zu jeder Frage! Wie soll ich wissen, welches die richtige Antwort ist?“

Ohne irgendeine der Fragen zu lesen, begann Peter die Antworten zu unterstreichen. Nach einer Weile drehte er sich zu Georg um und sagte: „Hey, Georg, ist das richtig?“

Georg schüttelte den Kopf und zeigte auf die Zeile darunter. „Danke Georg“, sagte Peter, radierte seine eigene Antwort aus und unterstrich die, die Georg ihm gezeigt hatte.

Als nächstes klopfte er Pamela auf die Schulter. „He, Pamela, wie heißt die richtige Antwort für Frage Nummer zwei?“

Pamela machte ihr Arbeitsheft auf und zeigte ihm ihre Antwort.

„Oh, danke“, sagte Peter und zog unter derselben Antwort einen Strich.

Er bemerkte, daß Günther, der hinter ihm saß, auch auf derselben Seite arbeitete. Er drehte sich um und schaute in Günthers Arbeitsheft.

Doch da bedeckte Günther die Seite mit einem Blatt Papier. „Mach deine Arbeit selber, Peter“, flüsterte er. Peter streckte Günther die Zunge heraus.

Fragen:

1. Was haltet ihr von Peter?

2. Wer mag ihn? Warum?
3. Wer mag ihn nicht? Warum?
4. Was macht er falsch?
5. Was erreicht er durch sein Benehmen?
6. Warum macht er seine Arbeit nicht selbst?
7. Was denkt ihr über Georg und Pamela? Sind sie gute Freunde von Peter?
8. Warum „ja" und warum „nein"?
9. Was würdet ihr tun, wenn sich euer Nachbar wie Peter benehmen würde?
10. Was sollte ein Lehrer tun?
11. Wieviele von euch stimmen diesem Vorschlag zu?
12. Sollen wir das in unserer Klasse versuchen, wenn dieses Problem auftaucht?

Er ist so ein netter Junge, aber . . .

„Stefan", rief Frau Kurz, „bitte komm für eine Minute zu mir ans Pult."

Stefan schaute einen Augenblick auf, beschäftigte sich aber sofort wieder mit dem Bild, das er gerade auf seinen Buchumschlag malte.

„Du darfst keine Bleistiftkritzler auf ein Buch machen", sagte Markus, der neben ihm saß.

Aber Stefan achtete nicht auf Markus und malte an seiner Zeichnung weiter.

„Bitte Stefan, ich möchte dich für eine Minute sprechen. Bitte komm her."

Stefan raffte sich langsam auf und schlenderte zum Lehrerpult.

„Ich habe deine Rechenaufgabe für heute nicht bekommen. Warum hast du sie nicht abgegeben, als ich die Blätter einsammelte?"

Stefan stand da, ohne zu antworten.

„Bitte, Stefan, ich bemühe mich wirklich sehr, dich zu verstehen, aber es ist schwer für mich, wenn du mir nicht sagst, warum du nie deine Aufgaben machst. Du bist so ein netter Junge, siehst immer ordentlich aus, und hast so ein freundliches Gesicht, aber du bist faul, Stefan, das weißt du. Deine Faulheit wird dir schlechte Noten einbringen. Das ist dir doch klar, Stefan, nicht wahr?"

Stefan antwortete nicht. Er schaute an der Lehrerin vorbei, als ob er nichts mit ihr zu tun haben wollte. „Ich werde dir etwas sagen, Stefan", fuhr Frau Kurz fort, „ich werde dir für heute keine Note in mein Buch schreiben, wenn du versprichst, deine Arbeit morgen abzugeben. Denk daran, das ist ein Versprechen. Ich erwarte deine Aufgabe morgen. Jetzt kannst du auf deinen Platz zurückgehen."

Stefan ging ärgerlich zu seinem Platz.

„Stefan", flüsterte Markus, „ich habe einen Teil der Rechenaufgaben für dich gemacht. Du brauchst nur noch die letzten paar Aufgaben fertig zu machen. Das dauert nur einige Minuten.«

Stefan nahm das Blatt und legte es in seinen Ordner. „Sie sagte ‚morgen', ich werde es morgen abgeben." Er nahm seinen Kamm aus der Tasche und fing an, sich zu kämmen.

Fragen:

1. Was hältst du von Stefan?
2. Was für ein Junge ist er?
3. Was könnte sein Problem sein? Laßt uns vermuten. Es gibt viele Möglichkeiten. Was ist sei Ziel?
4. Wie erreicht er sein Ziel?
5. Warum ist er auf seine Lehrerin zornig?
6. Stimmst du der Methode zu, wie die Lehrerin das Problem behandelte?
7. Wie versucht er seine „Mängel" auszugleichen?
8. Was sagt ihr zu Markus? Hilft er Stefan?

3.5.3. Empfehlenswerte Texte für effektive Gruppengespräche

Eine Auswahl, die jeder Lehrer nach seinen Erfordernissen verwenden, bzw. ergänzen sollte

A Auswahl didaktischer Literatur

Grömminger, A; Ritz-Fröhlich, Gertrud: Umgang mit Texten in Freizeit, Kindergarten und Schule. Freiburg (Herder)

Krüger, Anna: Kinderbücher und Jugendbücher als Klassenlektüre Analysen und Schulversuche. Weinheim 1973, 3. Auflage (Beltz-Praxis)

B Didaktische Literatur mit didaktisch-methodischer Orientierung für Unterricht

Dreßler, Beck, Meier, Jouhy: Lernziel Ich-Erfahrung (mit Tonkassette für den Einsatz im Unterricht). München 1976 (Urban & Schwarzenberg)

Hielscher, H. (Hrsg.): Materialien zur sozialen Erziehung im Kindesalter. Heidelberg 1974 (Quelle und Meyer)

Gold, V.; Wagner, M.; Ranftle, W.: Kinder spielen Konflikte. Frankfurt 1973 (Luchterhand)

Pikas, A.: Rationale Konfliktlösung. Heidelberg 1974 (Quelle und Meyer)

C Geschichten und Texte für den Einsatz im Unterricht

Dichter Europas erzählen Kindern
in Zusammenarbeit mit *Chotjewitz, O.; Domin, H.; Erlach, D. u. a.* Köln 1972. (Middelhauve)

Hey, W.; Speckter, O.: Fabeln für Kinder. Kassel 1970, 4. Auflage (Lometsch Verlag)

Janosch: Das große Janosch-Buch. Weinheim 1976 (Beltz u. Gelberg)

Janosch: Janosch erzählt Grimms Märchen. Weinheim 1974, 3. Auflage (Beltz u. Gelberg)

Rotthaus, W.; Trapmann, H.; Walter, K.-H.: Sachgeschichten für Kinder. Düsseldorf 1972 (Schwann)

Stiller, G.; Kilian, S.: Nein-Buch für Kinder. Weinheim 1974, 4. Auflage (Beltz u. Gelberg)

Stiller, G.; Brender, J.: Streit-Buch für Kinder. Weinheim 1973 (Beltz-Gelberg)

Waber, B.: Felix Fehlerlos und andere Kinder. Reinbek 1973 (rororo Rotfuchs Nr. 53)

Wölfel, U.: Sechzehn Warum-Geschichten von den Menschen. Düsseldorf 1973 (Hoch)

3.6. Mit Teenagern diskutieren und ihre Probleme ernst nehmen

Heranwachsende sind heute zu einem *Problem* geworden, nicht nur für Eltern, Lehrer und die Gesellschaft, sondern auch für sich selbst.

Die Jugendlichen befinden sich in einer *Phase stärkster Veränderungen,* das ist der letzte Abschnitt der Kindheit. In seinen Vorschultagen findet das Kind seinen Platz in der Familie, indem es bestimmte Persönlichkeitsmuster entwikkelt. Beim Schuleintritt in der zweiten Phase trifft es die Mitglieder anderer Familien und integriert sich selbst in die Gemeinschaft, wenn es die allgemeinen Regeln des Verhaltens, der Arbeit und der Ordnung erkennt. In der Jugend wird das Kind Teil der gesamten Gesellschaft. Es strebt nach geistiger und persönlicher Freiheit und Unabhängigkeit und beurteilt die Werte der Erwachsenengesellschaft kritisch. Dann wählt der Jugendliche die Bezugsgruppe, mit der er Werte und Ideale teilt. Er durchläuft eine Periode psychosexuellen Umbruchs, in der sich das Grundmuster für sein sexuelles Verhalten ausbildet.

In der Vergangenheit lebte ein Teenager während dieser Periode zwischen zwei Welten. Ein Fuß reichte noch in die Kindheit, während der andere bereits in der Welt der Erwachsenen stand. So wurde er langsam erwachsen; er bekam eine Stelle, fuhr seinen eigenen Wagen statt den des Vaters, trug zum Familieneinkommen bei und übernahm die Verantwortung für seine jüngeren Geschwister. All das hat sich geändert. Gegenwärtig befinden sich die Teenager mit der Erwachsenenwelt im Kriegszustand. Sie sind bar jeder Verantwortung und das verleitet sie dazu, ihre Jugend weit über das für diese Lebensperiode herkömmliche Alter hinaus auszudehnen. Sie wollen nicht die Verantwortung der Erwachsenen übernehmen. Teenager sind eine mächtige Gruppe geworden, die in einer eigenen Welt leben; viele von ihnen unterscheiden sich von den Erwachsenen durch lange Haare, Unordentlichkeit, gammelige Kleidung, lärmende Musik und seit einiger Zeit auch durch den Gebrauch von Drogen. Sie wehren sich dagegen, Teenager genannt zu werden, als ob sie alle schlecht wären, verantwortungslos und kriminell. Sie kritisieren ihrerseits jedoch nicht *ein* Elternpaar oder *einen* Lehrer, sondern sagen immer: „Warum tun *die* Eltern und *die* Lehrer das und jenes?“ Die Verallgemeinerungen auf beiden Seiten sind Ausdruck des Krieges und Mißtrauens zwischen beiden Gruppen, den Jugendlichen und den Erwachsenen.

Die Rebellion der Jugend spielt sich auf der Grundlage dessen ab, was man Generationskonflikt nennt. Unsere Jugendlichen und die Erwachsenen stimmen nicht miteinander überein, weil sie in zwei verschiedenen Welten leben. Dieser Kampf ist so heimtückisch, daß er fast jede Familie durchdringt und sich in den verschiedensten Formen zeigt. Der junge Idealist ist genauso in Opposition zur Erwachsenengesellschaft wie der jugendliche Kriminelle. Was sie unterscheidet ist die From der Rebellion. Gegenwärtig sieht es nicht so aus, als ob eine der beiden Parteien im jeweiligen Lager – Jugend oder Erwachsene – zu einem Gedankenaustausch mit der anderen kommen könne. Der allgemeine Krieg gibt den jugendlichen Rebellen ständig neuen Zündstoff. Teenager und Studenten bilden die Masse derer, die sich gegen die Erwachsenen und gegen das Establishment wehren, und diese tun sich mit anderen rebellierenden Gruppen zusammen. Wahrscheinlich wird der Hauptkampf gegen das Etablishment zwischen Jugendlichen und Erwachsenen ausgefochten.

Die „Autoritäten" neigen dazu, einen Kurs zu verfolgen, der diesen Kampf nur intensiviert. Einerseits rufen sie nach Gesetz und Ordnung – was zwangsläufig zu mehr Widerstand führt – andererseits gibt es eine Gruppe in der Gesellschaft, die die Rebellion der Jugend unterstützt als Zeichen des Fortschritts. Unglücklicherweise sind die meisten der Institutionen, die mit der Jugend zu tun haben, Schulen und Hochschulen, autokratisch geführt. Die Jugend hat keine Stimme und wird am Entscheidungsprozeß weder in der Schule noch zu Hause, weder auf den Universitäten oder Gemeinden beteiligt.

Dieser Kampf wird sich weiter verstärken, ehe es wieder aufwärts geht. Er wir jede Familie und Gemeinde ergreifen, solange wir nicht *die traditionellen Methoden aufgeben,* mit der Jugend umzugehen, den Mut haben, eine neue Ära zu beginnen und den jungen Leuten bei allen Angelegenheiten, die sie betreffen, eine Stimme geben.

In den höheren Schulen steht der Lehrer oft einer Klasse gegenüber, in der es von Rebellen nur so wimmelt. Die Schüler sind selten am Lernen interessiert. Diejenigen, bei denen das nicht so scheint, wollen meistens gute Noten, um zur Universität gehen zu können; aber auf die Hochschule gehen zu wollen, heißt noch nicht notwendigerweise, daß sie gern lernen. Sie gehen dorthin, um einen Abschluß zu machen, der ihnen bessere Berufsaussichten verschafft. In diesem Sinn wird der Lehrer ein notwendiges Übel. Ein

Beispiel soll die tragische Beziehung zwischen vielen Lehrern und ihren Schülern beleuchten:

Ein Oberschüler berichtete folgenden Vorfall: Er hatte einen Lehrer, der von der ganzen Klasse gehaßt wurde. Eines Tages brachte der Lehrer eine ältere Dame mit zur Schule und stellte sie als seine Mutter vor. Der Junge konnte nicht verstehen, was anschließend geschah. Die Klasse hörte prompt auf, mit dem Lehrer zu kämpfen. Wie konnte dieser Vorfall auf die Klasse einen so tiefen Eindruck machen? – Als der Lehrer mit seiner Mutter in die Klasse kam, wurde er für sie plötzlich ein menschliches Wesen.

Oft betrachten sich Lehrer und Schüler *nicht* als ebenbürtige menschliche Wesen. Die Lehrer wissen nicht, was sie den Schülern antun, oder was die Schüler über sie denken. Die Schüler andererseits haben wenig Vorstellung davon, wie sehr sie ihre Lehrer verletzen und demütigen. Diese Situationen können bereinigt werden, wenn Lehrer regelmäßige Gruppengespräche abhalten. Wir haben bereits die Notwendigkeit solcher Gruppengespräche beschrieben, um die Klasse zu integrieren und Kooperation zu fördern. Es ist für einen Lehrer leichter, solche Gruppengespräche in der Grundschule zu arrangieren, wo der Unterricht noch nicht so sehr in einzelne Fachstunden gegliedert ist. Aber wer soll auf höheren Schulstufen für das Gruppengespräch verantwortlich sein? Wir werden uns wahrscheinlich auf die Lehrer verlassen müssen, die mit dieser Methode, allen Schülern die Gelegenheit zum Verbalisieren ihrer Probleme und Gefühle zu geben, schon Erfahrung haben. Jeder Schüler sollte so eine Möglichkeit haben. Obwohl es gerade auf der Sekundarstufe I und II schwierig sein wird, für solche Gespräche Zeit zu finden, sind sie doch auf dieser Ebene dringend nötig. Die Schulen werden sich mit den *Wertvorstellungen* ihrer Schüler befassen müssen. Das kann nicht durch Dozieren und Erteilen von Ratschlägen erreicht werden. Ein solches Ziel setzt die Möglichkeit eines Lernprozesses, das Erkennen falscher Werte sowie das Auffinden effektiver Lösungen voraus. Das alles kann nur *im Gespräch* geleistet werden.

Ein anderes Signal für das völlige Versagen der Schulen im Bestreben, die Werte ihrer Schüler zu beeinflussen, ist die ständige und alarmierende *Zunahme des Drogengebrauchs.*

Pädagogische Maßnahmen

Unglücklicherweise sind weder Elternhaus noch Gemeinschaft vor der Drogenwelle sicher. Um das Drogenproblem zu verstehen, muß man seine Natur erkennen. Warum unterliegen so viele Schüler der Versuchung, Drogen auszuprobieren? Es scheint, daß es für den Konsum von Drogen drei Gründe gibt. Zunächst einmal die allgemeine Neigung der Jugend, das Abenteuer zu suchen. Spannung ist ein Wert an sich geworden, ungeachtet dessen, was es kostet. Die Langeweile ist unerträglich und nichts ist so aufregend wie ein „Trip". Es ist offensichtlich, daß diese Gier nach Reizen auf einen großen Teil unserer Kinder und Jugendlichen zutrifft. Bevor man diese Sehnsucht nach Drogen aufhalten kann, muß man den Jugendlichen helfen, sich von dieser flüchtigen, oberflächlichen Form der Befriedigung im Leben zu befreien, die man Spaß nennt. Der zweite Grund für den Gebrauch von Drogen ist ein allgemeiner Grundsatz, nach dem Jugendliche sich richten. Wenn sie ihre Identität suchen, entwickeln sie ein falsch verstandenes Gefühl für Freiheit und Unabhängigkeit. Viele beobachten die Erwachsenen genau und tun dann das, was die Erwachsenen nicht leiden können. Der Gebrauch von Drogen ist ein *extremes* Beispiel dafür. Nichts ist für die Erwachsenen schwerer zu ertragen als Drogenmißbrauch, der unter Umständen den Jugendlichen fürs ganze Leben ruiniert.

Der dritte Faktor ist der gefährlichste. Drogen bewirken eine vorübergehende geistige Beeinträchtigung, das Gefühl der Befreiung von den Anforderungen der Realität durch Wahnvorstellungen und Sinnestäuschung. Diese Ablehnung der sozialen Verpflichtungen und Einschränkungen ist wiederum ein sehr viel komplexeres Problem, das besonders Kinder und Jugendliche betrifft, die leicht ein *Opfer dieser „Freiheit"* werden. Freiheit – aber zu welchem Preis?

Jugendlichen dabei zu helfen, ihre *falschen* Wertvorstellungen zu ändern, erfordert Geschicklichkeit, Verständnis und Toleranz. Der Lehrer kann lernen, die Gedanken und Vorstellungen seiner Schüler zu beeinflussen. Das folgende Beispiel veranschaulicht, wie ein Problem mit dem Rauchen gelöst wurde.

Die Leitung einer Höheren Schule machte Versuche mit Methoden, den Schülern das Rauchen abzugewöhnen. Die Schüler wurden in vier Gruppen eingeteilt. Die erste Gruppe suchte nach Gründen, warum man nicht rauchen sollte. Sie rauchten weiter. Die zweite Gruppe sollte den Eltern mitteilen, warum sie nicht rauchen sollten. Es machte ihnen Spaß, das zu tun – aber sie hörten nicht auf zu rauchen. Die dritte Gruppe machte sich mit wissenschaftlichen Arbeitsmethoden über die Sache. Sie berechneten, wieviel sie das Rauchen im Laufe ihres Lebens kosten würde, erwogen die Gefahren, die es birgt und die Leiden, die sie zu ertragen haben würden, wenn einmal eine Zigarette nicht greifbar ist. Aber sie fuhren doch fort zu rauchen. Die vierte Gruppe hörte wirklich mit dem Rauchen auf. Wie kam es zu diesem Ergebnis? Zuerst besprach der Lehrer alle Vorteile des Rauchens: daß man sich dabei bedeutend vorkommt, erwachsen und unabhängig; daß es die Anforderungen zu Hause und in der Schule bezwingen helfen kann und ähnliches. Erst nachdem die Vorteile klar vestanden wurden, sprach die Gruppe über die Nachteile. Dann ließ man den Schülern die Wahl. Und sie entschieden sich dafür, nicht zu rauchen.

Das ist sehr lehrreich. Wenn man Kinder beeinflussen will, muß man zuerst *Verständnis für die Beweggründe* zeigen. Was war der Hauptunterschied zwischen den drei ersten Gruppen und der letzten? In den ersten stimmten die Schüler zu, daß man nicht rauchen sollte. Sie akzeptierten den Anspruch, nicht zu rauchen, fühlten sich aber unfähig, es aufzugeben. Das ist charakteristisch für alle Raucher. Sie glauben, daß sie aufhören wollen, bestehen aber darauf, daß sie es nicht können. Nur in der letzten Gruppe erkannten die Studenten, daß das Aufhören *nicht* eine Frage des Könnens ist, sondern daß man sich vergegenwärtigt, daß *zwei Möglichkeiten zur Wahl stehen.* Alternativen und Wahlmöglichkeiten zur Verfügung zu stellen, ist der einzige Weg, auf dem man Jugendlichen helfen kann, ihre Vorstellungen und ihr Verhalten zu ändern. Moralisieren, Erklärungen abgeben oder Vorschriften machen ist sinnlos. Ganz allgemein gilt: *Gruppengespräche können Jugendlichen helfen, sich selbst zu verstehen und bessere Werte zu entwickeln.*

Voraussetzung für Gespräche mit dieser Altersgruppe ist, daß man das *Vertrauen* des Jugendlichen *gewinnt.* In den meisten Fällen hat der Jugendliche nur eine armselige Beziehung zu den Erwachsenen. Zusätzlich zu der Notwendigkeit, sich ehrlich, warmherzig und anerkennend zu verhalten, müssen noch zwei Bedingungen erfüllt werden. Zuerst muß der

Lehrer in der Lage sein, das bewußt antagonistische Benehmen des Einzelnen zu ertragen, ohne die Notwendigkeit zu empfinden, sich selbst verteidigen zu müssen. Zweitens muß er den Jugendlichen als Individuum von *gleichem menschlichem Wert* akzeptieren. Diese zwei Haltungen gehen Hand in Hand und sind für eine günstige Atmosphäre notwendig. Das schließt nicht Nachgiebigkeit ein, da wir einen Teenager nicht dann gleichwertig machen, wenn wir ihn wie ein Baby behandeln. Wir sollten ihm auch nicht in die Falle gehen und ihn *bestrafen,* wenn er provoziert, und ihm schriftlich den Beweis liefern, daß der Lehrer ungerecht ist. Indem wir ihn als gleichwertig anerkennen, achten wir ihn. Wenn wir uns weigern, ihn zu verhätscheln, zeigen wir ihm, daß wir von ihm erwarten, daß er uns respektiert. Wenn diese Beziehung einmal aufgebaut ist, hört der Jugendliche allmählich mit seinem antagonistischen Verhalten auf, mit seinem Stören, seiner zur Schau gestellten Gleichgültigkeit gegenüber jedem Gespräch und *übernimmt selbst Verantwortung* für das Aufrechterhalten der Ordnung.

Wenn der Heranwachsende weiß, daß er vom Lehrer akzeptiert wird, dann muß er ermutigt werden, seinen Platz in der Gruppe zu finden, sich zugehörig zu fühlen und seine Ziele als seine eigenen zu akzeptieren. Viele fühlen sich nicht in der Lage, die Gleichwertigkeit mit ihren Altersgenossen zu erkennen und drücken ihre Minderwertigkeitsgefühle dadurch aus, daß sie sich entweder zurückziehen oder den Gruppenprozeß auf eine Art unterbrechen, welche die Aufmerksamkeit des Lehrers und der Gruppe in Anspruch nimmt.

Die Interpretation von Verhaltensweisen im Klassenzimmer erhöht das gegenseitige Verständnis und trägt zu stärkerer Identifikation mit der Gruppe bei. Um das zu erreichen, muß der Lehrer auf alle Gruppenmitglieder mit *gleichem* Interesse eingehen, Ähnlichkeiten in den Motiven betonen und das Verhalten des einzelnen in Relation zu den anderen Gruppenmitgliedern hin interpretieren.

Der Junge, der dem Unfug freien Lauf läßt, soll darüber aufgeklärt werden, daß es ihm mehr darum zu tun ist, die

Gruppe zu beeindrucken, als den Lehrer zu ärgern. (Das ist bei den Teenagern üblicher als bei jüngeren Kindern.) Der Lehrer, der sich dessen nicht bewußt ist, faßt das Verhalten des Einzelnen oft als persönliche Beleidigung auf und konfrontiert den Schüler mit Konsequenzen, die unglücklicherweise auf ihn selbst zurückfallen. Wir wollen diesen Punkt deutlicher veranschaulichen:

Nach einigen Wochen regulärer Gruppengespräche mit einem 7. Schuljahr änderte die ganze Gruppe – die vorher sehr schwer zu behandeln war und für alle Lehrer ein ernsthaftes Disziplinproblem darstellte, – ihr Verhalten gegenüber allen Lehrern, Ausnahme machte nur Herr B. Die Gruppe klagte, daß der Lehrer ein gemeiner Mensch sei, daß er ihren Ärger und ihre Respektlosigkeit herausfordere und daß sie sich in ihrem Verhalten ihm gegenüber nicht ändern könnten. Als der Gruppenleiter einzelne Schüler fragte, ob sie möglicherweise sich in Herrn B.'s Stunden so aufführten, um die anderen Schüler mit dieser Fähigkeit zu beeindrucken, wiesen sie diese Möglichkeit nachdrücklich von sich. Der Leiter erkundigte sich weiter, ob sie sich Herrn B. gegenüber auch so schlecht benehmen würden, wenn man sie in eine andere Klasse überwechseln ließe, in der Herr B. auch unterrichtet. Jeder Schüler antwortete mit »Nein«. Als der Lehrer fragte, warum so ein Klassenwechsel ihr Verhalten gegenüber Herrn B. ändern könnte, erkannten die meisten Schüler plötzlich, daß sie sich in einer anderen Klasse nicht so aufführten, weil sie nicht sicher wußten, wie die Schüler in jener Klasse reagierten. Nach einer weiteren Diskussion wurde ihnen klar, daß sie sich trotz ihrer Antipathie für Herrn B. in Wirklichkeit mehr deshalb so aufführten, um die anderen Schüler zu beeindrucken, als um Herrn B. zu ärgern.

Sobald man der Gruppe geholfen hatte, den wahren Grund für ihr Verhalten zu erkennen, änderte sich ihre Haltung gegenüber Herrn B.

Es ist eine der wichtigsten Aufgaben des Lehrers, jedem Heranwachsenden *die Ziele seines Verhaltens zu erklären.* Die Reaktion eines Individuums wird sich ändern, wenn es über seine Absichten aufgeklärt wird. Das eine oder andere der vier Ziele gestörten Verhaltens bei Kindern mag auch hier Anwendung finden. Im Verhalten der Teenager finden wir jedoch *zusätzliche Ziele:* eines von ihnen ist der *Wunsch nach Spannung.* Langeweile erscheint ihnen unerträglich. Diese Sehnsucht nach aufregenden Erlebnissen führt sie oft in ein gefährliches Verhalten.

Lehrer müssen große Vorsicht walten lassen, wenn sie

Teenagern ihr Verhalten erklären. Es sollte ohne getan werden – weder mit Zustimmung noch mit Ablehnung. Die Entwicklung gegenseitiger Achtung zwischen dem Heranwachsenden und dem Lehrer schafft eine starke Ermutigung, bis hin zu einer konstruktiven Veränderung. Änderungen auf diesem Gebiet finden auf drei Wegen statt:

1. Der Heranwachsende fängt an, sich weniger kritisiert zu fühlen und ist mehr bereit soziale Anforderungen zu akzeptieren.
2. Der Wunsch nach einem Status in der Gruppe und das Verständnis für bessere Wege, ihn zu erreichen, führen zu kooperativem Verhalten, das dann auf Gebiete außerhalb der Gruppe übertragen werden kann.
3. Das Verständnis für die Motive des Benehmens, verbunden mit dem Gefühl der Zugehörigkeit und dann das vermehrte Selbstwertgefühl verringern die Angst und ihre Begleiterscheinungen.

Der Lehrer muß genau beachten, *was* die einzelnen Gruppenmitglieder sagen. Ihre Bemerkungen sollten mit angemessenen Fragen aufgegriffen werden, die dem Einzelnen und auch der Gruppe helfen, das Besprochene klar zu verstehen und zu logischen Schlußfolgerungen über das Problem zu kommen.

An einem bestimmten Punkt muß der Lehrer dem Schüler *helfen,* das Problem von allen Seiten zu betrachten. Nehmen wir einmal an, es handelt sich um ein Problem mit der Schulordnung. Es gibt eine Vielzahl von Fragen, die der Lehrer dazu stellen könnte:

1. Was kann der Schülerrat gegen den Mangel an Kommunikation tun?
2. Gibt es eine Berechtigung für eine solche Anordnung?
3. Sollten die Schüler beim Treffen der Entscheidungen beteiligt sein?

Es gibt noch eine ganze Reihe anderer Fragen die es im Rahmen der Diskussion ermöglichen, ein wenig tiefer einzudringen.

Gespräche mit Teenagern sollten dazu verhelfen, daß sie an den Fragen Anteil nehmen und alle Seiten eines Problems untersuchen. Manchmal gibt es *keine brauchbare Lösung,* aber es gibt doch dem Schüler ein tieferes Verständnis für das Problem und macht es für alle erträglicher, *mit dem Problem zu leben.*

Im vorherigen Kapitel über Gruppengespräche wurde darauf hingewiesen, daß der Lehrer jeden zur Teilnahme am Gespräch auffordern sollte. Bei der Arbeit mit Teenagern ist es jedoch wichtiger, die eigentlichen Probleme anzusprechen und die Jugendlichen zum Nachdenken darüber zu veranlassen. Nicht alle Probleme sind allen Schülern angemessen. Es ist wichtig, sich mit kritischen Fragen auch dann auseinanderzusetzen, wenn sich die Schüler des Problems gar nicht bewußt sind.

Hier sind einige Richtlinien, die für das Führen von Gruppengesprächen mit Teenagern hilfreich sind:

Sprich über bedeutende Probleme; über Mutter, Vater, Schule und Freunde, über ihre Art zu handeln. Bedenke, Fragen öffnen die Tür!

2. Behalte das gesamte Handlungsfeld im Auge – Elternhaus, Freunde, Schule usw.
3. Greife Kernfragen auf, fange Schläge elastisch ab! Wenn du eine „Goldmine" findest, verfolge sie.
4. Achte auf positive und negative Aussagen.
5. Wenn ein Teilnehmer aufsässig wird, halte an und frage: „Was für ein Gefühl habt ihr bei dem Gespräch?" Das gibt dem Schüler Zeit, sich zu entspannen, seine Gedanken zu sammeln und sich zurechtzufinden.
6. Wende folgende Techniken an bei psychologischen Enthüllungen:
   „Könntest du mir sagen, warum du deiner Meinung nach so handelst?" Erkläre das Ziel nur in vorläufigen Ausdrücken. Wenn der Schüler sich durchschaut fühlt, sig-

nalisiert der Erkennungsreflex diesen Vorgang. (Vergleiche „Vier Ziele", Seite . . .)

a) Aufmerksamkeit: „Vielleicht wolltest du, daß der Lehrer sich mit dir beschäftigt?"

b) Überlegenheit: „Willst du dem Lehrer zeigen, daß er dich nicht aufhalten kann?"

c) Vergeltung: „Möchtest Du andere so verletzen, wie sie dich verletzt haben?"

d) Rückzug: „Bist du sicher, daß du nichts mehr tun kannst und allein gelassen werden möchtest?"

7. Fragen oder Feststellungen, die man verwenden kann:

a) Warum bist du hier?

b) Hast du irgendwelche anderen Vorstellungen?

c) Ich möchte, daß du alle deine Wünsche äußerst.

d) Du hast etwas und möchtest, daß wir darüber sprechen.

8. Als Lehrer muß man Leiter sein:

a) Verurteile nicht.

b) Nimm keine gleichgültige Haltung ein.

c) Du mußt manche Vorgänge anhalten und sie der Gruppe zurückgeben.

d) Bemühe dich um einen angenehmen Tonfall.

e) Du mußt eine gute und sinnvolle Konversation herstellen; das bedeutet zuhören und fragen: Was haltet ihr davon?

f) Die Organisation dieser Zusammenkünfte ist wichtig. Wann immer möglich sorge für eine kreisförmige Sitzordnung.

g) Achte auf Feindseligkeit und Aggression und sprich darüber, wenn sie auftauchen.

Teenager, die ihre eigenen Werte haben, können nicht individuell beeinflußt werden. Sie *brauchen die Gruppe,* weil sie eine *wertformende Kraft* darstellt. Es ist viel leichter, zehn Teenager neu zu integrieren, als nur mit einem zu arbeiten.

Ein neues besseres Schulsystem muß *auf dem Gespräch*

aufgebaut werden; in der Klasse, in der Schulabteilung, unter Lehrern und Schulleitern. Der Schulleiter selbst sollte mit dem Lehrerkollegium Gruppengespräche führen, da er nicht alleine entscheiden kann, was zu tun ist. Das heißt nicht, eine Abstimmung durchführen, sondern die Dinge zu durchdenken und jedermann daran teilnehmen zu lassen.

Jede Schulstufe, besonders die Sekundarstufe I und II braucht regelmäßige Zusammenkünfte, bei denen Schüler, Lehrer und Eltern zusammenkommen und ihre gemeinsamen Probleme besprechen. Man könnte diese Sitzungen Waffenstillstandstreffen nennen. Sie sollten auf einer Ebene stattfinden, auf der die Teilnahme für alle möglich ist, so daß alle lernen können, einander zu verstehen und Lösungen für Probleme zu finden. Ein aufrichtiges Gruppengespräch ist die Grundlage für eine demokratische Schule, da ohne solche Versammlungen Demokratie nicht möglich ist.

3.7. Rollenspiele einsetzen

Zur Lösung von Problemen im Bereich der Sozialisation bietet sich in erster Linie *das Rollenspiel* an. Es ermöglicht einem Kind, sich neben sein Problem zu stellen und dieses *mit den Augen eines anderen* zu sehen. Es hilft ihm auch, die Lage eines anderen Kindes zu verstehen, das sich zurückgesetzt fühlt, oder glaubt, daß andere auf ihm herumhacken, es für alles verantwortlich machen, es nicht lieben, und das unfähig ist, seine Frustrationen auf annehmbare Weise zu verarbeiten.

Beim Rollenspiel übernimmt das Kind eine bestimmte Rolle oder eine Person, die es dann so interpretiert, *wie es sie auffaßt.* In dieser Hinsicht handelt es impulsiv, denn niemand gibt ihm Anweisungen, was es sagen oder wie es die Person spielen soll, die es darstellt.

Beim Rollenspiel werden mehrere verschiedene Techniken und Methoden angewandt. Die erste Technik, die wir kennenlernen wollen, ist bekannt als *„Berichterstatten im Rollen-*

spiel". Das ist eine Technik, die das Geschehene wieder aufleben läßt und zwar nicht nur den Vorfall an sich, sondern auch die gefühlsmäßigen Belastungen, denen die Beteiligten ausgesetzt waren. Schon oft haben wir alle diese Ausdrücke gehört: „Er war es", „Es war nicht meine Schuld", „Ich habe doch gar nichts getan", „Er ärgert mich immer".

Wenn sich eine solche Situation ereignet, dann stehen wir Lehrer bereits mitten drin und bemühen uns, die Fakten zu eruieren, zuzuhören, herauszufinden, wer es war und wer angefangen hat. Da wird der Lehrer Richter und Jury in einer Person.

Berichterstatten im Rollenspiel ist ein Weg, wie der Lehrer bei dem in Frage stehenden Vorfall den Unwissenden spielen und darauf bestehen kann, daß ihm vorgeführt wird, was geschehen ist. Die nächsten zwei Beispiele zeigen, was gemeint ist:

Szene:	Eine Gruppe Kinder sitzen an einem Tisch und arbeiten. Der Lehrer hilft jemandem auf der anderen Seite des Zimmers.
Vorfall:	Plötzlich ist eine Balgerei im Gange. Miriam und Betty schlagen aufeinander los.
Betty:	(Läuft zum Lehrer) Sagen sie ihr, sie soll aufhören. Miriam hat mich geschlagen. Sie soll aufhören! Sie ist gemein!
Miriam:	(Genau hinter Betty) Ich habe nicht angefangen. Sie hat mich zuerst geschlagen.
Lehrer:	Gut, zeigt mir, was geschehen ist.
Beide:	Also, sie schlug auf mich ein und – nein, sie piekte mich – und . . .
Lehrer:	Nein, so geht es nicht. Zeigt es mir. Was für Gegenstände braucht ihr?
Betty:	Wir müssen am Tisch sitzen und arbeiten.
Mädchen:	(Setzen sich an den Tisch).
Lehrer:	(Wartet gespannt).
Miriam:	Wir brauchen Gerhard.
Gerhard:	(Geht zum Tisch).
Lehrer:	Zeigt es mir.
Gerhard:	(Steht auf, um seinen Bleistift zu spitzen, piekt Betty auf dem

Rückweg und beschäftigt sich dann angelegentlich mit seiner Arbeit.)

Betty: (Beginnt auf Miriam loszuschlagen, besinnt sich aber, – jeder schaut Gerhard an.)

In diesem Augenblick erkannten Schüler und Lehrer, was geschehen war, und alle begannen zu lachen. Die beiden Mädchen merkten, daß Gerhard sie gereizt hatte und daß eigentlich er die Ursache ihrer Aggression war. An dieser Stelle kann man die Angelegenheit auf sich beruhen lassen.

Häufig kann man das Rollenspiel auch anwenden, um *Interaktionen* zu *klären,* an denen nur zwei oder drei Kinder beteiligt sind. Mehrere Jungen der vierten Klasse arbeiteten an einem runden Tisch an ihren Einzelprojekten. Plötzlich kam Jens weinend zum Lehrer. Jens: „Fred hat mich geschlagen. Sagen Sie ihm, er soll aufhören." Der Lehrer sagte: „Na gut, zeigt mir, was los war." Beide Jungen begannen zu *erzählen,* was sich ereignet hatte. Lehrer: „Nein, erzählt mir nichts, zeigt es mir."

Das Spiel zeigte deutlich, daß Jens der Angreifer gewesen war und Fred sich nur gerächt hatte. Jens: „Aber es war nur Spaß. Ich habe es nicht bös gemeint." Mit dieser Äußerung ließ der Lehrer die Sache auf sich beruhen. Am nächsten Tag stritten sich Rudi und Jens. Wieder kam Jens schreiend zum Lehrer. Lehrer: „Also gut, zeigt es mir."

Diesmal war Rudi der Angreifer und Jens schlug zurück.

Rudi: „Aber ich habe nur Spaß gemacht."

Jens: „Oh, ich verstehe, genauso wie ich gestern mit Fred."

Durch diese Art von Rollenspiel gewinnen die Kinder Einsicht in *ihr eigenes Verhalten* und fangen an zu erkennen, *welche Ursachen Konflikte auslösen* und auf welche Weise sie selbst darin verwickelt werden. So kann der Lehrer die ihm gemäße Rolle spielen: Er weiß von dem Vorfall nichts und muß deshalb *vorgespielt* bekommen, was sich ereignet hat. Die Ergebnisse lohnen sich für den Lehrer, für die beteiligten Kinder und auch für die Klasse. Das Rollenspiel erlaubt dem Kind, sich selbst zu erkennen; der Lehrer gerät nicht in die Gefahr, zu schulmeistern, zu strafen, Urteile zu fällen oder zu versuchen, Wahrheit und Phantasie zu trennen.

Die zweite Technik, die untersucht werden soll, kann mit *„Problemlösen“* bezeichnet werden. Diese Technik wird zweckmäßig bei solchen Problemen eingesetzt, die mehrere Lösungen zulassen.

Nehmen wir an, das Problem ist ein Kampf zwischen zwei oder mehreren Kindern. Die Akteure führen zuerst den Kampf genauso vor, wie er sich wirklich abgespielt hat und verwenden dabei dieselben Worte und Bewegungen. In einem Gruppengespräch geben die Schüler ihre Empfindungen wieder, was sie von den Problemen halten und wo die Fehler gemacht wurden. Darauf bitter der Lehrer eine neue Gruppe von Spielern, dieselbe Situation vorzuführen, aber mit einer anderen Lösung zu enden. Dann vergleicht die Klasse die beiden Lösungen, um herauszufinden, welche die Kinder für die effektivere halten vor allem auch im Hinblick auf die *Vermeidung zukünftiger Schwierigkeiten.*

Die Situation des Kampfes kann mehrmals mit unterschiedlichem Ausgang dargestellt werden, wobei den Spielen eine Reflexionsphase folgt. Man beachte, im Rollenspiel gibt es keine *richtige* Lösung, sondern nur ein Suchen nach vielen Lösungen.

Der Lehrer wird aus der Art, wie das Kind die ihm übertragene Rolle spielt jedesmal eine ganze Menge erfahren. Das Rollenspiel gibt Aufschlüsse über die Fähigkeiten des Kindes im Umgang mit schwierigen Problemen und enthüllt seine persönlichen Ziele (siehe „Die vier Ziele störenden Betragens“, Tabelle 1 auf S. 24, S. 159-181).

Die folgenden Beispiele sollen zur weiteren Verdeutlichung über die Natur des Rollenspiels beitragen:

Vorfall: Rolf weint, weil Gerd sein Rechenblatt zerrissen hat. Gerd beklagt sich, daß Rolf von ihm abgeschrieben hat und daß er mogelt. Er habe ihn einmal gebeten, nicht abzuschreiben, aber ohne Erfolg. Deshalb schnappte er sich Rolfs Blatt und zerriß es.

1. Rollenspiel:

Zwei Mädchen spielen Gerd und Rolf genauso, wie die Situation von den beiden Jungen beschrieben wurde.

Diskussion

Lehrer: Wir wollen zuerst darüber reden, wie euch die Art gefallen hat, in der das Problem behandelt wurde.

1. Kind: Mir hat es gefallen, daß Gerd Rolf zuerst gebeten hat, nicht abzuschreiben, bevor er sein Blatt zerriß.

2. Kind: Ich finde, es geschah Rolf recht, weil er früher immer von mir abgeschrieben hat.

Lehrer: Bitte, –, wir wollen über das reden, was heute passiert ist.

3. Kind: Ich glaube, Gerd hatte recht, Rolfs Blatt zu zerreißen, das wird ihm eine Lehre sein.

Lehrer: Wie meinst du das? Könntest du das etwas deutlicher erklären?

3. Kind: Nun, ich glaube, daß Rolf von nun an nicht mehr mogeln wird, weil er weiß, was dann passiert.

Lehrer: Was sagen die anderen zu dieser Meinung?

4. Kind: Ich stimme nicht zu, weil Rolf daraus nichts lernen wird.

5. Kind: Mir hat es nicht gefallen, wie Gerd das Blatt zerriß; das könnte Rolf ärgerlich machen und später zu einer Keilerei führen.

6. Kind: Ich glaube nicht, daß Gerd das Recht hat, das Blatt eines anderen zu zerreißen. Er hätte es dem Lehrer sagen können, damit dieser mit Rolf redet.

Gerd: Ja, aber ich wollte den Lehrer aus dem Spiel lassen.

Lehrer: Wir haben viele Meinungen gehört. Wieviele von euch glauben, daß sie dieses Problem auf eine bessere Art behandeln könnten? (Viele melden sich).

2. Rollenspiel:

Lehrer: Ken, bitte übernimm Gerds Rolle und du Tim, spielst Rolf.

Ken gibt vor, seine Rechenaufgabe zu machen und Tim tut so, als ob er über seine Schulter schaut und abschreibt.

Ken: Bitte, Tim, schreib nicht meine Rechnungen ab.

Tim: Ich schreibe nicht ab (Schaut weiterhin über Kens Schulter und schreibt ab. Ken nimmt ein Blatt Papier und bedeckt seine Arbeit.)

Diskussion:

Lehrer: Was hat euch daran gefallen, wie Ken und Tim dieses Problem gelöst haben?

Michael: Mir hat die ganze Sache besser gefallen, weil Ken Tim nicht ärgerlich machte.

Steff: Ich glaube, ich ändere meine Meinung. Ich denke auch, daß es so besser war.

Lehrer: Was glaubst du, Lydia?

Lydia: Ich weiß nicht. Ich glaube, mir hat es das zweite Mal besser gefallen.

Lehrer: Würdest du uns sagen warum?

Lydia: Nun, Ken hat Tim nicht ärgerlich gemacht und er hat sein Blatt nicht zerrissen.

Lehrer: Ich bin froh, zu wissen, wie du empfindest.

Doris: Das ist eine gute Art, jemanden am Abschreiben zu hindern, ohne in Streit zu geraten.

Lehrer: Ich sehe, daß Danny die ganze Zeit seinen Kopf schüttelt. Es sieht so aus, als ob er anderer Meinung wäre. Laß hören, was du zu sagen hast, Danny.

Danny: Ich stimme nicht zu, weil es Tim, ich meine Rolf überhaupt nichts hilft.

Lehrer: Könntest du erklären, was du damit meinst?

Danny: Es ist nett, daß sie einander nicht wütend gemacht haben, aber Rolf mogelt, weil er die Aufgabe nicht kann und auf diese Weise helfen wir ihm gar nicht.

Lehrer: Ich will dir was sagen, Danny. Wir wollen es noch einmal vorspielen und du übernimmst die Rolle von Gerd und zeigst uns, wie du dieses Problem lösen würdest.

3. Rollenspiel

Danny übernimmt Gerds Rolle und Sandra spielt Rolf. Danny gibt vor zu arbeiten, während Sandra über seine Schulter schaut und abschreibt.

Danny: Soll ich dir helfen, Sandra?

Sandra: Ja, ich kann diese Aufgaben einfach nicht.

Danny: Vielleicht kann ich dir helfen; ich kenne m ch damit wirklich gut aus. Glaubst du, daß es dem Lehrer was ausmacht, wenn wir zur Tafel hinübergehen und üben?

Sandra: Wir fragen ihn einfach.

Danny: (Zum Lehrer) Sandra hat ein wenig Schwierigkeiten mit diesen Mathematikaufgaben. Dürfen wir zur Tafel hinübergehen und üben? Ich glaube, ich kann ihr helfen.

Lehrer: Das wäre sehr nett, Danny, danke.

Danny: (Zum Lehrer) Wenn es lange dauert, kann ich vielleicht meine Rechnungen nicht rechtzeitig fertig machen.

Lehrer: Mach dir darüber keine Sorgen, Danny. Du machst es so gut du eben kannst.

Diskussion:

Lehrer: Was haltet ihr von Danny's Lösung?

Maria: Jetzt verstehe ich, warum uns Danny vorher nicht zugestimmt hat.

Miriam: Mir gefällt diese Lösung am besten, weil Danny Sandra geholfen hat. Wenn ihr niemand hilft, wird sie immer wieder mogeln müssen, weil sie dann nicht weiß, wie sie die Aufgaben lösen soll.

Albert: So machen es Nina und ich schon die ganze Zeit. Manchmal hilft sie mir, wenn ich etwas nicht weiß und wenn sie etwas nicht kann, helfe ich ihr manchmal.

Danny: Vielleicht würde es Gerd nichts ausmachen, Rolf morgen zu helfen, wenn wir Mathematik haben.

Lehrer: Ich glaube, wir haben eine sehr gute Lösung für dieses Problem gefunden. Vielleicht müssen wir nie mehr über diese Sache sprechen. Ich bin sehr froh, daß ihr einseht, daß man nicht unbedingt abschreiben muß, wenn man einmal eine Aufgabe nicht versteht. Jeder, der es begreift, wird euch gern helfen. Wie denkst du darüber. Gerd?

Gerd: Ja, ich glaube, das ist eine gute Lösung und es tut mir leid, daß ich das Blatt zerrissen habe.

Lehrer: Ich bin sicher, daß Rolf und die anderen schon nicht mehr daran denken, was du getan hast.

Die letzte Lösung des Problems wird sich bei Kindern bewähren, die deshalb mogen, weil sie nicht wissen, wie man eine Aufgabe löst, die ihre Arbeit aber unbedingt abliefern möchten. Diese Möglichkeit hat jedoch nur wenig Wirkung auf ein Kind, das passiv, destruktiv und faul ist oder dessen Ziel „Überlegenheit" ist und das den Lehrer besiegen muß. In einem solchen Fall reicht das Rollenspiel allein nicht aus.

Es ist nicht unbedingt nötig, alle Situationen zwei oder dreimal mit verteilten Rollen durchzuspielen. Das folgende Beispiel vermittelt Einsicht über das Verhalten eines bestimmten Kindes. Situation und Rollen sind in diesem Fall sehr differenziert.

Hintergrundinformation: Harry, 9 Jahre alt, das älteste von 4 Kindern und der einzige Junge in der Familie störte die Klasse ständig durch sein merkwürdiges Benehmen. Er hatte eine Teillähmung an beiden Beinen und mußte – als Folge einer Kinderlähmung – mit Schienen gehen. Von seinem ersten Schultag an war Harrys Benehmen unmöglich. Als er in die dritte Klasse kam, enthielt sein Schülerbogen stapelweise Briefe und Beschwerden von Lehrern und Eltern, deren Kinder er belästigt oder verletzt hatte.

Trotz seiner Schienen war Harry sehr beweglich; er konnte laufen und klettern, Rollschuhlaufen und Roller fahren. Bei körperlichen Leistungen war er sehr wagemutig und übertraf darin viele normale Kinder. Er war verbissen entschlossen, jedes Ziel, das er sich selbst gesetzt hatte, zu erreichen, ohne Rücksicht auf andere zu nehmen. Wenn er beschlossen hatte, als erster auf der Spitze der Kletterstange zu sein, schubste er einfach jeden weg, der ihm im Weg war, stieß die Kinder mit seinen Stützen und trat ihnen auf die Hände, wenn sie unter ihm waren. Wenn er die Spitze schließlich erklommen hatte, schaute er umher und grinste. Genau so machte er es, wenn er auf eine Schaukel wollte oder sich zu einem anderen Spielplatzgerät Zugang verschaffte.

In der Klasse arbeitete Harry nicht. Er sangofer pfiff, scharrte mit dem Fuß, ließ sich absichtlich vom Stuhl fallen oder ging zum Fenster und schaute hinaus. Zu allem Übel hatte er einen chronischen Schnupfen, so daß seine Nase ständig rann. Irgendwelche Strafen für sein Benehmen beeindruckten ihn nicht, er machte nur weiterhin Lärm und verursachte Störung.

Die Klassenkameraden mochten Harry nicht. Sie hatten zwar Mitleid mit ihm wegen seiner körperlichen Beeinträchtigung, aber kein einziges Kind näherte sich ihm und wollte mit ihm Freundschaft schließen. Niemand wählte ihn beim Soziogramm. Auch er machte keinerlei Anstrengungen, irgendwelche Freundschaften aufzubauen.

Wenn der Lehrer Harry aufforderte, doch einige seiner Arbeiten für die Schule zu erledigen, dann lachte er laut und erwiderte: Versuchen Sie es nur, mich dazu zu bringen. Ich mache nie meine Schularbeiten. Sie können die anderen Lehrer fragen. „Während dieses Wortwechsels pflegte er mit dem Stuhl zu schaukeln, kippte plötzlich um, wobei er dann immer eine zeitlang ausgestreckt auf dem Boden liegen blieb.

Situation und Rollenverteilung: Harry liebte es zu spielen und bat immer um eine Rolle beim Rollenspiel. Hier war er, genau wie in seinem persönlichen Leben, destruktiv, bösartig und nachtragend. Als die Gruppe ihn darauf aufmerksam machte, lachte er befriedigt. Einmal erbot sich Harry, die Mutter eines Mädchens zu spielen, das in der Klasse Probleme hatte. Der Lehrer übertrug Betty die Rolle des Mädchens und instruierte sie insgeheim, sie solle sich so benehmen, wie Harry mit all seinen Störmanövern im Klassenzimmer. Harry bat um eine Rolle bei diesem Spiel und da der Lehrer ihn nicht gut sich selbst spielen lassen konnte, gab er ihm die Rolle der Mutter und bat ihn, diese nach eigenem Gutdünken darzustellen.

Der Lehrer wollte Harry sein eigenes Benehmen in der Klasse wie in einem Spiegel vorhalten und zwar so, daß das

Problem ganz allgemein und auf eine Weise diskutiert werden konnte, daß Harry sich nicht persönlich kritisiert fühlen mußte, aber doch einsehen konnte, wie diese Art von Benehmen jeden in der Klasse in Mitleidenschaft zog.

Vorführung: Bei der Darstellung tat Betty so, als ob sie von der Schule heimkäme. Die Mutter fragte, wie es war. Als Betty antwortete, daß sie immer ungezogen war und der Lehrer sich über sie geärgert hat, entgegnete Harry (die Mutter), „Das soll dich nicht bekümmern, mein Liebes. Es stört mich nicht, wenn du ihnen das Leben schwer machst."

Diskussion: Während der folgenden Diskussion drückten viele Kinder ihren regelrechten Ärger aus über Harrys Lösung; sie waren der Auffassung, daß keine Mutter sich so verhalten hätte, wie Harry es tat. Dieses eine Mal lachte Harry nicht; er wurde zornig und schrie: „Es ist mir egal, was ihr sagt, meine Mutter haßt Lehrer und ich auch."

Wie der Lehrer die Lage einschätzt und die Angelegenheit weiter verfolgt:

Dieser Ausbruch machte den Lehrer mißtrauisch. Vielleicht war doch etwas Wahres dran an dem was Harry über seine Mutter sagte. Der Lehrer hatte unzählige Male versucht, sie zu sprechen, aber sie weigerte sich, zur Schule zu kommen, ignorierte viele Briefe und reagierte nicht auf die Einladungen des Lehrers. Der Lehrer entschloß sich, der Sache auf den Grund zu gehen, und unter Mitwirkung des Rektors wurde die Mutter über Harrys Ausbruch informiert; sie gab zu, daß er die Wahrheit gesagt hatte. Ihr eigenes Schülerdasein war sehr unerfreulich gewesen; sie mußte fast jeden Tag nachsitzen, und ihre Eltern stellten sich nie auf ihre Seite, sondern straften sie noch zusätzlich. Ohne es selbst wahrzunehmen, hatte sich diese Frau *durch ihr Kind* an allen Lehrern gerächt.

Als der Lehrer mit der Mutter zusammenarbeitete und sich die häusliche Situation änderte, änderten sich auch Harrys Verhalten und seine Einstellungen zu seiner Arbeit und seinen sozialen Beziehungen. Mit der Zeit zeigte er mehr Interesse für seine Aufgaben und war mehr zur Kooperation bereit.

Obwohl dies ein höchst ungewöhnlicher Fall ist, bleibt die Tatsache bestehen, daß der Lehrer ohne Rollenspiel nie von dieser Situation erfahren hätte.

Wie wir gesehen haben, erbietet das Rollenspiel interessante Situationen, um *die Vorstellungswelt der Kinder* kennenzulernen. Aus der Art der Rollen, die das Kind für sich gewählt und anderen zugedacht hat, kann der Lehrer eine ganze Menge lernen. Es ist nicht ungewöhnlich, daß ein schüchternes, verängstigtes Kind unbedingt den „Schlechten" spielen will, der alle zusammenschlägt, oder daß die Gruppe die Rolle des „Vaters" einem Jungen zuteilt, der stark und kühn ist.

Aus der eigenen Wahl und der Art und Weise wie es seine Rolle spielt, kann der Lehrer nicht nur erleben, wie das Kind sich selber sieht, sondern auch, wie es gern von anderen gesehen werden möchte, wie es die Welt um sich herum sieht und wie Kinder die Wertmaßstäbe ihrer Eltern übernehmen.

Wahrscheinlich liegt der *größte Nutzeffekt* des Rollenspiels in der Tatsache, daß ein Individuum die Gelegenheit erhält, zu erkennen wie ein anderer Mensch sich in bestimmten Situationen fühlt und für sich selbst zu entdecken, daß ein bestimmtes Verhalten sein Problem nicht löst.

Das bringt uns zur dritten Technik, die als *Rollentausch* bekannt ist.

Manchmal ist ein Vorfall sehr kompliziert und ein Kind mag anmerken, daß ein anderes seine Rolle nicht richtig spielt. In diesem Fall kann es nötig werden, daß der Lehrer eingreift und die Kinder daran erinnert, daß jedes seine Rolle so spielen sollte, wie es sie in Erinnerung hat. Nach Beendigung der Handlung ist häufig klar, wo etwas ausgelassen, oder ein Irrtum begangen wurde. Zu diesem Zeitpunkt bietet sich an, daß verschiedene Kinder eine Rolle, oder auch beide übernehmen, oder daß man vielleicht die beiden Akteure ihre Rollen tauschen läßt. Es ist wichtig, daß der Lehrer allen Einwänden wie „So war es nicht" immer mit demselben Kommentar begegnet: „Zeig es mir". Das Folgende ist ein Beispiel für Rollentausch.

Vorfall:

Katja: Frau S. Josef hat mein Pausebrot genommen.

Josef: Das ist nicht wahr. Du bist eine große Lügnerin.

Katja: Doch. Du hast meinen Namen vom Beutel wegradiert und deinen draufgeschrieben. Ich habe dich gesehen.

Josef: Beweise es doch. Du hast keinen Beweis. Du willst mich nur in Schwierigkeiten bringen.

Lehrerin: Josef, bitte zeig uns deinen Beutel.

Josef: Sie kann ich auch nicht leiden. Sie helfen immer zu den Mädchen. Ich muß Ihnen gar nichts zeigen.

Lehrerin: Wenn du Katjas Pausebrot nicht genommen hast, hast du nichts zu befürchten. Du hast gerade gesagt „Beweise es". Ich kann es aber nicht beweisen, wenn du mich deinen Beutel nicht sehen läßt. Bitte, gib ihn mir.

Josef: Das muß ich nicht und sie können mich nicht dazu zwingen.

Die Lehrerin erkannte, daß sie den Fehler gemacht hatte, sich auf einen Machtkampf einzulassen. Als sie untereinander die Rollen tauschten, wurde die Lösung klar.

Rollentausch: Josef spielt die Rolle des Lehrers. Katja stellt Josef dar, die Lehrerin übernimmt Katjas Part.

Katja: Fräulein, Josef hat mein Pausebrot genommen.

Lehrerin: Josef, ist das wahr?

Josef: Nein, ich habe es nicht getan.

Lehrerin: Katja, woher weißt du, daß Josef deine Pause genommen hat?

Katja: Ich habe beobachtet, wie er sie genommen hat, dann meinen Namen ausradierte und seinen hinaufschrieb.

Lehrerin: Bitte Josef, laß mich deinen Beutel sehen. Nur so können wir diesen Streitfall bereinigen.

Josef: Ich will nicht und Sie können mich nicht dazu zwingen.

Lehrerin: Josef, wenn du so redest, glaubt jeder, daß du Katjas Pause genommen hast und daß sie die Wahrheit sagt. Warum läßt du mich den Beutel nicht sehen?

Josef: Ich mag Sie nicht und werde Ihnen den Beutel nicht geben.

Lehrerin: Ich glaube, daß du Angst hast, mich hinein sehen zu lassen, weil du es wahrscheinlich doch getan hast. Wenn es nicht so wäre, hättest du davor keine Angst. Wenn du so hungrig bist, daß du anderen Kindern die Pause wegnehmen mußt, solltest du deine Mutter bitten, dir mehr zum Essen mitzugeben. Wenn du es nicht selbst tust, muß ich es tun. Was sagst zu dazu?

(Josef brachte der Lehrerin den Beutel. Katjas ausradierter Name war deutlich sichtbar.)

Lehrerin: Danke, Josef.

Dieses Beispiel verdeutlicht, wie Josefs Einschätzung der Situation sich in dem Moment *ändert,* als er das Problem vom Standpunkt des Lehrers aus sah.

Die meisten Lehrer gliedern das Rollenspiel nur in wenige Schritte auf:

1. *Eine einfache Spielsituation anbieten.*
2. *Den Schauplatz bestimmen und die Rollen verteilen.*
3. *Die Situation darstellen.*
4. *Das Spiel diskutieren und die Lösung werten.*

Manchmal nimmt das Rollenspiel nur 5 Minuten in Anspruch, ein anderes Mal wieder eine halbe Stunde, das hängt von der Situation ab und zu welchem Zweck das Rollenspiel eingesetzt wird. Wenn man es z. B. *als Trainingssituation* für die ganze Klasse anwendet, wird man mehr Zeit brauchen.

Es gibt viele Rollenspielvariatinen, zum Beispiel *Selbstgespräch, Spiegelgespräch, Monolog* oder Mehrfachrollen, das *Wiederholungsspiel, Hilfs-Ich auf einem Stuhl, Zuschauerreaktion, das Zweite Ich, Doppeltechnik* und andere, die alle Einsichten vermitteln, die Geschicklichkeit in der Rollenspieltechnik üben und Spannungen lösen. Da sie normalerweise vom Lehrer im Klassenzimmer nicht angewandt werden, soll hier nicht näher darauf eingegangen werden.

Die folgenden *Grundsätze für das Rollenspiel* sollte man beachten.

1. Die Atmosphäre des Rollenspiels: Einer der wichtigsten Faktoren beim Rollenspiel ist die Atmosphäre, die *vom Lehrer geschaffen* wird. Sie sollte ein realistisches Rollenspiel fördern. Der Lehrer muß der Gruppe einen Begriff davon geben, daß viele Probleme nicht einfach zu lösen sind und daß jeder irgendwann einmal in Schwierigkeiten gerät. Für mach ein Problem müssen verschiedene Lösungswege untersucht werden, wobei es mehr als nur eine richtige Lösung geben kann. Der Lehrer leitet die Gruppe und arbeitet auf einen offenen Ausgang hin. Nachdem er den Problemfall vorgestellt hat, sollte er den Kindern eine kurze Denkpause einräumen. Nun beginnt er zu fragen, z. B. „Was hat sich ereignet? – Was ist das Problem? – Wie ist die Lage?“ Diesen Vorgang nennt man das „Anwärmen“ für das Problem oder die Situation. Dann werden die Kinder zum Fragen angeregt. Der Lehrer wird sich mehr einschalten müssen, wenn mehrere Lösungen angeboten werden. Manchmal wird sowohl eine sozial akzeptable Lösung als auch das Gegenteil vorgeschlagen.

2. Das Auswählen der Darsteller: Der Lehrer muß sich darüber im Klaren sein, wer für eine Rolle empfänglich ist, oder wer sich mit ihr identifizieren kann. Kinder und Jugendliche sind im allgemeinen zum Rollenspiel bereit. Wenn möglich, sollte man für die erste Vorführung Kinder auswählen, die impulsive oder unsoziale Lösungen bringen, damit diese auf ihre Folgen hin untersucht werden können. Der Lehrer sollte jedoch *keine Darsteller* wählen, *deren natürliche Rolle der darzustellenden entspricht.* Man muß vorsichtig sein, daß die Klasse ein bestimmtes Kind nicht „typisiert“, wenn sie es für diese Rolle vorschlägt. Der Lehrer muß den Darstellern helfen, das „Gespür“ für die Rolle zu bekommen. Das kann durch Fragen geschehen: „Was für ein Mensch ist . . .? Wie fühlt er sich? In dieser Phase geht es um das „Anwärmen“ der Akteure, um sie auf ihre Rolle vorzubereiten. Sie müssen in der Lage sein, aus ihrer eigenen Rolle heraus in die eines anderen zu schlüpfen.

3. Den Schauplatz bereiten. Man braucht für das Rollenspiel nur *wenig Ausstattung.* Ein paar Stühle, ein Tisch und freien Raum für den Spielablauf genügen gewöhnlich. Fragen dazu könnten sein: „Wo spielt sich der Vorgang ab? – Welche Tageszeit ist jetzt? Was sollen die verschiedenen Darsteller tun?“

4. Darstellung. Der *Lehrer* beschließt, wann die Darstellung abzubrechen ist, er *führt die Spieler* und entscheidet, welche Lösungen dargestellt werden sollen. Manchmal verliert sich ein Kind in seiner Rolle, wird albern, oder weiß nicht, was es tun soll. Der Lehrer sollte das Rollenspiel dann anhalten und das Kind durch Fragen wieder auf die Sache konzentrieren: „Spielst du wirklich diese Person? – Was für ein Mensch ist . . .? Wir liegen ein wenig neben dem Problem, nicht wahr?“ Man sollte vermeiden, ein Kind wegen seiner Darstellung auszuschimpfen. Es muß dem Kind auch erlaubt sein, seine eigene Vorstellung über die Rolle auszuführen. Der Lehrer soll nicht zulassen, daß die anderen Schüler der Klasse dem Kind vorschreiben, was es tun soll. Sie werden später Gelegenheit haben, ihre eigene Auffassung zu verwirklichen.

Der Lehrer sollte sein Augenmerk darauf richten, *wie wirklichkeitsnah die Darstellung ist.* Die Unterstützung von Kindern ist notwendig, damit sie sich der verschiedenen Gefühle und Gedanken bewußt sind. Gib denen, die zur Erkenntnis beitragen, Anerkennung und ermutige die anderen, dasselbe beim nächsten Mal auch zu tun.

Manchmal bringt das Rollenspiel nicht das gewünschte Ergebnis. Vielleicht war das Problem für das Rollenspiel nicht geeignet und hätte besser in ein Gruppengespräch gepaßt. In so einem Fall bringt der Lehrer das Rollenspiel zum Abschluß, indem er einfach sagt: „Wir werden später darüber reden“, oder „Das ist alles für heute.“

Der Rest der Klasse wird vom Lehrer dazu angehalten, die Darsteller zu beobachten und dadurch Anteil zu nehmen. Die Beobachter werden gebeten, darauf zu achten, ob der Darsteller seine Rolle wirklichkeitsnah spielt, bzw. ob sich das wirklich ereignen könnte, welche Gefühle dargestellt werden und welche anderen Lösungen in den Sinn kommen.

5. Diskussion. Die der Darstellung folgende *Diskussion ist von größter Bedeutung.* In ihr lernen die Kinder, *Situationen zu analysieren,* und finden bei ihren Klassenkameraden Unterstützung und Opposition, wenn sie die verschiedenen Schlußfolgerungen und Lösungen in Erwägung ziehen. Die Beobachter haben eine größere Perspektive und können mehr *Alternativen* sehen. Sie sind auch objektiver in der Lage, die Folgen der Lösungen klarer zu erkennen. Nach diesen Empfindungen erkundigt man sich etwa so: „Wie glaubst du, fühlte sich X, während Sandra sprach?“ – Was vermutest du, warum Y das sagte?“ – Durch solche Diskussionen lernen Kinder etwas über Ärger, Frustration, Freundlichkeit etc.

6. Wiederholungsspiel. Neue Darsteller werden ausgewählt und die Situation wird mit einem anderen Ausgang noch einmal vorgeführt. Das kann beliebig oft geschehen, mit vielen verschiedenen Lösungen. Dann verstehen die Kinder, daß es für die meisten Probleme verschiedene Lösungsmöglichkeiten gibt. Sie gewinnen Einsicht in ihr eigenes Verhalten und das anderer, wenn sie aus der Rolle des Beobachters in die des Darstellers schlüpfen und wieder zurück. Nach jeder Darstellung muß eine Diskussionsphase folgen.

7. Verallgemeinerung. Die Rollenspielsitzung braucht einen Abschluß und Zeit für Transfer. Wenn die Erkenntnisse ausgetauscht und einander mitgeteilt werden, entdecken die Kinder die Grundsätze des sozialen Lebens. Sie verstehen, daß sie einander näher sind, wenn sie ihre Probleme teilen, daß sie Entscheidungen fällen und eine Auswahl treffen und entwikkeln bewußt ein differenziertes Wertsystem.

Für Leser, die mehr über Rollenspiel und Psychodrama erfahren wollen, sie die am Schluß des Buches angefügte Bibliographie eine Hilfe.

3.8. Direktmaßnahmen ergreifen

In diesem Kapitel wollen wir uns besonders mit *unmittelbaren Korrekturmaßnahmen* befassen, die im Klassenzimmer möglich sind. Man darf nicht vergessen, daß die Reaktion auf das Störverhalten des Kindes unmittelbar nach dem Auftauchen nur *ein* Aspekt der Bemühungen um Besserung sind. Lehrer müssen das Geschick entwickeln, auf ein unmittelbares Problem auf *konstruktive* Weise einzugehen. Die meisten Lehrer, sogar die erfahrensten, fühlen sich auf verlorenem Posten, wenn das Kind stört, trotzt, sich weigert, mitzuarbeiten.

Wir wollen mit verschiedenen Direktmaßnahmen fortfahren, wie sie von einem Lehrer beschrieben wurden. Hier ein Beispiel, wie man Störverhalten ignorieren kann.

Kurt, 6 Jahre alt, hatte die Aufgabe bekommen, die farbig gedruckten Wortkarten mit dem farblich übereinstimmenden Wort in einer Tabelle zusammenzufügen. Er hatte diese Aufgabe früher am Tag schon erfolgreich erledigt. Er hob die Hand und der Lehrer kam zu seiner Bank. Kurt sagte: „Ich kann es nicht.“ Der Lehrer ging weg. Kurt fing an, mit seinem Bleistift Geräusche zu machen, wälzte sich auf der Bank und jammerte mit einer hohen schrillen Stimme: „Ich kann es nicht. Ich kann es nicht.“

Was war Kurts *Ziel?* Zuerst mag es so scheinen, als ob er entmutigt sei und wirklich versuchte, den Lehrer mit seiner Unfähigkeit zu beeindrucken. (Ziel 4); aber er wollte nicht allein gelassen werden, so wie es bei einem sehr entmutigten Kind der Fall gewesen wäre. Die Frage ist nun, wollte er Aufmerksamkeit und Service, oder seine Macht zeigen? Auf Grund der Intensität seiner Störung könnte man vielleicht auf Ziel 2 tippen. Seine *Reaktion* auf die Behandlung zeigt jedoch klar an, daß er vom Lehrer Aufmerksamkeit wollte.

Der Lehrer fuhr fort, die Situation zu ignorieren, und Kurt steigerte sein störendes Benehmen. An dieser Stelle sagte der Lehrer: „Entweder du machst deine Aufgabe oder du gehst und stellst dich in die Ecke.“ Kurt wählte die Ecke. Als er bemerkte, daß die Gruppe an einem Vorhaben arbeitete, das er gewöhnlich sehr gern mitmachte, meldete er sich schnell und bat um die Erlaubnis, zu seinem Platz zurückkehren zu dürfen und seine Arbeit zu tun. Er hatte keine Schwierigkeit, die aufgegebene Übung zu erledigen.

Es fragt sich, ob es *die richtige Direktmaßnahme* war, ihn zu ignorieren, da es bessere Erwiderungsmöglichkeiten gibt, die später besprochen werden sollen. Auf jeden Fall gab der Lehrer Kurt eine Wahl, die als logische Konsequenz seiner Handlungsweise eingesetzt wurde. Kurts Reaktion erlaubte ein korrektives Feedback, welches die Diagnose Ziel 1 unterstützte. Maßnahmen, welche sich zwingend aus dem kindlichen Verhalten ergeben, sind nur bei Kindern mit Ziel 1 wirksam; in einem Machtkonflikt wird das Kind gewöhnlich sein Verhalten steigern. Kurt sprach auf das Vorgehen an, er erkannte, daß er mit seiner Taktik nicht weit kommt und gab deshalb seine Störung auf.

Nun ein Beispiel, wie man Schülerverhalten *in der Gruppe diskutieren* kann:

Winnie, 8 Jahre alt, wandte Rückzugstaktiken und Lernbehinderung an. Wenn sie mit einer Aufgabe konfrontiert wurde, die sie nicht besonders mochte, setzte sie eine ganze Skala von Verhaltensweisen ein, die ihr Unbeteiligtsein demonstrierten. Sie verstand sich auf die Kunst, ein undurchdringliches und ausdrucksloses Gesicht zu machen. Sie weigerte sich, ihre Arbeit zu tun und starrte geradeaus. Wenn man ihr Hilfe anbot, gab sie zu verstehen, daß sie nichts begreift, oder nicht weiß, wie es geht. Sie war so gut in ihrem Spiel, daß der Lehrer einige Zeit im Zweifel war, ob Winnie wirklich ihre Arbeit tun konnte oder nicht.

Die Beschreibung des Mädchens und die Maßnahme des Lehrers machen klar, daß Winnie sich in einem *Machtkonflikt* befindet. Der Lehrer scheint völlig auf verlorenem Posten bei der Frage, was er mit Winnie tun soll und fühlt sich besiegt. Zwei Elemente sind an seiner Niederlage beteiligt, nämlich, Winnies Weigerung, ihre Arbeit zu tun und die vom Lehrer zugegebene Unwissenheit darüber, ob Winnie wirklich die Arbeit nicht machen konnte. Winnies Benehmen nimmt die Form einer starken Passivität an und sie fordert den Lehrer heraus mit einem „Versuch es und bringe mich dazu, und ich werde dir zeigen, was ich dir antun kann."

Es ist wichtig, daß Winnies Ziel vom Lehrer verstanden wird und ebenso von der Klasse, denn die Gruppe wird dem Lehrer bei Winnies Problem helfen müssen. Das geschieht gewöhnlich im Gruppengespräch.

Als der Lehrer das Konzept der vier Ziele störenden Betragens in seiner Klasse eingeführt hatte, erkannten die Kinder selbst die Kategorie, in die sie gehörten. Ein Lehrer half seinen Schülern, die Ziele eines Kindes zu verstehen, indem er sie bat, für die Diskussion *eine kurze Beschreibung des Verhaltens* eines Kindes vor der Klasse abzugeben. Er forderte die Kinder nicht auf, ihr Betragen in der Schule zu beschreiben, aber auch nicht das zu Hause. Dort, innerhalb der Familienkonstellation entwickelt jedes Kind seine eigenen Schritte, um einen Platz zu finden, aber sein falsch verstandenes Ziel *muß* in der Schule *nicht dasselbe sein* wie zu Hause.

Wie man Schülerverhalten durch andere Schüler beschreiben lassen kann:

Hier sind einige Beispiele, wie Kinder in einer vierten Klasse zielgerichtetes Verhalten beschreiben:

Carmen brachte die Geschichte von Anja vor. Sie wollte nicht aufstehn, wenn ihre Mutter sie rief. Die Mutter kam immer wieder und sagte ihr, sie soll aufstehen, „Du wirst zu spät zur Schule kommen". Aber Anja stand nicht auf. Wenn sie endlich aufstand, war die Mutter besorgt, und half ihr beim Anziehen und Waschen. Dann gefiel Anja das Kleid nicht, das ihre Mutter für sie aussuchte. Wenn die Mutter sagte, sie solle sich selbst ein Kleid aussuchen, wußte sie nicht, welches sie nehmen sollte. Aber wenn ihre Mutter ein Kleid herausnahm, war es Anja wieder nicht recht. Schließlich war keine Zeit mehr, ein Pausebrot herzurichten, so daß die Mutter ihr 50 Pfennig geben mußte, damit sie sich in der Schule etwas kauft.

Nachdem Carmen die Geschichte vorgelesen hatte, folgte eine Diskussion. Alle Kinder stimmten zu, daß Anja gern ihre Mutter auf Trab halten möchte und daß sie eine Menge Aufmerksamkeit bekommt. Die Kinder empfanden, daß die Mutter Anja nachgab; sie sollte sie aufwecken, es dann aber ihr überlassen, ob sie aufsteht und sich selbst anzieht. Sie fanden auch, daß die Mutter ihr kein Kleid aussuchen sollte. Einige Uneinigkeit gab es hinsichtlich des Geldes für das Pausebrot. Einige Kinder meinten, daß die Mutter recht hatte, ihr das Geld zu geben; andere waren der Ansicht, sie hätte hungrig gehen sollen.

Emil beschrieb sich selbst. Emil ist 9 Jahre alt und geht in die vierte Klasse. Er ist kein so guter Schüler, wie sein Bruder, der in der 6. Klasse ist. Emil und sein Bruder raufen die ganze Zeit. Emil fängt immer mit dem Kampf an. Manchmal stellt er einen anderen Fernsehsender ein, während sein Bruder fernsieht. Wenn sein Bruder wieder zurückschaltet, fangen sie an, sich zu prügeln. Dann schreit die Mutter seinen Bruder an, weil er der Ältere ist und es bessern wissen sollte.

In der Diskussion sagen die Kinder, daß Emil nicht groß werden will. Er verhalte sich wie ein Baby. Vielleicht dachte er, daß sein Bruder gescheiter ist und seine Eltern deshalb auf ihn stolzer wären. Emil wollte mehr Aufmerksamkeit von seiner Mutter, und deswegen raufte er. Alle Kinder meinten, daß die Mutter sich nicht einmischen sollte, und daß es Emil recht geschähe, wenn sein Bruder ihn verprügelt. Aber sie waren der Ansicht, daß das nichts lösen würde. Sie schlugen vor, daß die Brüder ihren Konflikt besprechen und gemeinsam fernsehen.

Helma berichtete über Kim. Kim macht in der Klasse nie irgendeine Arbeit. Sie spielt immer mit irgend etwas auf ihrer Bank oder sie schwätzt. Der Lehrer erinnert sie viele Male daran, ihre Arbeit zu tun, aber sie macht es einfach nicht. Sie ist mit jedem böse und versucht, die anderen Kinder herumzuschubsen.

Die Kinder meinten, daß Kim dem Lehrer zeigen wollte, daß sie tun kann, was sie will. Sie glaubten, daß der Lehrer sie nicht an ihre Arbeit erinnern, sondern das Problem beim Klassenrat vorbringen sollte. Das Herumschubsen der Kinder bewirkte, daß Kim sich großartig vorkam. Sie hatten auch das Gefühl, daß Kim kein glückliches Kind ist, sonst wäre sie nicht die ganze Zeit ärgerlich. Vielleicht dachte sie, daß niemand sie mag, und deshalb wollte sie die anderen bestrafen und verletzen.

Offensichtlich waren diese Kinder darin *geübt,* psychische Vorgänge zu verstehen. Macht das ein solches Gespräch weniger wertvoll? Alles, was wir lernen, muß durch Wiederholung verstärkt werden. Da die Kinder, deren Fälle geschildert wurden, aus der Gruppe kamen, können diese Gespräche vielleicht jedem von ihnen geholfen haben, *sich über* sein *Verhalten bewußter zu werden.* Es war interessant zu bemerken, daß ein Kind *seinen eigenen* Fall vorbrachte. Man kann sicher sein, daß es sich über sein Ziel nicht völlig im klaren war.

Dasselbe Verhalten von Kindern kann völlig *verschiedenen Zielen zugleich dienen.* Zum Beispiel:

Arnold meldet sich, ob er nun etwas zu sagen hat oder nicht. Dann ruft der Lehrer ihn auf. Er steht auf und redet über irgend etwas Unsinniges. Er weiß das, aber es hindert ihn nicht daran, sein Betragen fortzusetzen. Alles, was er will, ist Aufmerksamkeit. Als der Lehrer Arnold das enthüllte, lächelte er; für einige Zeit war er zufrieden.

Rainer, der sich genauso benimmt, schaute den Lehrer ärgerlich an, als der ihn fragte, ob er Aufmerksamkeit sucht; er fuhr damit fort, zu unterbrechen und Unsinn zu reden. Der Lehrer fragte ihn: „Könnte es sein, daß du versuchst, uns zu zeigen, daß du der Boß sein mußt und daß ich dich nicht hindern kann zu reden, wann immer du Lust hast?“ Er grinste und hörte für eine Weile mit den Unterbrechungen auf.

Die *Reaktion* des Kindes auf die Interpretation *zeigt* gewöhnlich sein *Ziel* auf. Wenn die Enthüllung richtig war, antwortete es mit einem Erkennungsreflex. Die heftigere Reaktion von Rainer deutete auf einen Machtkonflikt, der bei Arnold nicht vorhanden war.

3.8.1. Schülern Konfliktstrategien vermitteln

Immer, wenn ein Kind stört, aktiv oder passiv, entsteht ein *Konflikt.* Eine solche Situation stellt die Fähigkeit des Lehrers auf die Probe. Ohne Geschicklichkeit in der Konfliktlösung setzen sich diese Konflikte fort, sogar dann, wenn vorübergehend Frieden hergestellt wurde. Die *Grundsätze* für das Lösen von Problemen *auf demokratische Weise* sind so wichtig, daß jeder Lehrer sie beinahe automatisch anwenden können muß.

Konflikte sind unvermeidlich, wenn Menschen zusammenleben. In der Vergangenheit konnten Konflikte nur durch einen Wettkampf gelöst werden. Der Stärkere gewann und entschied den Ausgang. Das ist in einer demokratischen Gesellschaft nicht mehr möglich. Die Ziele des Kindes zu erkennen und sie zu ändern ist ein integrierter Bestandteil des Problemlösens an sich. Wenn wir über die grundlegenden Prinzipien des Konfliktlösens einen Überblick geben, werden wir feststellen, daß manche von ihnen schon besprochen wurden, während andere noch der weiteren Klärung bedürfen.

Welches sind die Grundsätze?

1. Man kann einen *Konflikt nicht* mehr *durch Kämpfen oder Nachgeben lösen.* Kampf oder Übervorteilung verletzten die Achtung vor dem Kind und nachgeben, oder alles durchgehen zu lassen verletzten den Respekt vor dem Erwachsenen. In einer demokratischen Umgebung müssen Konflikte durch gegenseitige Achtung gelöst werden.

2. Einen Konflikt zu lösen erfordert, *das Problem im Kern zu treffen.* Unbeachtet seines Anlasses bedeutet er immer eine gestörte Beziehung. Obwohl die Gegner über einen bestimmten Punkt streiten, so benützen sie doch den Inhalt des Konflikts nur, um einander zu bekämpfen. Es ist immer die Frage, wer gewinnt und wer nachgibt, es geht um Status und Prestige, um persönlichen Vorteil oder Kränkung. Um genauer zu sein; der eigentliche Zweck hinter jedem Konflikt mit einem Kind ist eines der vier Ziele störenden Betragens. Bevor der Lehrer sich das nicht klar macht, kann er den Konflikt nicht verstehen. Wenn er nach den Ursachen sucht, die hinter dem Verhalten liegen, kann er weder das Kind, noch die Natur des Konfliktes erkennen.

3. *Alle Interaktionen zwischen zwei beliebigen Menschen sind gegründet auf Kommunikation und Kooperation.* Es gibt nie einen völligen Zusammenbruch der Kommunikation oder das Fehlen von Kooperation. Wenn man mit jemand kämpfen will, muß man zuerst diesen Wunsch mitteilen und dann eine Antwort vom Gegner erhalten, sonst kommt es zu keinem Kampf. Was immer zwischen zwei Menschen vorgeht, sei es positiv oder negativ, es bedarf der vollen Übereinstimmung. Wenn eine Mutter darüber klagt, was ihr Kind angestellt hat, fragen wir sie sofort nach ihrer Reaktion. Erst wenn wir wissen, was die Mutter tat, können wir wissen, warum das Kind sich verfehlt hat. Obwohl wir nicht die Macht haben, das zu ändern, was unser Gegner tut, können wir doch die Situation ändern, wenn wir unseren eigenen Anteil daran ändern. Unglücklicherweise kennt niemand die Rolle, die er spielt, man weiß nur, was der Gegner tut, und das ergibt keinen Sinn. In den meisten Fällen beklagt sich jeder über die anderen, die für seine mißliche Lage verantwortlich seien. Nur wenn wir darüber nachzudenken beginnen, was wir tun können, werden wir uns der gewaltigen Stärke und Macht bewußt, die wir alle haben und ausüben. Wenn die Lehrer einmal aufhören, den Schwarzen Peter weiterzugeben – das Kind zu beschuldigen, seine Eltern und das System oder die Gesellschaft für seine Schwierigkeiten mit dem Kind verantwortlich machen – dann können sie sich der vielen Mittel und Wege bewußt werden, durch die sie die Beziehungen zwischen sich und dem Kind ändern und seine Unzulänglichkeiten vermindern können.

4. Die Handlungen, die wir unternehmen, um einen Konflikt aufzulösen, müssen die Notwendigkeit berücksichtigen, *jeden an der Entscheidung* zu *beteiligen.* Der Lehrer kann nicht länger allein seinen Einfluß ausüben, er muß die Verantwortung mit den Kindern teilen. Ein Teil seiner Stärke ist die Fähigkeit, die Gruppe zu benutzen, ihn von seiner Verantwortung zu entlasten. Der erste und der letzte Schritt bei der Lösung von Konflikten wurden schon besprochen als Teil des Kapitels über den Aufbau eines demokratischen Verfahrens der Führung. Die Punkte 2, 3 und 4 bedürfen eines klaren

Verständnisses, wie man mit den 4 Zielen umgeht. Bei der Bewertung des Bemühens eines Lehrers, mit einer Konfliktsituation fertig zu werden, können die obengenannten Punkte als Maßstab dienen. Sie zeigen wirksame Wege auf und erklären Fehler, die durch die Verletzung der grundlegenden Prinzipien des Konfliktlösens verursacht wurden.

3.8.2. Direktmaßnahmen des Lehrers bei Ziel 1: Aufmerksamkeitsmechanismus

Einem Lehrer, der es mit den Forderungen eines Kindes nach ungebührlicher Aufmerksamkeit zu tun hat, bieten sich *zwei Möglichkeiten des Verhaltens.* Entweder er setzt das gegenwärtige Übereinkommen fort, durch das er dem Verlangen des Kindes nachgibt, oder er weigert sich und ignoriert die kindlichen Anstrengungen. Entscheidet man sich für die zweite Möglichkeit, so taucht die Frage auf: Wann ist diese Methode wirksam?

Das folgende Beispiel ist typisch dafür, wie das Ignorieren des störenden Betragens schon genügen kann, ein Kind zum Einstellen solcher Verhaltensweisen zu veranlassen.

In einem Arbeitskreis berichtete eine Lehrerin von der verblüffenden Wirkung, die sie durch das Ignorieren eines Kindes erreichte. In ihrer Vorschulklasse hatte sie einen Jungen und ein Mädchen, die immer besondere Aufmerksamkeit beanspruchten, wenn die Gruppe zum Geschichtenerzählen in einem Kreis saß. Der Junge ließ sich stets auf seinen Bauch fallen und sie mußte ihm sagen, daß er sich hinsetzen solle, was er auch tat, aber nicht für lange. Das Mädchen unterbrach immer mit törichten Fragen. Durch den Arbeitskreis fand die Lehrerin heraus, wie Kinder ihre Lehrer mit ihren Forderungen nach Aufmerksamkeit manipulieren, und sie wurde ärgerlich, als sie feststellte, wie die Kinder sie hereingelegt hatten. Daraufhin beschloß sie gleich hier und jetzt, daß sie den Mätzchen des Jungen und den Fragen des Mädchens keine Beachtung mehr schenken wollte. Als sie am nächsten Tag in ihre Klasse kam, konnte sie kaum glauben, was geschah. Der Junge legte sich nicht ein einziges Mal hin und das Mädchen unterbrach nicht einmal mit Fragen. Wie konnten sie wissen, daß die Lehrerin nicht mehr darauf reagieren würde? Kinder, besonders wenn sie noch sehr jung sind, wissen genau, wann das Spiel aus ist. Es hatte keinen Sinn, das störende Betragen fortzusetzen, wenn die Lehrerin nicht mehr darauf hereinfiel.

Die Fähigkeit kleiner Kinder, die *Situation richtig einzuschätzen* und zu wissen, was der Erwachsene tun wird, ist unglaublich. Kinder sind ausgezeichnete Beobachter, was der Grund dafür ist, daß sie mit Erwachsenen wirkungsvoll umgehen können, während die Erwachsenen nicht wissen, wie sie mit ihnen fertig werden sollen.

Das Kind zu ignorieren, kann das gewünschte Ergebnis bringen; manchmal jedoch setzt das Kind eine Weile seine Anstrengungen fort. In diesem Fall ist es vielleicht nicht ratsam, das Benehmen des Kindes weiterhin zu übersehen, weil es die Klassenatmosphäre und den Lernprozeß stört.

Der Lehrer kann dem Kind Aufmerksamkeit geben, wenn es danach strebt, aber auf eine Art, die nicht ein Weichwerden bedeutet. Jeder Lehrer muß diese Technik ausprobieren und dann entsprechend seinem eigenen Einfallsreichtum und seinem Temperament seine eigene Methode finden. Oft genügt es, ein Kind nur beim Namen zu nennen, aber ohne Kommentar, indem man es nur ansieht (Augenkontakt). Humor hilft ebenso. Wenn ein Kind auf störende Art seinem Nachbarn etwas zuflüstert, kann der Lehrer seine Neugier ausdrücken, aber ohne Zeichen von Zorn oder Ärgerlichkeit, die das Kind erwartet. Wenn ein Kind unaufmerksam ist, so ist das eine passive Methode, Aufmerksamkeit zu verlangen. Der Lehrer kann es nach seiner Meinung fragen über das, was er oder ein anderes Kind gesagt haben. Auf diese Weise lenkt er die Aufmerksamkeit des Kindes auf die Vorgänge in der Klasse, ohne das Kind wegen seiner Unaufmerksamkeit gerügt zu haben. Wenn ein Kind den Clown spielt, kann man kurz anhalten und die Klasse einladen, seiner Vorstellung zuzusehen. Das bedeutet nicht, daß man Clownereien ermutigt, aber man nimmt ihnen den Erfolg, den Lehrer zu ärgern.

Eine Technik hat oft plötzlich und manchmal auch anhaltende Ergebnisse gebracht. Gemeint ist das persönliche Gespräch zwischen Lehrer und Kind. Wenn der Lehrer mit Hilfe einer Reihe von Fragen das Kind mit seinem eigentlichen Ziel konfrontiert hat, wird es mit einem Erkennungsreflex antworten. Dann kann der Lehrer sich erkundigen, wie oft das Kind während der nächsten Stunde besondere Aufmerksamkeit erwartet. Die Antwort lautet meist: „Ich weiß es nicht." Der Lehrer wird dann vielleicht zehn- oder fünfzehnmal vorschlagen, je nach Häufigkeit des störenden Betragens. Das Kind denkt gewöhnlich, daß das viel zu viel ist, weil es wirklich nicht weiß, wie oft es stört. Nachdem ein Übereinkommen erreicht wurde, sollte der Lehrer auf jede Störung nur mit Zählen reagieren. Z. B.: Michael 1, und so fort. Obwohl keine Methode immer wirkt, und das eine Kind auf dasselbe Verhalten nicht so gut anspricht wie ein anderes, erwies sich der eben beschriebene Vorgang gewöhnlich als wirksam.

Es ist interessant festzustellen, daß manchmal ein Lehrer mit dieser Methode keinen Erfolg hat und nicht erkennt, wie er seine eigenen Absichten zunichte macht. Ein erfolgloser Lehrer beschrieb uns sein Vorgehen. Er wandte sich an das Kind mit der Bemerkung: „Michael, das ist das erste Mal, daß ich dich ermahnen muß" und bald darauf: „Michael, das ist das zweite Mal, daß ich dich ermahnen muß"; dem Kind machte es Spaß, die ganze Prozedur durchzugehen und den Lehrer in Bewegung zu halten. Warum erreichte er nichts? Erstens redete er *zuviel* und zweitens enthielten seine Worte eine deutliche *Mahnung*. Beides führt unweigerlich dazu, daß die Bemühungen des Lehrers *fehlschlagen.*

Lehrer tun vieles, das ihre eigene Wirksamkeit untergräbt. Ein Lehrer traf z. B. mit dem Kind das Abkommen, daß er jede Störung auf einem Blatt Papier notiert. Natürlich hatte das Kind seine Freude daran und hielt ihn fleißig am Schreiben, bis er es satt hatte und die Prozedur aufgab. Ein anderer Lehrer machte ein Zeichen an die Tafel, wenn das Kind störte. Das Kind genoß dies. Man mag fragen, was der Unterschied ist zwischen Zeichen und Wort.

Der Unterschied liegt darin, daß das Kind seine Befriedigung hat, wenn es den Lehrer damit beschäftigen kann, auf die Tafel zu schreiben. Es ist der ungebührlichste Service, den es will und bekommt. Wenn der Lehrer nur Namen und Nummer nennt, ist das eine begrenzte Aktion. Die Erfahrung zeigt, daß das nicht die Art von Aufmerksamkeit ist, die das Kind will.

Bei folgenden Beispielen ist das Ziel Aufmerksamkeit:

1. Während die Kinder aus der Pause ins Klassenzimmer strömten, blieb Angelika auf dem Gang. Als die Kinder den Lehrer über diese Tatsache informierten, sagte er zu ihnen, daß das Angelikas Vergnügen sei, und die Klasse sollte es ihr nicht verderben.

Nach einigen Minuten des Wartens, kam Angelika ins Zimmer herein, stand an der Tür, lang genug, daß alle sie sehen konnten, und ging dann wieder hinaus in den Gang. Diesen Vorgang wiederholte sie mehrere Male. Während der ganzen Zeit machte sich der Lehrer über seine Arbeit und schenkte ihr keine Beachtung.

Angelika ging ein paarmal hinein und hinaus, und kehrte dann zu ihrem Platz zurück und machte mit ihrer Arbeit weiter. Als der Lehrer an ihrer Bank vorbeiging, lobte er sie lediglich für ihre saubere Schrift.

2. Beatrice, eine Schülerin des 4. Schuljahres, überraschte und schockierte die Kinder in der Klasse wegen der langen, baumelnden Ohrringe, die sie trug. Zuerst beschloß der Lehrer, das zu übergehen und hoffte, daß die Kinder auch bald nicht mehr darauf achten würden. Der unterdrückte, aber aufgeregte Lärm hielt jedoch an. Jeder wollte die Ohrringe sehen und berühren. Der Lehrer lud daraufhin Beatrice ein, vor die Klasse zu treten, so daß jeder sie sehen konnte.

Er fragte Beatrice, wo sie die Ohrringe her hat und erfuhr, daß sie ihrer älteren Schwester gehörten und daß sie diese ohne das Wissen ihrer Schwester genommen hatte. Der Lehrer schlug vor, daß Beatrice die Ohrringe eine Weile tragen könnte. Wenn sie wollte, würde er sie dann an einem sicheren Platz verwahren und am Ende des Unterrichts zurückgeben. Nach einer Stunde gab Beatrice dem Lehrer ihre Ohrringe.

Diese beiden Vorfälle hätten sich zu größeren und zeitraubenderen Problemen entwickeln können. Die falschen Vorstellungen dieser Kinder darüber, wie sie Aufmerksamkeit erhalten könnten, hätte sich durch eine falsche Aktion nur verstärkt.

Es gibt einen Grundsatz, dem man folgen kann. Eine störende Form, Aufmerksamkeit zu erlangen, kann in eine konstruktive umgewandelt werden, eine passive in eine aktive bis das Kind nicht mehr die Notwendigkeit fühlt, besondere Aufmerksamkeit erhalten zu müssen, um einen Platz zu erhalten. Es kann Anerkennung bekommen für nützliche Bemühungen und Leistungen – aber bis wir das erreicht haben, müssen wir uns hüten, auf die Provokationen hereinzufallen. Jedes Ermahnen, Maßregeln oder Drohen verletzt den ersten Grundsatz des Problemlösens, weil hier ein Kriegszustand geschaffen wird. Diese Verhaltensweisen hindern den Lehrer, dem Kind zu helfen, sein Gefühl der Unzulänglichkeit zu überwinden und Selbstvertrauen an seinem Platz in der Gruppe zu entwickeln. Letzteres ist eine Vorbedingung dafür, daß das Kind gern teilnimmt, ohne um seinen Status besorgt zu sein. Seinen Teil beizutragen zur Zufriedenheit und Nützlichkeit ist die Basis sozialer Ordnung und geistiger Leistung.

Hier ist ein wichtiger Punkt, dessen sich wenige Lehrer bewußt sind. Ein besonderes *Werben um Anerkennung muß nicht durch störendes Betragen ausgedrückt werden.* Viele Kinder bekommen mit Erfolg besondere Aufmerksamkeit durch konstruktive Mittel, indem sie hervorragende Schüler sind, sich wohlverhalten und kooperativ sind. Sie lernen *nicht aus Freude, sondern um der Anerkennung willen,* die sie erhalten. In vielen Fällen sind sie die Lieblinge des Lehrers. Seine Freude über ein angenehmes Kind ist besonders dann schlecht beraten, wenn das Kind seine ungebührliche Aufmerksamkeit durch passive Methoden erreicht, dadurch, daß es nur charmant, anhänglich oder drollig ist, ohne einen wirklichen Beitrag zu leisten.

In unserer Wettbewerbsgesellschaft machen wir zwangsläufig große Worte um den Erfolgreichen und merken nicht, wieviel Leid wir damit anrichten. Viele Lehrer fallen auf solche Bemühungen herein, ohne den Schaden für das Kind zu erkennen. Viele ausgezeichnete Schüler sind äußerst empfindlich. Sie können nur arbeiten, wenn sie Anerkennung erhalten und an der Spitze sind. Wenn sie beim Spielen ihrer überlegenen Rolle auf ein Hindernis treffen, geben sie womöglich auf einen Schlag alles auf . . . Viele, die nicht alles erreichen, sind überehrgeizig, und geben das Lernen auf, wenn sie glauben, daß sie sich nicht auszeichnen können. Um sich wichtig zu fühlen, wenden sie sich vielleicht anderen und oft destruktiven Methoden zu.

3.8.3. Direktmaßnahmen des Lehrers bei Ziel 2: einen Machtkampf auslösen

Ist es bereits schwierig genug, der *Provokation* des Kindes *zu widerstehen,* wenn es Aufmerksamkeit sucht, so ist es sogar noch schwieriger, *sich zurückzuhalten, wenn es um Macht kämpft.* Eine immer steigende Zahl von Kindern widersetzen sich dem Lehrer, sowohl durch ihr Verhalten, als auch durch ihre Weigerung zu lernen, und nur sehr wenige Lehrer sind in der Lage, mit dieser Tatsache fertig zu werden. Sie sind weder persönlich, noch emotionell oder ideologisch darauf vorbereitet, sich herauszuhalten aus einem Machtkampf mit einem Kind, das ihre Autorität und ihr Prestige bedroht. Zu tief sind die meisten Lehrer noch in autokratischer Tradition verhaftet, die vorschreibt, daß man den Kindern zeigen muß, daß ihr Benehmen nicht geduldet wird. Unglücklicherweise vermitteln die gegenwärtigen Methoden im Umgang mit Kindern den Eindruck, daß Lehrer mit jedem Benehmen durchkommen, das sie wählen, und daß niemand sie aufhalten kann. Auf diese Weise wird der Krieg zwischen Erwachsenen und Kindern intensiver, wobei die Kinder aus ihrem Verständnis von Gleichwertigkeit heraus nicht länger willens sind, sich Befehlen zu unterwerfen. Lehrer werden überrascht lesen, daß niemand mit einem Kind kämpfen soll. Viele glauben ganz im Gegenteil, daß man auf seiner Autorität bestehen muß. Wenige Lehrer erkennen, daß sie nicht an Ansehen verlieren, wenn sie ihre Niederlage offen zugeben. Wir müssen die Tatsache anerkennen, daß die Macht eines Erwachsenen über ein Kind der Vergangenheit angehört. Das funktioniert in unserer gegenwärtigen Gesellschaft nicht mehr, in der Kinder neue Freiheit erobert haben. Deshalb leuchtet es ein, daß sie auf traditionelle Disziplinmethoden nicht reagieren.

Das *erste Hindernis* gegen die Lösung eines Konflikts ist die weitverbreitete Annahme, *daß man das trotzige Kind bändigen* und dazu bringen *muß,* die Forderungen Erwachsener anzunehmen. Das *zweite Hindernis* ist die *persönliche Verwicklung des Lehrers in den Machtkonflikt.* Man kann sich nicht daraus befreien, wenn man ein Gefühl der Unzulänglichkeit hat und um das eigene Prestige besorgt ist. Kein Konflikt kann gelöst werden, solange man Angst hat, gedemütigt, übervorteilt und persönlich besiegt zu werden. Wenn man sich von solchen Erwägungen frei machen kann, wird man sehen, wie erstaunlich einfach es ist, der Macht eines Kindes zu widerstehen, das uns in einen Kampf hineinzwingen will. Es ist klar, daß Menschen mit einer bestimmten Persönlichkeitsstruktur mit solchen Kindern größere Schwierigkeiten haben. Der eine Lehrer nimmt die Herausforderung an, kämpft und wird immer wieder besiegt; ein anderer bleibt ruhig und gefaßt und gewinnt unter Umständen die Kooperation des Kindes. Nachdem ein Lehrer sich entschlossen hat, *beides zu vermeiden,* das *Kämpfen ebenso wie das Nachgeben,* ist das der *erste Schritt zur Konfliktlösung* und er kann sich mit den anliegenden Problemen beschäftigen. Was läßt ein Kind um Macht kämpfen?

Ein machtbesessenes Kind ist immer ehrgeizig, aber sein Ehrgeiz ist fast ausschließlich darauf gerichtet, die Macht derjenigen zu brechen, die es zu unterdrücken suchen. Es ist schwieriger für ein überehrgeiziges Kind, in Wissen und Sozialrang an erster Stelle zu sein, aber der Erfolg, den Lehrer zu besiegen, bringt ihm unter Altersgenossen einen beachtlichen Status. Natürlich handelt es sich hier um eine falsch verstandene Vorstellung davon, wie man Bedeutung erlangen kann, aber die krampfhaften Anstrengungen der Autoritätspersonen, jeden Anschein von Widerstand oder mangelnder Anpassung zu unterdrücken, verschaffen gerade den Schülern tiefere Genugtuung, die laut nach ihren vermeintlichen Rechten schreien.

Der *nächste Schritt* bei dem Bemühen, Konflikte zu lösen, ist *die Erkenntnis,* daß wir *nicht Änderungen von den Kindern verlangen* können, *solange wir entschlossen sind, den Konflikt auszufechten,* denn wir zeigen mit dieser Haltung in gewissem Sinn eine unbewußte Zustimmung zum Kampf. Der Grad der Rebellion steht gewöhnlich in direktem Verhältnis zum Ausmaß des autokratischen Drucks; beide Parteien sind sich in ihren destruktiven Bemühungen ähnlich und ebenbürtig. Es ist schon fast komisch, wenn man die Klagen der Lehrer über ihre Schüler mit denen der Schüler über die Lehrer vergleicht. Jeder sieht, was der andere falsch macht und keiner hat eine Vorstellung, was er dagegen tun könnte. In unseren Gemeinden finden wir sehr unterschiedlich Meinungen und Einstellungen zu diesem Problem. Viele Leute stellen sich auf die Seite des Vorgesetzten, die an autoritären Grundsätzen festhalten; dann gibt es jene, die sich auf die Seite der Schüler stellen und sie in ihren Forderungen unterstützen. Der Klaßlehrer wird entweder von den Eltern aufgefordert, einen Schüler, der nicht lernen will, unter Druck zu setzen, oder er wird für seine strafende Härte verurteilt.

Jeder Lehrer muß diesen Konflikt mit sich selbst ausmachen. Statt die Schuld für seine Schwierigkeiten den Schülern und deren Eltern zuzuschieben, kann er alle Mittel ausprobieren, die ihm zur Verfügung stehen, um die Situation zu ändern. Wir haben schon über die Notwendigkeit der Beteiligung am Entscheidungsprozeß gesprochen, um durch ein Gruppengespräch die Wertvorstellungen der Schüler zu ändern, was gleichzeitig zum Erreichen von Übereinstimmung über das Vorgehen in Konfliktsituationen beitragen kann. Die entscheidende Frage ist jedoch: Was kann ein Lehrer in der unmittelbaren Situation tun, wenn er durch ein trotziges, auf Macht erpichtes Kind herausgefordert wird? Wir können *unterscheiden zwischen* der *unmittelbar notwendigen Handlung und* der *Lösung der Konflikte.*

Der erste Schritt heißt, Kampf zu vermeiden. Der Lehrer kann seine Niederlage offen eingestehen. Das ist weit davon entfernt, das Streben des Kindes nach Macht zu fördern und wird es eher dazu bringen, aufzugeben. Es hat keinen Sinn, eine Autoritätsperson herauszufordern, die sich nicht herausgefordert fühlt. Der Lehrer kann den Druck der Gruppe benützen, um einen Unruhestifter zu beruhigen. Der Druck der Altersgenossen ist wirksamer als der des Lehrers. Wenn die ganze Klasse außer Rand und Band ist, kann der Lehrer das Klassenzimmer verlassen und den Schülern sagen, daß sie ihn rufen sollen, wenn sie soweit sind. Das erfordert natürlich die Zustimmung des Schulleiters. Es bewährt sich nur bei jüngeren Kindern, denn die Teenager-Rebellion ist gewöhnlich so ausgeprägt, daß so eine einfache Methode wenig Wirkung haben wird. Um Kampf zu vermeiden und etwas zu erreichen, müssen Lehrer und Schüler zu einer neuen Übereinstimmung kommen. Obwohl das nicht durch Forderungen gelingen kann, wird es wohl möglich werden durch das offene und freimütige Eingeständnis des Lehrers, daß er Hilfe braucht. In der Tat ist er auf das einzelne Kind und die Klasse angewiesen. Er kann dem Kind in einem persönlichen Gespräch erklären, daß er nicht die Absicht hat, zu kämpfen. Das entwaffnet oft das Kind. Ein Appell an seine Intelligenz, Mitgefühl und Unterstützung ist im allgemeinen wirkungsvoller als irgendeine Drohung oder Demonstration von Autorität. Wenn der Lehrer dem Kind dessen Ziele aufzeigen kann, bringt er es von der Überzeugung ab, daß es nichts als ein schlimmes Kind ist und öffnet Tür und Tor für Alternativen. Kinder erkennen selten die schwierige Lage des Lehrers und sind sich nicht bewußt, daß sie ihn provozieren. Wenn man dem Kind das Gefühl gibt, daß es in seiner Macht steht, dem Lehrer bei seiner schwierigen Aufgabe zu helfen, kann das Kind auf konstruktive Weise zu dem Eindruck kommen, daß es wichtig ist und Einfluß hat.

Derselbe Vorgang ist mit der ganzen Klasse notwendig. Ein störendes Kind ist nicht nur für den Lehrer, sondern auch für die ganze Klasse ein Problem. Zur Zeit intensivieren die meisten Lehrer, bewußt oder unbewußt, die Spannungen unter ihren Schülern, besonders zwischen den guten und schlechten, den langsamen und fortgeschrittenen. Wie man mit irgendeinem Kind fertig werden soll, kann durch das Klassengespräch entschieden werden. Der Lehrer muß als Leiter den Mitgliedern der Klasse helfen, eine konstruktive Lösung zu finden.

3.8.4. Direktmaßnahmen des Lehrers bei Ziel 1 und 2: Aufmerksamkeitsmechanismus und Auslösung eines Machtkampfes

Während der Musikstunde, als der Lehrer den Rhythmus eines Liedes vorführen wollte, nahm Jahn zwei Belistifte und trommelte fortwährend auf ein Buch. Der Lehrer hörte auf zu spielen und wollte wissen, wer das trommelt. Niemand antwortete, und so nahm er sein Spiel wieder auf. In diesem Augenblick begann auch das Trommeln wieder. Der Lehrer, der aufgepaßt hatte, erwischte Jan auf frischer Tat. Er schimpfte und forderte Jan auf, seine Bleistifte unter die Bank zu legen. Jan rührte keinen Finger, machte keine Anstalten, der Anordnung Folge zu leisten. Der Lehrer ersuchte ihn noch einmal. Dieses Mal stützte Jan die Ellenbogen auf die Bank, grinste und hob die Bleistifte hoch, so daß jeder sie sehen konnte. Wütend schnappte der Lehrer die Bleistifte, warf sie unter die Bank und verlangte, daß Jan das Grinsen auf seinem Gesicht verschwinden läßt. Jedermann beobachtete das Spektakel erwartungsvoll und mit Spannung. Jan grinste weiter. Noch einmal befahl ihm der Lehrer, damit aufzuhören. Er drohte, ihn zum Rektor zu bringen, wenn er weiter ungehorsam ist. Da Jan keinerlei Neigung zeigte, sein Benehmen zu ändern, packte ihn der Lehrer fest am Arm, versuchte, ihn aus der Bank zu ziehen und verlangte dabei, daß er mit ihm zum Schulleiter kommt. Jan machte sich steif und leistete Widerstand. Ein Tauziehen zwischen dem Lehrer und dem Jungen begann.

Bei diesem Vorfall hätte die Lage harmloser sein können, aber wegen der Unfähigkeit des Lehrers, Jan zu verstehen, und wegen seiner Ungeschicklichkeit, ihn zu behandeln, wurde daraus eine Staatsaktion. Der geschickte Lehrer hätte mit Jan nur sehr wenig Ärger gehabt. Er hätte die Episode mit einer der folgenden Techniken in den Griff bekommen und dabei höchstwahrscheinlich bessere Ergebnisse erzielt.

1. Der Lehrer fragt Jan, ob er den Rhythmus vormachen und dabei seine Bleistifte als Trommelhölzer benutzen möchte. Er hätte auch vorschlagen können, daß er die wirkliche Trommel im Wandschrank benutzt.
2. Er schlägt vor, daß Jan den Rhythmus mit ihm im Takt schlägt, der Lehrer auf dem Klavier und Jan auf der Trommel oder mit seinen Bleistiften.
3. Er bietet an, daß sie abwechseln, Jan auf der Trommel und der Lehrer mit den Bleistiften.

Eine unerwartete und *freundliche Reaktion* hätte der Befriedigung, die Jan aus dem Widerstand gegen den Lehrer zog, den ganzen Reiz genommen; er wäre vielleicht mit der Aufmerksamkeit vom Lehrer und der ganzen Klasse zufrieden gewesen.

Angenommen, Aufmerksamkeit allein hätte nicht genügt, und Jan hätte mit seinem störenden Benehmen trotzdem weitergemacht, so hätte ein Lehrer mit *Verständnis für das zielgerichtete Verhalten eines Kindes,* das sich schlecht benimmt, erkannt, daß Jan darauf aus war, ihm und jedem in der Klasse zu zeigen, daß er Herr der Lage sein wird. Mit dieser Erkenntnis würde der Lehrer sich sofort zurückgezogen haben aus jedem Machtvergleich, indem er Jan sagt, daß er machtlos ist, ihn aufzuhalten.

Was hätte der Lehrer sonst noch tun können? Er hätte sagen können:

> Jan, laß uns mal sehen, ob wir nicht einen Weg finden, daß du tun kannst, was du willst, ohne daß dich jemand stört und daß ich tun kann, was ich will, ohne gestört zu werden. Auf diese Weise übt keiner auf den andern Zwang aus. Warum gehst du nicht auf den Gang hinaus und trommelst, bis du genug hast? Dann bitte komm zurück und schließ dich uns wieder an.

Er hätte seine Stunde unterbrechen und der Klasse mitteilen können, daß er warten wird, bis Jan ihm sagt, er solle weitermachen. Auf diese Weise hätte er die Verantwortung dafür, ob die Klasse Musik hat oder nicht, in Jans Hand gelegt. Obwohl das nicht immer erfolgversprechend ist, reagiert das Kind doch in vielen Fällen günstig, weil es den indirekten Druck der Gruppe spürt. Die Sache hört auf, seine Privatangelegenheit zu sein und betrifft jeden in der Klasse.

Wenn keine dieser Möglichkeiten wirkt, kann sich der Lehrer an die ganze Klasse wenden, etwa mit den Worten:

> „Jungen und Mädchen, ich bin machtlos. Ich würde gern mit meiner Stunde weitermachen, aber ich kann nicht. Ihr habt vielleicht mehr Erfolg als ich, um mit dieser Lage fertig zu werden. Ich bin draußen vor der Tür, während ihr dieses Problem besprecht. Wenn die Klasse wieder bereit ist, mit der Stunde weiterzumachen, dann schickt jemanden, der mich ruft.“

Ob man das Klassenzimmer verlassen darf, hängt von der Schulordnung ab. Es ist immer sehr wirkungsvoll, wenn der Lehrer das Klassenzimmer verläßt. Wenn das nicht erlaubt ist, kann er sich hinsetzen und warten.

Wenn er sich aus der Provokation zurückzieht, nimmt der Lehrer automatisch Jans Spiel den ganzen Spaß. Indem er das Problem der Klasse übergibt, macht er den Kindern bewußt, daß dieses Problem alle angeht, und daß alle die Verantwortung teilen, es zu lösen.

Einige Lehrer werden argumentieren, daß diese Prozedur Jan ein Siegesgefühl gibt. Ein solches Argument bestätigt nur die These, daß Lehrer oft mehr um ihr *eigenes Prestige besorgt* sind, als um die Notwendigkeit, Kinder sowohl zum Verständnis von Ursache und Wirkung ihres Verhaltens zu erziehen, als auch zur Einsicht in die Macht, die die Gruppe über den Einzelnen hat. Je mehr der Lehrer um sein eigenes Wohl besorgt ist und es nötig hat, dem Kind zu zeigen, wer das Kommando führt, desto mehr Widerstand wird das Kind leisten. Am Ende ist der Lehrer der Verlierer.

Der Machtkampf zwischen Lehrer und Schüler kann viele Formen annehmen. Sehr oft schauen die Kinder auf den Lehrer herunter, aus welchem Grund auch immer, um ihre Überlegenheit zu zeigen. Das ist für den Lehrer schwer zu ertragen. Er sollte der Überlegene sein. Hier ist ein interessantes Beispiel:

Nick, Schüler einer 12. Klasse muß jeden Erwachsenen, mit dem er in Kontakt kommt, an Schlauheit übertreffen. Sein Bedürfnis, sich überlegen zu fühlen, ist so stark, daß er Stunden usw. damit verbringt, Pläne auszuklügeln, wie er dieses Ziel erreichen kann. Er geht zur Bücherei, schlägt Definitionen nach und Informationen über nebensächlichen Fachstoff und konfrontiert dann den Lehrer mit Fragen wie: „Was für ein Kleid trug Josephine, als sie Napoleon heiratete?“ Da der Lehrer diese Frage nicht beantworten kann, rückt Nick mit seiner Information heraus und beweist der ganzen Klasse seine Überlegenheit. Er zeigt seine Macht auch, indem er sich weigert, korrekt zu schreiben, denn niemand habe das „Recht“, ihm zu sagen, daß ein Wort genau auf diese Art geschrieben werden muß. Er führt an, daß irgend jemand einmal die Rechtschreibregeln aufgestellt hat; diese Person war jedoch nicht berechtigt, sie anderen aufzuzwingen –. Er, Nick, hat durchaus das Recht, seine eigenen Rechtschreibregeln aufzustellen.

Hier ist die Ablehnung von Regeln und Ordnung natürlich absurd; fast lächerlicher ist die Art, wie er dem Lehrer seine Überlegenheit demonstriert. Jeder Versuch, ihn zur Vernunft zu bringen ist hoffnungslos, weil er jeden mit seiner Cleverness überbieten will. Der einzige Weg, mit ihm umzugehen ist, ihm sein übertriebenes Bedürfnis nach Überlegenheit klar zu machen und seinen Erfolg anzuerkennen. Er würde wenig Vergnügen haben an seinem mühsamen Versuch, eine Überlegenheit zu beweisen, die nicht bestritten wird. Wichtiger ist jedoch die Form seiner Rechtfertigung gegen das Akzeptieren einer Ordnung, in diesem Fall der Rechtschreibregeln. Das ist das ernstere Problem, denn viele Kinder und ebenso Erwachsene nehmen an, daß Demokratie heißt, daß jeder tun kann, was er will. Das ist nicht Demokratie, sondern Anarchie und hier liegt die Ursache der Anarchie, die man in vielen Klassen antrifft. Dem Machtdruck standzuhalten, sei es in Worten oder Taten, bedeutet eine Prüfung für die pädagogischen Fähigkeiten des Lehrers. Der Lehrer muß das Recht seiner Schüler anerkennen, sich am Aufstellen der Regeln zu beteiligen, soweit die Situation das zuläßt, er muß sie aber auch dazu führen, die Einschränkungen durch die Realität zu erkennen. Solche Gespräche können bei der Bildung eines Wertsystems, mit dem die Kinder anschließend operieren, einen bedeutenden Einfluß haben. Ein solches Gespräch kann nur zustandekommen, wenn der Lehrer sich weigert, sich in einen Machtkampf verwickeln zu lassen.

3.8.5. Direktmaßnahmen des Lehrers bei Ziel 3: Vergeltungsstreben

Der Wunsch nach Macht und der nach Vergeltung können leicht ineinander übergehen. Wenn ein Kind überzeugt ist, daß es das Recht hat, zu tun, was ihm gefällt, und daß jeder, der es daran zu hindern sucht, ein Feind ist, kann es sich zur Vergeltung entschließen. Das wird eher der Fall sein, wenn der Lehrer auf seine Machtbestrebungen mit Strafe geantwortet hat, denn dann wird das Kind an den Punkt kommen, an dem es mit Vergeltung ebenfalls strafen will. Mit einem machtbesessenen Kind fertig zu werden, bildet *eines der ernsthaftesten Probleme* für einen Lehrer. Solch ein Kind ist der Vernunft fast unzugänglich. Überzeugt, daß es hoffnungslos unbeliebt ist, und in der Gruppe keine Chance hat, reagiert es mit tiefem Mißtrauen auf jeden Versuch, ihm das Gegenteil zu beweisen. Der Lehrer ist allen Arten ausgeklügeltster Provokationen ausgesetzt, was es ihm erschwert, das Kind zu überzeugen, daß es etwas wert ist und geliebt werden kann.

In solch einem Fall kann die Klassengruppe eine große Hilfe sein, aber auch ein gefährlicher Komplize. Gute Schüler werden sich eifrig mit dem Lehrer solidarisieren zu einer vereinigten Front gegen den Störenfried. Zu oft akzeptieren die Lehrer diese Allianz, weil sie das Gefühl haben, beim Umgang mit solchen Provokationen versagt zu haben. Auf diese Weise verschärft die Haltung der guten Schüler das Problem, anstatt es zu lösen.

Kann man ein rachsüchtiges Kind mit Achtung behandeln? Es scheint fast abwegig, das zu erwarten. Andererseits können wir Probleme nur mit gegenseitiger Achtung lösen. Hier ist das kulturelle Umfeld entscheidend. In unserer Wettbewerbsgesellschaft schauen wir auf jeden herunter, der Unrecht hat und in unseren Schulen, besonders in den Leistungskursen, schaffen wir eine neue Klasse intellektueller und moralischer Snobs. Man kann einem rachsüchtigen Kind nicht helfen, solange man nicht begreift, wie sehr es leidet. Der Schmerz, den es fühlt, treibt es dazu, andere zu verletzen. Aus diesem Grund muß der Lehrer eine Haltung entwickeln, die Verständnis und Beistand ausdrückt. Sie mag schwierig zu erwekken sein, aber sie ist wesentlich, nicht nur zum Wohl des gestörten Kindes, sondern auch für die Moral der ganzen Klasse. Anstatt einen gegen den andern auszuspielen, müssen wir die Kinder lehren, daß jeder seines Bruders Hüter ist.

Ein Lehrer, der es gut meint, begibt sich aufs Glatteis, wenn er ein gestörtes Kind bevorzugt behandelt, um ihm zu zeigen, daß es geliebt und geachtet werden kann. Auf diese Weise kann man einen guten Einfluß ausüben, – aber mit welchem Aufwand. Das Verhalten des Lehrers vertieft die Kluft zu den übrigen der Klasse, die solch eine Vorzugsbehandlung übelnehmen und macht es jedem anderen Lehrer unmöglich, von diesem Kind akzeptiert zu werden, solange er ihm nicht dieselbe Aufmerksamkeit schenkt.

Der Lehrer kann einen Schüler, insbesondere einen, der großes Ansehen genießt, um Hilfe bitten, bei dem Problem, sich für den Außenseiter besonders zu interessieren, ihn in die Gruppe einzubeziehen und ihm zu zeigen, daß er geschätzt wird. Auf diese Weise ist es oft möglich, eine Brücke zu bauen über die mit Haß und Furcht beladene Barriere, die das Kind zwischen sich und der Gesellschaft errichtet hat. Ein Soziogramm kann oft helfen, bessere Beziehungen herzustellen. Lehrer und Kinder müssen sich bei diesem Bemühen gegenseitige moralische Unterstützung geben, damit sie nicht entmutigt werden. Der Widerstand, den ein rachsüchtiges Kind angesichts von Freundlichkeit und Güte zeigt, ist verständlich, aber auch schwer auszuhalten. Jemandem zu beweisen, daß man sein Freund sein möchte, wenn derjenige davon überzeugt ist, daß man niemandem trauen kann, erfordert Kraft und Beharrlichkeit. Oft, in einem Moment, in dem man schon glaubt, das Vertrauen des Kindes gewonnen zu haben, stellt es einen auf die unerhörteste Weise auf die Probe. Hier ist ein Beispiel.

Tom, 15 Jahre alt, war ein Quälgeist und dafür in der ganzen Schule berüchtigt. Seine Zerstörungswut setzte er so raffiniert ein, daß sie immer in einem kritischen Augenblick auftrat. Die Kinder wollten ein Spiel vorführen. Am Abend davor zerstörte Tom das Klavier oder ein andermal die Kulissen. Nach einer Beratung mit der Schulleitung wurde empfohlen, daß der Lehrer, der mit der Theatergruppe betraut war, sich Toms annehmen sollte, da seine Zerstörungsakte sein Interesse am Theater zeigten. Der Lehrer sollte Tom beim Bühnenaufbau usw. helfen lassen.

Eine Weile schien es so, als wäre das wirklich das Ei des Kolumbus. Tom war interessiert an dem, was getan wurde und enthielt sich jeder Störung. Dann geschah etwas Sonderbares. Der Lehrer konnte es nicht verstehn. Während er mit Tom arbeitete, legte er seine Uhr auf den nächstbesten Tisch. Plötzlich ergriff Tom die Uhr und steckte sie in seine Tasche. Der Lehrer wußte nicht, was er tun sollte. Er sagte Tom, daß jemand seine Uhr genommen haben mußte. Tom war wütend. Wie konnte jemand so etwas tun? Der Lehrer schlug dann vor, sich nach jemandem umzusehen, der die Uhr genommen hat. So gingen sie durch die Schule und versuchten, herauszufinden, wer die Uhr genommen hatte. Schließlich konnte Tom es nicht mehr länger aushalten, gab die Uhr zurück und sagte: „Sie haben die ganze Zeit gewußt, daß ich sie genommen hatte." Das war seine letzte Provokation. Aber was hatte das zu bedeuten?

Das war ein gezielter Test, den der Lehrer mit Glanz und

Gloria bestand. Normalerweise hätte man Tom aufgefordert, die Uhr sofort zurückzugeben, was zu einem großen Kampf gefüht hätte. Tom würde die Tat abgestritten haben trotz der Offensichtlichkeit seiner Schuld, der Lehrer hätte darauf bestanden, vielleicht gedroht, sich die Uhr gewaltsam zu nehmen und damit alle seine Erfolge zunichte gemacht. Wenn man mit solchen Kindern zu tun hat, muß man vorbereitet sein, derartig auf die Probe gestellt zu werden.

Kinder, die Ziel 1 und 2 verfolgen, sind sich gewöhnlich des Zweckes ihres Verhaltens nicht bewußt, wohingegen Kinder, die sich verletzt und nicht geliebt fühlen, sich oft sehr wohl über ihre Ziele im Klaren sind. Sie wissen jedoch nicht, daß sie fast jeder Situation mit Argwohn und der Überzeugung entgegensehen, daß sie wieder einmal die Opfer sein werden. Sie fühlen sich immer ungerecht behandelt. Sie mißachten Erfahrungen, die auf das Gegenteil hinweisen, und sie wissen nicht, daß sie die Erlebnisse provozieren, auf die sie dann mit Feindseligkeit antworten können. Indem das Kind andere provoziert, es übermäßig streng zu behandeln, stellt es eine Art moralischer Überlegenheit zur Schau und schaut auf diejenigen herab, die sich durch ihre Handlungen ins Unrecht setzen und sich das schlechte Benehmen dieser Kinder selbst zuzuschreiben haben. Dann kommen die Kinder zu der festen Überzeugung, daß sie mit ihren Auffassungen recht haben und daß ihre Vergeltungsmaßnahmen gerechtfertigt sind. Das sind psychologische Faktoren, die der Lehrer mit seiner Klasse besprechen kann und sollte.

3.8.6. Direktmaßnahmen des Lehrers bei Ziel 4: Unzulänglichkeit zur Schau stellen

Die Entmutigung eines Kindes zu überwinden, ist die häufigste und *dringendste* Aufgabe für einen Lehrer. In fast allen schwachen Leistungen, seien sie nun kognitiver oder sozialer Art, drückt sich eine Entmutigung des Kindes aus.

Angenommenes oder tatsächliches Unvermögen werden vom Kind dazu benutzt, sich vor den Anforderungen des

Lebens zu schützen. Es verwendet einen Deckmantel von Unzulänglichkeit, um allein gelassen zu werden. Dieses Verhalten kann alle Handlungen des Kindes kennzeichnen, oder auch nur in gewissen Situationen auftauchen, denen es sich nicht gewachsen fühlt und in denen es bestimmte Tätigkeiten zu vermeiden sucht.

In vielen Fällen gibt ein Lehrer schnell auf, wenn seine wenigen ersten Versuche, eine neue Technik auszuprobieren, mit einem Mißerfolg enden. Das kann eintreten bei Kindern, die intellektuelle oder aber auch soziale Schwierigkeiten haben.

Kinder, die besonders entmutigt und niedergeschlagen sind, und die Rolle angenommen haben, ein Versager zu sein, gehen gewöhnlich von drei Voraussetzungen aus:

1. Überehrgeiz: ich kann es nicht so gut, wie ich möchte.
2. Wettbewerb: ich kann es nicht so gut wie die andern.
3. Druck: ich tue es nicht so gut, wie ich sollte.

Frustrierter Überehrgeiz ist vielleicht die häufigste Ursache für das Aufgeben. Der Wunsch nach Überlegenheit birgt eine Menge Verzweiflung in sich, wenn das Kind keine Chance sieht, so gut zu sein, wie es sein möchte. Das Gefühl der Überlegenheit macht früher oder später tiefer Enttäuschung Platz. Wenn das Kind nicht die besten Noten haben kann, immer der Erste, Mutters Liebling, der Gruppenleiter, die heimkehrende Königin oder der Fußballheld sein kann, wird es den Punkt erreichen, an dem es aufgibt und sich weigert, sich weiter irgendwie anzustrengen.

Frank, 7 Jahre alt, arbeitete an seiner Schreibaufgabe. Sein Arbeitsblatt war nicht das beste in der Klasse, aber es war ziemlich sauber und leserlich. Trotzdem radierte er seine Arbeit aus, machte sie noch einmal und radierte wieder. Kein Versuch war ihm gut genug. Infolgedessen beendete er seine Arbeit nie. Schon als Erstklässler gab Frank auf und verweigerte jedes weitere Bemühen.

Das Kind, das wegen seines Überehrgeizes annimmt, daß es unfähig ist, wird nicht an irgendeiner Tätigkeit teilnehmen, die ihm nicht die Gelegenheit bietet, seine Überlegenheit zu zeigen. Aus diesem Grund fällt es vielen Lehrern schwer,

Überehrgeiz als psychologische Deutung anzunehmen bei einem Kind, das überhaupt nichts versucht. Der einzige Weg, so einem Kind zu helfen, ist der, ihm klar zu machen, daß es sich selbst eine Niederlage beibringt; dazu muß man seine Handlungen genau beim Namen nennen.

Das konkurrierende Kind ist überzeugt, daß es keine Chance hat, seine Aufgaben so gut zu machen, wie andere. Ein solches Kind wurde immer durch die Tatsache beeindruckt, daß es nicht gut genug ist und wurde stets dazu getrieben, es besser zu machen. Bei dem Versuch, ein konkurrierendes Kind zu motivieren, machen Lehrer und Eltern immer wieder vernichtende Bemerkungen:

- Als ich deine Schwester in meiner Klasse hatte, war sie eine Vorzugsschülern
- Warum bekommst du nicht bessere Noten, so wie Maria?
- Bist du dumm oder was ist mit dir los?

Die 10 Jahre alte Jenny glaubte, daß sie zu nichts zu gebrauchen und zudem noch dumm sei. Ihre Mutter sagte zu ihr: „Du kannst nicht lernen, du bist zu dumm. Jenny war überzeugt, daß sie nicht lernen kann und versuchte es deshalb erst gar nicht. Wenn sie ausgefragt wurde, antwortete sie: „Ich kann nicht, ich bin zu blöd".

Einige Kinder reagieren vielleicht mit Rückzug, weil sie tatsächlich unfähig sind, mit anderen mitzuhalten. Das Gefühl, weniger als andere zu sein und nicht gut genug zu sein, läßt keinen Schluß zu auf die Fähigkeit des Kindes

Das unter Druck gesetzte Kind, das ständig von Eltern und Lehrern kritisiert wird, findet, daß es – was immer es auch tut – nichts so gut machen kann, wie andere es von ihm erwarten. Die Klasse zu bestehen, oder eine Drei zu schreiben ist manchen Lehrern und Eltern nicht genug. Sie machen oft niederschmetternde und entmutigende Bemerkungen.

Richard, 8 Jahre alt, hatte Schwierigkeiten in der Schule. Er konnte Fehler nicht ertragen. Auch am Sport wollte er nicht teilnehmen. Seine Mutter sagte zu ihm: „Warum bist du nicht so gut in der Schule wie Stefan? Er bekommt stets die volle Punktzahl, bei dir fehlen immer ein oder zwei Punkte." Sein Vater sagte ihm: „Du hättest diesen Ball nicht verpassen dürfen, Stefan wäre das nicht passiert. Ich weiß, du hast zwei Bombenschüsse gehalten, aber du hättest den anderen auch erwischen sollen.

Einige Lehrer entmutigen das unterdrückte Kind auch auf einer nichtverbalen Ebene. Ihr Gesichtsausdruck und ihr Achselzucken sind ebenso niederdrückend wie ihre Bemerkungen.

Lehrer müssen das Kind zu der Überzeugung bringen, daß es „gut genug" ist, so wie es ist. Sie müssen den Druck erleichtern, indem sie weniger kritisch sind, weniger nach Fehlern suchen und nicht jede Leistung zerpflücken. Sie müssen dem Kind Zeit lassen, um Probleme zu lösen und sein eigenes Tempo zu entwickeln. Sie müssen dem Kind auch genügend Zeit zur Verfügung stellen, seine Fertigkeiten zu entwickeln, so daß es seine Leistungsquote verbessern kann.

Unser gegenwärtiges Schulsystem mit seiner fehlerzentrierten Ausrichtung und seinem Wettbewerbskampf macht es schwierig, die Kinder zu ermutigen, die es am nötigsten hätten. Die Technik der Entmutigung, die der Lehrer lernen muß, wurde schon vorher beschrieben. Es mag für den Lehrer wirksam sein, aber wenn er aufbauende Arbeit im Klassenzimmer leisten will, muß darauf geachtet werden, bei keiner Reaktion ein Zeichen von Kritik, Verurteilung, Mißbilligung und Ungeduld zu zeigen. Die Schwierigkeit liegt in der Tatsache, daß das entmutigte Kind geneigt ist, die Überzeugung von seiner Unzulänglichkeit auf den Lehrer zu übertragen. Jedem Mangel muß mit Methoden gegenübergetreten werden, die ihn weder fortsetzen noch vergrößern. Um das zu vermeiden, muß der Lehrer sich klar sein über seinen Beitrag zur Beeinträchtigung der Fähigkeiten und Fertigkeiten des Kindes. Neuere Studien haben den ungeheueren Einfluß gezeigt, den die Erwartungshaltung von Lehrern auf ein bestimmtes Kind haben.

Schüler, die versagen erwecken in ihren Lehrern die Erwartung, daß sie wieder versagen werden, was rückwirkend den Zweifel des Schülers an seinen Fähigkeiten bekräftigt und seinen Fortschritt verhindert. Zur Zeit stehen wir einer Lawine von organischen Erklärungen für Lernbehinderungen bei Kindern gegenüber, und diese Lawine wird sich zwangsläufig vermehren und noch größer werden.

4. Zusammenarbeit mit Eltern

4.1. Mit Eltern reden

In früheren Zeiten wurden die Kinder nur zu dem Zweck in die Schule geschickt, um Kenntnisse und Fertigkeiten zu erwerben. Charakterbildung, staatsbürgerliche Erziehung sowie die Übermittlung von Werthaltungen und Einstellungen lagen in der Hand der Eltern. Aufgabe des Lehrers war es, zu unterrichten, d. h. Wissen zu vermitteln und diejenigen zu disziplinieren, die nicht lernten und die von überkommenen Regeln und Regulierungen abwichen. Diejenigen, die gemäß den Anforderungen Fortschritte machten, wurden gefördert, diejenigen, denen das nicht gelang, fielen durch. Das wurde als gerecht und richtig angesehen. Eltern gingen selten zum Lehrer, um die Fortschritte oder Probleme ihres Kindes zu besprechen. Der Lehrer hatte immer recht, wenigstens sagten die Eltern das ihren Kindern.

Im großen und ganzen funktionierte diese Schule, aber die Zeiten haben sich geändert. *Heute suchen wir die Mitarbeit der Eltern, um dem Kind in der Schule zu helfen.* Ein solches Ansinnen wird von manchen Lehrern mit Vorbehalt betrachtet, andere lehnen es ganz ab. Die Aufgaben eines Lehrers waren viel einfacher, als diese nur Wissen zu vermitteln und Noten zu geben hatten.

Es ist heute unbedingt erforderlich geworden, daß die Schule auch die *Verantwortung* für die Charakterbildung übernimmt. Was hat diesen Wandel herbeigeführt? Der starke Einfluß demokratischer Ideen, der nun in unserer Gesellschaft die Oberhand gewinnt, wirkt sich auf die Beziehung zwischen Eltern und Kindern aus; und als Ergebnis daraus, verlieren die Eltern die Kontrolle über die Kinder.

Heute hat der Erzieher die Verpflichtung, den *Eltern ebenso wie* den *Kindern* zu *helfen.* Die Zusammenarbeit zwischen Eltern und Lehrern bringt einen großen *Gewinn für die*

Arbeit zu Hause und *in der Schule.* Lehrer und Eltern sollten Partner sein, einander helfen; aber man muß sich vorsehen, daß aus der Zusammenarbeit mit den Eltern nicht ein abgekartetes Spiel *gegen* das Kind wird. Genaugenommen ist es ein Unternehmen auf drei Wegen. Eltern und Lehrer haben die Verantwortung, das Kind für das Leben vorzubereiten und sie müssen ihre Kräfte vereinigen, um fruchtbare Beziehungen aufzubauen.

Manche mögen diese Erziehungsphilosophie ablehnen und glauben, daß schulische und häusliche Probleme voneinander getrennt bleiben sollten. Das erstere sei die alleinige Verantwortung des Erziehers, das letzere die der Eltern. Ihre Ablehnung gründet sich auf dem Glauben, daß Lehrer keine Berater sein sollten; daß die Zusammenarbeit mit den Eltern den Lehrern zu viel Zeit kostet; daß die Eltern womöglich anfangen, für Schulpolitik und Verfahrensfragen Vorschriften zu machen; daß nichts Gutes dabei herauskommt; und schließlich, daß die Lehrer nicht dafür bezahlt werden.

Solche Opposition kommt gewöhnlich von denen, die mit modernen Trends in der Erziehung nicht vertraut sind.

4.2. Wozu Gespräche mit Eltern?

Eltern-Lehrergespräche dienen einer ganzen Reihe von Zwecken. Sie befähigen den Lehrer, langfristige Vorhaben erfolgreicher zu planen, wenn er die häusliche Situation kennt, die Wertvorstellungen in der Familie, die Methode, wie Eltern und Erziehungsberechtigte ein Kind behandeln, und was die Eltern von ihrem Kind erwarten, ferner die Position, die das Kind in der Familie inne hat, seine Beziehungen zu Geschwistern und Freunden und andere sachdienliche Informationen. Wenn der Lehrer die häusliche Situation versteht, ist er besser darauf vorbereitet, den Eltern bei *Schwierigkeiten* mit ihren Kindern zu helfen. Das beweist auch dem Kind, daß Eltern und Lehrer wirklich an ihm und seinem Wohlergehen interessiert sind, und das hat in vielen Fällen einen ermutigenden Effekt.

Wenn Lehrer und Eltern miteinander reden, dient ein solches Gespräch dazu, die beiden kindlichen Lebensbereiche zu vereinen, das Zuhause und die Schule und befähigt beide Teile, effektiver zu planen, als wenn Eltern und Lehrer nicht wissen, ob ihre Methoden in der Behandlung des Kindes voneinander abweichen. Je besser die beiden einander verstehen, desto weniger wird das Kind die Schule gegen das Elternhaus ausspielen und umgekehrt. Hier ist ein Beispiel:

Paul, ein Schüler einer 3. Klasse, der häufig in Kämpfe mit den Kindern in der Klasse geriet, bestand darauf, daß sein Vater ihm gesagt habe, er solle jeden verprügeln, der ihm Schimpfnamen gibt. Zweckdienlich deutete er schon die leiseste Kränkung als eine gerechtfertigte Herausforderung zum Zuschlagen. Als die Klasse das mit ihm besprach, glaubte er, daß er für etwas angegriffen und kritisiert wird, was ihm sein Vater befohlen hatte.

Als der Lehrer mit dem Vater sprach, gab dieser zu, daß er seinen Sohn angewiesen hatte, sich so zu verhalten, aber nur in extremen Fällen. Als er erfuhr, daß Paul jede Situation als extrem ausnutzte und oft in Kämpfe verwickelt war, mißfiel ihm das. Nichtsdestotrotz meinte er, daß das Paul in seiner allgemeinen Entwicklung nicht beeinträchtigen wird und daß Kämpfen ein gesundes, jungenhaftes Ventil für überschüssige Energie ist.

Zieht man Pauls allgemeines Verhalten in Erwägung, so kann angenommen werden, daß er die ganze Zeit wußte, wie er sich benehmen sollte, daß er aber den Rat seines Vaters wählte, um sich den Schulregeln zu widersetzen. Der Vater hatte andererseits keine Vorstellung, daß sein Rat dem Verhalten seines Sohnes Billigung verlieh. Er hätte sich vergegenwärtigen müssen, daß Paul wegen seiner Aggressivität keine Freunde hatte und daß ein solches Verhalten keine guten zwischenmenschlichen Beziehungen schafft. Erst nachdem das herausgestellt wurde, erkannte der Vater, daß er seinem Sohn einen falschen Rat gegeben hatte. Als er mit Paul darüber sprach, geriet dieser in große Verwirrung. Zum einen fiel es ihm nicht leicht, die Tatsache zu akzeptieren, daß sein Vater bei der Beurteilung der Sache einen schweren Fehler gemacht hatte und ferner verlangte die neue Perspektive eine Änderung in seinem Verhalten, die ihm nicht paßte. Er sagte zum Lehrer: „Sehen Sie, in was für eine Klemme mich mein Vater gebracht hat. Jetzt kann ich nichts mehr tun, wenn mir die Kinder Schimpfnamen geben." Das wurde später in der Klasse besprochen und Paul wurde geholfen, zu verstehen, daß er nur dann in einer Klemme steckt, wenn er sich selbst in eine bringt, und daß es viele andere Mittel gibt, sich wichtig zu fühlen. Wir zitieren ein anderes Beispiel:

Franziska, 9 Jahre alt, war ein Kind, das wir „lehrertaub" nennen. Sie hörte nie, was ihr gesagt wurde, wußte nie, was der Lehrer in der Klasse von ihr wollte und machte infolgedessen nie irgendeine Arbeit. Das ging eine Zeitlang so fort. Als der Lehrer dieses Verhalten mit der Mutter besprach, antwortete diese: „Sie weiß nicht, was sie tun soll, weil Sie es ihr nie sagen." Als sie gefragt wurde, mit welcher Begründung sie diese Anklage macht, antwortete sie: „Ich weiß es, weil Franziska mir immer sagt, daß der Grund, warum sie nie ihre Arbeit macht, der ist, daß sie nicht weiß, was sie tun soll, weil Sie es ihr nie sagen." Der Lehrer fragte die Mutter, ob Fanziska je erwähnt hat, daß andere Kinder wissen, was sie zu tun haben. Darauf entgegnete sie: „Ich weiß, worauf Sie hinauswollen, aber sehen Sie, solange sie Franziska nicht sagen, was sie von ihr wollen und was sie tun soll, versteht sie Sie nicht." Der Lehrer fragte: „Wollen Sie damit sagen, ich soll Franziska die Aufgabe gesondert erklären?" und die Mutter antwortete: „Ich fürchte, das müssen Sie tun, denn sonst wird sie nicht wissen, was von ihr erwartet wird." Der Lehrer erfuhr, daß die Eltern Franziska zu Hause viele Male sagen mußten, was sie von ihr wollten und sogar dann bestand sie noch darauf, daß sie es nicht versteht, oder vergessen hat, was sie ihr gesagt haben. Deshalb beanspruchte sie das Recht, Sonderdienste zu verlangen.

Dieses Beispiel veranschaulicht das *verschiedene Vorgehen zu Hause und in der Schule.* Nicht nur Franzsika, sondern genauso die Mutter erwarten und verlangen, daß der Lehrer die Anweisungen für die Schularbeit Franziska persönlich gibt.

Das ist kein einmaliges Beispiel. Im Gegenteil, viele Eltern akzeptieren und unterstützen die Arbeit von Verhalten, das Franziska zeigte und *verstärken* so das falsche *Konzept* des Kindes, wie es handeln muß, um besondere Aufmerksamkeit zu erhalten. Es geht darum, den Eltern zu helfen, die Ziele von Kindern in ihrem Verhalten zu verstehen.

Bei einem Gespräch mit Eltern ergeben sich viele Möglichkeiten, indirekt wertvolle *Informationen* zu beziehen über allgemeine *Haltungen in der Familie,* die *Ansicht der Eltern über Disziplin,* ob das Kind zu Hause irgendwelche Pflichten hat und wenn ja, ob es sie freiwillig ausführt, oder ob es gezwungen oder überredet werden muß. Wenn das letztere der Fall ist, wie erreichen die Eltern dieses Ziel und wieviel Erfolg haben sie dabei?

Auch die Eltern können vom Lehrer viele Informationen über ihr Kind erhalten. Sie hören von seinem Verhalten in der Schule und wie der Lehrer es einschätzt. Sie erfahren von den Hoffnungen und Erwartungen, die er in es setzt; sie machen sich mit den verschiedenen Regeln und Regulierungen in der Schule vertraut, ebenso mit denen, die vom Lehrer und den Kindern in der Klasse aufgestellt wurden. Schließlich haben die Eltern Gelegenheit, etwas über das allgemeine Programm der Klasse zu erfahren, in der ihr Kind so viele Stunden des Tages verbringt. Zu viele Eltern haben *keine* Vorstellung, *was* ihr Kind in der Schule tut.

4.3. Eltern veranlassen, über ihr Kind zu sprechen

Vor dem Treffen mit den Eltern kann es für den Lehrer hilfreich sein, sich eine *provisorische Liste der Themen* zu *notieren,* die er besprechen will. Er wird einige Muster der Arbeiten des Kindes vorbereiten, einschließlich Bildern, Geschichten oder einem Arbeitsheft. Es ist wichtig, daß einige dieser Arbeiten lobende Kommentare haben. Wenn das Kind absolut nichts fertiggebracht hat, das Lob verdient, kann der Lehrer einige kluge oder lustige Bemerkungen des Kindes wiedergeben, die der Klasse gefallen haben. Er erzählt vielleicht einen Vorfall, bei dem das Kind anderen geholfen hat.

Wenn er über die Arbeit eines Kindes redet, ist es wichtig, daß der Lehrer mit einem *positiven* Bericht beginnt und die Stärken eines Kindes betont, bevor er seine Schwächen erwähnt. (Der Lehrer muß bedenken, daß Eltern ebenfalls Ermutigung brauchen). Zum Beispiel kann der Lehrer sagen: „Michael hat eine feste, klare Schrift, seine Arbeit läßt sich gut durchsehen“, oder „Michael hat einen ungewöhnlich reichen Wortschatz". Die meisten Kinder haben einige positive Eigenschaften oder haben etwas Lobenswertes getan, entweder in einem schulischen Fach oder im Bereich zwischenmenschlicher Beziehungen. Ein guter Einstieg kann es auch sein, den Eltern von etwas zu erzählen, woran das Kind besonderes Interesse zeigte, wie Blumengießen, Botengänge besorgen, Musik, Witze erzählen, Arbeiten durchsehen oder anderen Kindern helfen.

Ein Gespräch mit Eltern nimmt einen guten Anfang, wenn man sie fragt, wie sie über die Fortschritte des Kindes in der Schule denken. Wenn die Eltern sagen, daß das Kind nicht glücklich in der Schule zu sein scheint, ist es klug, wenn der Lehrer nicht Überraschung oder verletzte Gefühle zeigt. Wenn das Kind wirklich *nicht glücklich* ist, wird er es wissen. er kann dann etwa bemerken: „Ja, ich habe auch das Gefühl, und das ist einer der Gründe, warum ich so darauf bedacht war, mit Ihnen zu reden." Ich meine, daß wir die Wurzel für dieses Unglücklichsein finden müssen und bestimmte Pläne machen sollten für die Schule und für zu Hause, die ihm vielleicht helfen." Es gibt Eltern, die darauf bestehen, daß ihr Kind zu Hause ganz glücklich, in der Schule aber unglücklich ist. Obwohl diese Behauptung fraglich ist, hat der Lehrer eine bessere Chance, die Eltern zu gewinnen, wenn er seine Zweifel *nicht* ausspricht. Er kann die Mutter fragen, wie sie zu dieser Überzeugung kommt. Mit ziemlicher Sicherheit wird der Lehrer den Eltern sagen können, daß das Unglücklichsein des Kindes in der Schule von der Unfähigkeit herrührt, eine Situation zu akzeptieren, in der es nicht nach seinem Willen geht, und dem Wunsch entspringt, zu Hause bleiben zu wollen, oder aus dem Gefühl, unzulänglich und den anderen unterlegen zu sein.

Der *Hauptzweck des ersten Gesprächs* ist es, *eine Beziehung* herzustellen *mit den Eltern,* die auf das Vertrauen gegründet ist und auf der Erkenntnis, daß beide, *Lehrer* und *Eltern,* ein *gemeinsames Ziel* haben. Diese Erkenntnis wird in den meisten Fällen zur Zusammenarbeit und einem besseren Verständnis führen. Die Mehrzahl der Eltern nimmt aktiv an der

Besprechung teil, wenn man sie dazu bringt, sich gelöst und geachtet zu fühlen.

Wenn ein Kind *Schwierigkeiten in der Schule* hat, sollen die Eltern davon erfahren, bevor es die dritte oder vierte Klasse erreicht hat. Schwierigkeiten beginnen nicht von heute auf morgen. Oft wissen Eltern nicht, wie sie ihrem Kind helfen sollen. Sie sind sich völlig darüber im Unklaren, wie ihr Verhalten gegenüber dem Kind häufig zu seinen Schwierigkeiten beiträgt, oder gar deren Ursache ist. Franziskas Mutter erkannte nicht, daß sie ihre Tochter ermutigte, ein schlechter Zuhörer zu sein, indem sie ihre Fragen so oft wiederholte.

Es gibt Eltern, die ganz bestimmte Vorstellungen davon haben, wie ihr Kind in der Schule und zu Hause behandelt werden muß, und die zu einer Besprechung kommen, um den Lehrer dies mitzuteilen. Das gilt besonders für Eltern, die an strenge Disziplin glauben und die den Lehrer und seine Methoden anzweifeln. Sie sind vielleicht kritisch, weil der Lehrer nicht genug Disziplin einhält; andere Eltern werden den Lehrer für zu streng halten. Die erstgenannten sind fast immer Eltern, die viele Jahre ohne jedes Ergebnis körperliche Strafe angewandt haben, jedoch vom Lehrer erwarten, daß er darin erfolgreich ist.

Es ist leichter, die strengen Eltern davon zu überzeugen, daß ihre Methoden sinnlos sind, als diejenigen, die sich beklagen, daß der Lehrer zu streng ist. Überzeugt, daß sie ihren Kindern das Gefühl vermitteln, geliebt zu werden und sich sicher zu fühlen, wenn sie ihnen zugestehen, freie uneingeschränkte Rechte zu haben, erlauben Eltern ihren Kindern, sie zu manipulieren oder zu kontrollieren. (Rudolf Dreikurs, Kinder fordern uns heraus, Klett, Stuttgart)

Konsequenterweise lehnen solche Eltern jede Beschränkung ab, die der Lehrer dem Kind auferlegt, und verlangen, daß dem Kind dieselbe Freiheit zugestanden wird wie zu Hause. Das folgende Beispiel verdeutlicht diesen Eltertyp. Es handelt von Frank, einem 9 Jahre alten Jungen, der in die dritte Klasse ging und seiner Mutter.

Frank war in seinen Leistungsgruppen ein Jahr zurück, weil die Mutter gezögert hatte, ihn in den Kindergarten zu schicken, als er 5 war. Sie meinte, er sei zu klein, um von zu Hause wegzusein und könnte sich bei anderen Kindern mit allen möglichen Krankheiten anstecken. Mit 6 ging er in die erste Klasse, mußte aber wieder zurückgestuft werden in den Kindergarten, weil er nicht in der Lage war, sich anzupassen.

Trotzdem war er auch danach für die erste Klasse nicht besser vorbereitet als das Jahr vorher. Wegen seines Alters, wurde er von einer Stufe in die nächste versetzt. Frank machte keinen Fortschritt in der Schule.

Zusätzlich war sein Verhalten in der Klasse zu einem Problem geworden. Er achtete nicht auf den Lehrer, mißachtete Schulregeln und Verordnungen und blieb häufig zu Hause, sei es den ganzen Vormittag oder nur ein paar Stunden.

Wenn er geschimpft wurde und man ihm wegen seines Benehmens Vorwürfe machte, fing er an zu weinen. Sein Weinen steigerte sich allmählich zum Schluchzen. Er konnte das für Stunden aufrechterhalten, bis die Kinder es bedauerten, ihn getadelt zu haben, und ihn um Verzeihung baten. Daselbe ereignete sich sogar, nachdem wir über sein Benehmen und den Zweck seines Weinens gesprochen hatten. Die Mitschüler fielen weiter in seine Falle. Es gelang ihm immer, zu erreichen, daß andere sich schuldig fühlten, wenn sie nicht seinen Wünschen entsprechend handelten. Frank war das jüngste von 5 Kindern; alle anderen waren entweder verheiratet oder leben nicht zu Hause. Von der Mutter erfuhr der Lehrer, daß nicht nur die Eltern ein Spielzeug in Frank sahen und jeder seinen Launen nachgaben, sondern auch die Geschwister. Die Mutter sagte, daß sie ihn alle so liebten und daß es außerdem sehr schwer wäre, ihm etwas abzuschlagen, weil er so sensibel und leicht verletzbar wäre. Sein Vater hütete sich besonders davor, Frank zu verärgern. Er kaufte ihm viele Spielsachen, brachte ihm am Abend ins Bett und wartete, bis er eingeschlafen war. Frank ging nicht ins Bett, wenn nicht sein Vater mitging. Bevor er am Morgen das Haus verließ, sagte Frank seiner Mutter, was er sich zum Mittagessen wünschte. Wenn sie seine Wünsche nicht erfüllte, nahm sein Vater ihn mit in ein Restaurant.

Die Eltern waren sich nicht bewußt, daß die Art, in der sie ihn zu Hause behandelten, sein unkooperatives Verhalten in der Schule ermutigte. Es dauerte einige Zeit, bevor die Mutter verstehen konnte, daß sie aus ihrem Sohn einen kleinen Tyrannen gemacht hatten und daß er nun ihr Leben unter Kontrolle hatte. Es war sogar noch schwieriger, den Vater davon zu überzeugen, daß er seinem Sohn schadet und ihn einer normalen Entwicklung beraubt. Nach einigen Zusammenkünften mit beiden Eltern stimmten sie jedoch zu, daß sie Frank einige Beschränkungen auferlegen würden und damit aufhören wollten, sich von ihm Vorschriften machen zu lassen. Allmählich änderte sich Franks Verhalten in der Schule und zu Hause. Es war ein langsamer, schrittweiser Prozeß, aber es ging ständig aufwärts. Das wäre nicht geschehen, wenn der Lehrer an der Überzeugung festgehalten hätte, daß die häusliche Situation nicht seine Angelegenheit sei.

Der Lehrer muß ein *guter Zuhörer* sein. Er muß ständig wachsam sein, Hinweise aufgreifen und sie verfolgen. Wenn zum Beispiel Eltern sagen: „Mein Kind ist sehr schüchtern", wird der Lehrer fragen: „Können Sie mir sagen, wie sich das gezeigt hat und was Sie getan haben?“ Auf diese Weise erfährt er, daß das Kind den Eltern leid tut und daß sie ihm zu Hilfe kommen. Vielleicht kann der Lehrer ihnen den Zusammenhang zwischen ihrem eigenen Verhalten und dem des Kindes erfolgreich aufzeigen. Wenn eine Mutter sagt, daß sie ihrem Kind keine schlampige Arbeit durchgehen läßt, dann könnte es sein, daß sie von ihrem Kind Perfektion verlangt. Diese Mutter setzt unter Umständen *zu hohe Ziele* und entmutigt das Kind auf diese Weise. Sie erkennt nicht, daß ein Kind auch für den Versuch, etwas Nützliches zu tun, Anerkennung braucht. Es wird sonst jeden Wunsch aufgeben, noch einmal hilfsbereit zu sein, wenn das, was es tut, den Erwartungen der Eltern nicht genügt. Diesen Eltern muß man helfen, zu verstehen, daß *ihr eigener Ehrgeiz das Kind* daran *hindert,* Freude und Stolz zu entwickeln über die Dinge, die es entsprechend seinen Fähigkeiten tun kann.

Wenn eine Mutter ihr jüngstes Kind mit 9 oder 10 Jahren noch als mein „Baby“ bezeichnet, dann kann man annehmen, daß das Kind in seiner Entwicklung behindert wird. Der Lehrer muß auf freundliche Weise die Mutter auf das, was sie tut, hinweisen. Solche Kinder haben oft davor Angst, größer zu werden, weil sie fürchten, ihre Position als „Baby“ zu verlieren und nicht mehr gehätschelt zu werden.

Wenn die Mutter von einem anderen ihrer Kinder erzählt, das immer gut ist und nie Probleme macht, kann das dem Lehrer einen *Hinweis* geben auf die Schwierigkeiten, die sein Schüler sowohl zu Hause als auch in der Schule konfrontieren muß. Im Wettbewerb mit guten Geschwistern gab dieser Schüler wahrscheinlich auf und versuchte, auf destruktive Weise einen Platz zu Hause zu finden und Aufmerksamkeit zu erhalten.

Viele Eltern sind beeindruckt von dem „Ja-Sager“ Kind, das aus der bereitwilligen Unterordnung seine Befriedigung bezieht, die immer Beifall bringt. Oft scheuen sich diese Kinder, irgendeine gegenteilige Meinung oder Ärger auszudrücken, weil sie so sehr von Zustimmung abhängen und davon, geliebt zu werden. Sie entwickeln häufig keine Initiative und leben in der ständigen Angst, das Mißfallen anderer zu erregen. Die Eltern sind sich gewöhnlich nicht dessen bewußt. Ihre Zufriedenheit mit diesem Verhalten bestärkt das Kind in seinen falschen Überzeugungen. Es entwickelt *nie* den so wichtigen Mut eigene Unvollkommenheit zu wagen und auszuhalten.

Wenn ein Elternteil zur Sprechstunde kommt, ärglich über irgendeinen Vorfall oder weil er überzeugt ist, daß es eine Zeitverschwendung ist, zur Schule zu kommen, dann tut der Lehrer gut daran, zu warten, bis Vater oder Mutter ihre Geschichte erzählt und etwas „Dampf abgelassen" haben. Beim aufmerksamen Zuhören kann er vielleicht schon einige Informationen sammeln, die ihm helfen, das gegenwärtige Problem des Kindes zu verstehen. Gewöhnlich beruhigen sich die Eltern, sobald sie feststellen, daß der Lehrer *Anteil* nimmt und *Sympathie* für ihre Gefühle zeigt. Dann werden die Eltern zugänglicher und hören, was der Lehrer zu sagen hat.

Die Gefühle, mit denen Eltern zu einer Besprechung kommen, sind sehr unterschiedlich. Einige kommen mit ganz bestimmten Vorstellungen, was sie für ihr Kind wollen. Manche haben einen genauen Begriff von der Art Disziplin, die sie wünschen und kritisieren den Lehrer offen, weil er zu nachsichtig oder zu streng ist. Einige Eltern werden sagen: „Ich wünsche nicht, daß Sie vor der Gruppe über mein Kind reden." Andere werden verlangen: „Blamieren Sie mein Kind ruhig und stellen Sie es vor der Klasse bloß, das wird ihm Eindruck machen."

Einige Eltern sind immer geneigt, die Rolle des Verteidigers zu spielen, ganz gleich, wie der Vorfall war. Sie können nicht zugeben, daß ihr Kind etwas falsch gemacht hat, entweder weil sie glauben, daß solch ein Eingeständnis das Kind verletzt oder aus der Frucht heraus, daß sie als Eltern in ein schlechtes Licht geraten könnten.

Eltern, die glauben, daß der Lehrer ihnen für die Schwierigkeiten des Kindes die Schuld gibt, müssen so schnell wie möglich beruhigt und ihrer Sorge enthoben werden. Zu solchen Eltern könnte der Lehrer folgendes sagen:

Es tut mir leid, wenn ich Ihnen den Eindruck gegeben haben sollte, daß Sie daran Schuld sind. Ich bin sicher, daß Sie das Bestmögliche getan haben und ich hoffe, Sie denken das auch von mir. Wir machen uns beide Sorgen über Helen, und wir wollen selbstverständlich beide alles tun, was möglich ist, um ihr zu helfen. Aus diesem Grund habe ich Sie gebeten, zur Schule zu kommen. Im Laufe des Gesprächs werden wir feststellen, wo einer von uns Fehler gemacht hat und wie wir sie berichtigen können.

Es kann vorkommen, daß der Lehrer in dem dann folgenden Gespräch von einer Klassensituation erfährt, deren er sich völlig unbewußt war. Etwa wenn ihm die Eltern erzählen, daß das Kind glaubt, der Lehrer mag es nicht. Dem muß nachgegangen werden. Das Kind könnte auf Grund einer Bemerkung oder Handlung seitens des Lehrers zu seiner falschen Annahme gekommen sein. Der Lehrer kann auch erfahren, daß dieses Kind nicht gern neben seinem Nachbarn sitzt. Ein solcher Fall kann trotz Soziogramm eintreten.

Wenn der Lehrer solche Vorfälle *offen* mit den Eltern bespricht, *ohne sich in der Defensive zu fühlen,* kann er den Eltern seine echte Sorge zu erkennen geben und – wenn es sein muß – seine *Bereitschaft, die eigene Methode zu ändern.* Das macht es den Eltern leichter, vom Lehrer Vorschläge anzunehmen.

Es gibt Eltern, die kommen und beklagen sich über ein anderes Kind, das ihres ärgert und verlangen, daß der Lehrer etwas dagegen unternimmt. Das kann Aufschluß geben über die Gefühle dieses Kindes anderen Kindern gegenüber, über seine Abhängigkeit vom Schutz der Eltern, über den Wunsch nach ihrem Mitgefühl, oder über die Tatsache, daß es dieses Verhalten als Mittel benutzt, damit sich die Eltern mit ihm beschäftigen müssen.

Der Lehrer sollte zuhören, ohne dabei mit Anklagen zu unterbrechen: Er sollte versuchen, Informationen darüber zu erhalten, wie sich das Kind in anderen Klassen verhalten hat, wie es sich zu Kindern in der Nachbarschaft und zu seinen Geschwistern verhält. Beim genauen Zuhören wird der Lehrer in der Lage sein, etwas über die Einstellungen der

Eltern zu erfahren, was ihm sehr hilft, die momentanen Schwierigkeiten des Kindes im Sozialkontakt zu verstehen. Oft beschreiben die Eltern die häusliche Situation als ein Schlachtfeld auf dem beide Eltern in die Kämpfe ihrer Kinder verwickelt werden und daß sie ihr Kind zu Hause davor beschützen müssen, von seinen Schwestern und Brüdern verletzt zu werden. Der Lehrer wird erklären, daß solch ein Schutz das Kind nur schwächt, und daß viele Kinder absichtlich Kämpfe anzetteln, um ihre Eltern darin zu verwickeln. Das kann eine Methode sein, die den Eltern zeigen will, „wie schlecht sind die andern, und wie gut bin ich", oder „ich bin klein und schwach und muß beschützt werden", was deswegen noch nicht wahr zu sein braucht. Wenn man diese Kinder ihre eigenen Kämpfe ausfechten ließe, würden sie vermutlich lernen, auf sich selbst achtzugeben oder, was wahrscheinlicher ist, nicht in Kämpfe geraten. Der Lehrer muß das den Eltern erklären und vorschlagen, daß sie sich aus den Streitereien der Kinder heraushalten sollten. Er könnte den Eltern von ähnlichen Fällen erzählen, die auf die vorgeschlagene Weise gelöst wurden. Er kann allgemeine Bemerkungen und Informationen anbieten, die zu mehr Einsicht in das Verhalten von Kindern führen.

Das Interesse des Lehrers an allem, was die Eltern vorbringen und sein Wunsch, von ihnen zu lernen, macht die Eltern gelöster und gewöhnlich sprechen sie dann frei und bereitwillig. Der Lehrer sollte objektiv und wohlwollend sein, wenn er versucht zu verstehen, wie die Eltern ihr Kind sehen.

Kommunikation mit den Eltern geschieht *nicht* ungedingt *nur auf der verbalen Ebene.* Leicht verraten unsere Gefühle Ärger, Entmutigung, Geringschätzung durch den ernsten Ton in unserer Stimme, einen kritischen Blick eine Bewegung, die Ungeduld ausdrückt und andere Anzeichen von Feindseligkeit. Der Lehrer muß solche Möglichkeiten bedenken. Das soll nicht heißen, daß wir notwendigerweise mit dem, was die Eltern tun übereinstimmen oder ihren Standpunkt teilen müssen. Genaues Zuhören ist für sich selbst schon ein Weg, Ermutigung zu geben.

4.4. Eltern beim Problem Hausaufgaben beraten

Eltern brauchen in bezug auf Hausaufgaben und die Verantwortung, die sie dabei haben, eine Neubesinnung. Sie sollte vom Lehrer vermittelt werden, sobald das Kind in die Schule eintritt. Die meisten Eltern sehen sich veranlaßt zu glauben, daß sie für die Hausaufgaben ihrer Kinder verantwortlich sind. Sie sind aufrichtig davon überzeugt, daß sie ihrem Kind in geistiger Hinsicht helfen, wenn sie es zwingen, die Hausaufgabe zu machen und ihre Hilfe dabei anbieten.

In dieser Denkweise liegt ein mehrfacher Trugschluß. *Wenn man dem Kind die Verantwortung für die Hausaufgabe abnimmt, beraubt man es der Möglichkeit, Verantwortungsgefühl zu entwickeln, unabhängig zu werden und aus seiner falschen Haltung zu lernen.*

Eltern, die die Verantwortung für das Kind übernehmen, werden von dieser Gängelei nie frei sein. Mit der Zeit werden die Eltern anfangen, sich darüber zu ärgern und vom Kind ein unabhängiges Verhalten verlangen, etwas, was es nie gelernt hat. Das wird unweigerlich zu einem Konflikt führen.

Die Hausaufgabe kann zu einer starken Waffe in der Hand des Kindes werden, etwas, das es wirkungsvoll anwenden kann, um Privilegien zu erzwingen, um den Ehrgeiz der Eltern auszunutzen oder zu bestrafen. Deshalb muß man den Eltern nicht nur helfen, die Hausaufgabe den Kindern zu überlassen, sondern auch weniger besorgt zu sein. Kinder spüren die ängstliche Sorge, die die Eltern wegen der Hausaufgabe haben, auch wenn darüber nicht gesprochen wird. Der Wert der Hausaufgabe liegt in erster Linie darin, das Kind zu üben, *selbständig zu arbeiten* und *Verantwortung zu übernehmen.*

Die Hilfe für das Kind kann auch die falsche Einschätzung seiner Fähigkeiten und der Methoden, die es anwenden muß, um erfolgreich zu sein, bestärken. Wenn es nur wenig Selbstvertrauen hat, wird die Vorstellung, unfähig zu sein, durch ein solches Verhalten nur bekräftigt. Wenn es beständig Aufmerksamkeit sucht, bringt ihm seine Hilflosigkeit die ersehnte

Befriedigung und vertieft seinen Glauben, daß das die Methode ist, wie es vorgehen muß.

Wenn der Lehrer es für notwendig hält, Hausaufgaben aufzugeben, muß er zuerst die Mitarbeit seiner Schüler gewinnen. *Eine erzwungene Hausaufgabe hat wenig erziehlichen Wert.* In vielen Fällen ist die Zeit, die mit den aufgebürdeten Hausaufgaben verbracht wird, verschwendet. Das Kind lernt aus der Wiederholung nichts, wenn es nicht zuvor die Bedeutung dessen erfaßt hat, was es tut. Bloße mechanische Wiederholung ohne Verständnis ist sinnlos. In allzu vielen Fällen sehen die Kinder in der Aufgabe keinen Wert und betrachten ihre Arbeit als Fleißaufgabe. Sehr oft bestätigt die Art der Hausaufgabe auch diese Meinung. Alles, was das Kind dabei lernt, ist, die Schule und den Lehrer zu hassen. Auf jeden Fall sollten sich die Eltern in diesem Punkt zurückhalten. Die Eltern sollten dem Kind helfen, indem sie ihm erklären, warum sie bei den Hausaufgaben nicht zu sehr mitwirken. Sie müssen für einen Platz sorgen, an dem das Kind ungestört arbeiten kann. Ein wichtiger Aspekt ist der Zeitpunkt, zu dem die Hausaufgabe gemacht wird. Kinder werden die Verantwortung bereitwilliger übernehmen, wenn man ihnen nach einem langen Schultag die Gelegenheit gibt, hinauszugehen und zu spielen oder ein Lieblingsprogramm im Fernsehen anzuschauen.

Oft fragen Eltern völlig bestürzt „Wollen Sie damit sagen, daß ich nichts tun soll, um meinem Kind zu helfen?" In dieser Situation darf der Lehrer weder die Eltern feindlich stimmen, noch dem Kind schaden. Der Lehrer kann meist auf die folgende Art antworten:

> Natürlich sind wir besorgt und wollen helfen; und ich bin sicher, daß Sie in der Lage sein werden, für Ihr Kind etwas zu tun, aber erst dann, wenn wir ihm geholfen haben, seine Einstellung zum Lernen zu ändern, das heißt, erst wenn es Freude daran hat und um Hilfe bittet. Jetzt nimmt ihr Kind das noch übel und wenn es gezwungen wird, hat es Veranlassung, mit Ihnen zu kämpfen und gegen das Lernen an sich Widerwillen zu entwickeln. Es zur Hausaufgabe zu zwingen schafft keine Lernatmosphäre. Wenn dem so wäre, hätten Sie Ihr Kind nicht so viele Monate lang jeden Tag zu den Hausaufgaben zwingen müssen. Nach so langer Zeit müßte es fähig und willens sein, seine Arbeit von selbst zu machen, wenn es von Ihrem Druck etwas profitiert hätte. Ich würde

vorschlagen, daß Sie sich aus diesem Kampf zurückziehen und es nicht zwingen, irgendeine Arbeit zu tun. Besprechen Sie das zuerst mit Ihrem Kind. Sagen Sie ihm, daß es alt genug und gescheit genug ist, für seine schulischen Verpflichtungen selbst Sorge zu tragen. Es wird an ihm liegen, ob es seine Hausaufgabe macht oder nicht. Wenn das Kind Sie jedoch bitten sollte, ihm etwas zu erklären, dann tun Sie das auf alle Fälle, aber lassen Sie es allein, wenn es verstanden hat, was es tun soll. Wenn es Ihnen etwas vorlesen will, sagen Sie ihm, daß Sie ihm gern zuhören und daß es Ihnen Freude macht. Würden Sie bitte diese Methode für einige Wochen versuchen, und dann wieder zu mir kommen. Wenn sie keinen Erfolg hat, werden wir etwas anderes ausprobieren müssen.

Wie wir schon betont haben, haben Hausaufgaben nur dann einen Sinn, *wenn sie vom Kind aus eigenem Verantwortungsgefühl* heraus *und* mit *dem Wunsch nach Fortschritt gemacht werden.* Eltern sollen die Hausaufgabenangelegenheiten mit dem Kind besprechen, ihm bei der Entscheidung für den geeigneten Zeitpunkt helfen und ihm genügend Zeit für die Arbeit zur Verfügung stellen. Sie sollten das Kind bei der Arbeit nicht durch Zwischenfragen unterbrechen. Auch sollten sie nicht alle zwei Minuten einen Blick ins Zimmer werfen, um zu sehen, wieviel das Kind getan hat. Wenn es die Arbeit in der zur Verfügung stehenden Zeit nicht geschafft hat, müssen wir nach tieferen Ursachen suchen und diese überdenken, bevor wir erwarten können, daß das Kind seine Arbeit gut und mit Gewinn erledigt.

Man sollte den Kindern nie wegen der Hausaufgabe die Möglichkeit zum Spielen nehmen. Kinder, die soviele Stunden des Tages in der Schule verbringen, wo all ihre Aktivitäten organisiert und kontrolliert werden, brauchen Zeit, in der sie spielen oder reden können mit wem sie wollen, oder um sich ganz einer Tätigkeit zu widmen. Sie warten auf den Zeitpunkt, an dem sie nach Hause kommen, wo ihr Leben anders ist, genauso wie sie darauf warten, am Morgen wieder zurück zur Schule zu gehen.

4.5. Argumente von Eltern, mit denen sich Lehrer auseinandersetzen müssen

Ich fürchte, er wird so wie ich. Ich konnte in der Schule nie aufhören zu reden. Meinen Sie nicht, daß er diesen Zug von mir geerbt hat? Tatsächlich hat meine Mutter mir erzählt, daß sie dasselbe Problem hatte.

Was meinen Sie mit „Er ist unsicher?" Sie sollten sehen, wie er vom Sprungbrett springt und wie er freihändig fährt. Der hat vor nichts Angst.

Joseph ist ein sensibles Kind. Sie können ihn nicht so behandeln wie andere Kinder. Ich will nicht sagen, daß er eine Sonderbehandlung braucht, aber Sie wissen schon, was ich meine. Er ist eben anders.

Es tut mir leid zu hören, daß Tim so viele Schwierigkeiten verursacht. Vielleicht sollten wir ihn auf eine Privatschule schicken.

Ich glaube, daß Sie meine Tochter einfach nicht mögen. Ich muß darüber sofort mit dem Schulleiter sprechen. Ich möchte, daß sie aus Ihrer Klasse herauskommt.

Willi hatte nie Schwierigkeiten in der Schule, bevor er zu Ihnen kam.

Die Kinder in der Nachbarschaft haben einen schlechten Einfluß auf Karl. Wissen Sie, die Nachbarschaft ist auch nicht mehr das, was sie mal war. Da sind ein paar sehr unerwünschte Leute zugezogen. Wir versuchen, Karl von den anderen Kindern fernzuhalten, aber irgendwie hat er von ihnen schon eine Menge schlechter Dinge gelernt.

Wenn Sie ihn vielleicht von Thomas wegsetzen würden. Wir konnten diesen Jungen nie leiden. Wir sind sicher, daß er einen schlechten Einfluß auf unseren Jungen hat.

Warum blamieren Sie ihn nicht vor der ganzen Klasse? Stellen Sie ihn ruhig vor allen bloß, das wird ihm eine Lehre sein.

Warum benützen Sie nicht den Stock? Mir macht es nichts aus und meinem Jungen kann es nur guttun. Glauben Sie mir, wir könnten es nicht aushalten, wenn wir ihn nicht verhauen würden, wenn er es verdient.

Lehrer lassen ihre Frustrationen an den Kindern aus. Das ist nichts Neues. Aus jeder Kleinigkeit, die Kinder anstellen, machen Sie ein riesiges Problem. Erich ist ein normaler Junge, so wie ich einen Jungen haben möchte. Ein guter Kampf da und dort tut ihm gut. Es ist ganz gleich, wer unrecht hat, oder wer anfing. Lassen Sie ihm seine Schlägereien.

Zusammenarbeit mit Eltern

Ich hatte keine Ahnung, daß Sabine so schlecht in der Schule ist. Das ist das erste Mal, daß ich davon höre. Wenn die Berichte sagen, daß sie auch in anderen Klassen ein Problem war, dann weiß ich davon nichts.

Ich habe alles versucht. Ich habe ihm zwei Mark versprochen für jede gute Note auf dem Zeugnis. Wir kauften ihm ein Rennrad auf sein Versprechen hin, daß er ein braver Junge sein wird. Er hat alles versprochen, aber nie hält er sein Versprechen. Wir wissen nicht, was wir noch tun können.

Es fällt mir sehr schwer, das von meinem eigenen Kind zu sagen, aber ich fürchte, er taugt nichts. Ich bin nicht eine von den Müttern, die sich was vormachen will und die Augen vor der Wahrheit verschließt. Mein Mann und ich haben alles versucht. Wir haben es mit Liebe probiert, aber es nützte nichts. Wir versuchten es mit Strafe, versohlten ihn und sperrten ihn in sein Zimmer. Nichts half.

Glauben Sie nicht, daß manche Kinder mit einer schlechten Anlage geboren werden? Ehrlich, ich glaube, daß mein Peter schon vom Tag seiner Geburt an schlecht war. Mit den anderen Kindern hatten wir nie Probleme, nur immer Ärger mit ihm.

Christian ist faul. Zuhause tut er überhaupt nichts. Ich kann mir den Mund fransig reden, er tut rein gar nichts. Ich weiß mit wem Sie es zu tun haben.

Ich weiß genau, wann diese Schwierigkeiten anfingen. In der zweiten Klasse hatte er einen sehr schlechten Lehrer. Bevor er zu dem kam, hatte er keine Probleme.

Ich kann nicht begreifen, warum er in der Schule Probleme beim Lesen und Schreiben hat, wenn er es zuhause so gut macht. Wenn er mir vorliest oder ich ihm ein Wort diktiere, hat er nicht die gerinsten Schwierigkeiten.

Warten Sie nur, bis ich heimkomme. Ich ziehe ihm das Fell bei lebendigem Leib ab. Ein Kind von mir benimmt sich nicht so.

Ich kann nicht verstehen, warum Anne soviele Schwierigkeiten in der Schule haben soll. Keines meiner Kinder hatte irgendwelche Probleme. Schließlich sind sie alle genau auf dieselbe Art erzogen worden und in derselben Familie aufgewachsen.

Zu Hause ist er kein schlechter Junge. Mein einziger Kummer ist, daß er hinter mir herläuft wie ein Hund. Er will auf meinem Schoß sitzen und er möchte sogar, daß ich ihn ins Bett trage. Er wird allmählich so schwer. Ich kann ihn kaum heben.

Ich fürchte, ich kann Ihnen nicht helfen. Seine Mutter hätschelt ihn noch zu Tode. Sie macht den reinsten Weichling aus ihm. Wenn ich „nein“ sage, rennt er heulend zu ihr, und sie läßt ihm seinen Willen.

Er ist seinem Vater sehr ähnlich. Er hat die Dickköpfigkeit von seinem Vater geerbt und andere Züge, die nicht gerade lobenswert sind.

4.6. Können Lehrer Eltern beeinflussen?

Es scheint angebracht, daß wir uns mit dem *Elternproblem* noch intensiver befassen. Unter allen Berufsgruppen sind die Lehrer in einer besseren Lage, Eltern zu beeinflussen als irgendeine andere Gruppe, ausgenommen vielleicht die Kinderärzte. Um diese Aufgabe zu erfüllen, müssen sie sich *mit den Problemen von Eltern vertraut machen* und mit Methoden, diese Probleme zu lösen. *Aus diesem Grund müssen wirksame Methoden der Elternfortbildung Bestandteil des Lehrertrainings werden.*

Wenden wir uns den Tatsachen zu. Viele Eltern sind *schlecht* auf die Erziehung ihrer Kinder vorbereitet. Die einfachsten Abläufe im Familienleben werden zu verwirrenden Problemen. Für viele Eltern ist es schwierig, ohne Schimpfen und Streiten die Kinder morgens rechtzeitig aus dem Bett zu bekommen, so daß sie püntklich zum Unterricht erscheinen. Beim Schlafengehen abends ist es ähnlich. Für viele Familien fängt der Tag mit einem Streit an. Viele kleine Kinder scheinen den natürlichen Tricks ihren Hunger zu stillen, zu verlieren. Sie müssen verhätschelt und überredet werden, man muß sie ermahnen und ihnen drohen. So wird aus jeder Mahlzeit eine Qual. Für viele Eltern gibt es immer noch keine Antwort auf die schwierige Frage, wie sie es anstellen sollen, daß die Kinder ihre Zimmer sauberhalten, ihre Spielsachen und Kleidungsstücke aufräumen. Uns erscheint es selbstverständlich, daß Geschwister um jeden Vorteil kämpfen. Der simpelste Beitrag zu einem harmonischen Familienleben – beispielsweise die tägliche Hausarbeit – ist von Meinungsverschiedenheiten und Enttäuschungen überschattet. Die Verpflichtung des Kindes, Hausaufgaben zu machen, Sport zu treiben oder sich mit sich selbst zu beschäftigen, ist oft Anlaß zu endlosen

Streitereien. Diese Zeichen eines allumfassenden Fehlverhaltens von Eltern haben uns dazu gebracht, Elternerziehung zu fordern und uns für sie einzusetzen. Wenn Eltern wüßten, was sie mit ihren Kindern anfangen sollen, würden sie keine Vorträge und Studiengruppen nötig haben.

Der Grund für diese Misere ist die „Überlieferung" von Kindererziehung; sie beruht noch immer auf Tradition.

Die meisten Methoden, die Eltern anwenden sollten, sind *die gleichen,* die auch die Lehrer benutzen müssen. Sie sind in diesem Buch sehr ausführlich beschrieben worden. So können Eltern aus der Lektüre eines Buches Nutzen ziehen, das für Lehrer geschrieben wurde und umgekehrt. Beide haben ein und dasselbe Ziel, nur hat jede Gruppe gewisse Vor- und Nachteile. Der Lehrer kann mit der gesamten Klasse (als Gruppe) arbeiten, indem er Wertvorstellungen der Schüler beeinflußt, während den Eltern Grenzen gesetzt sind, in der Familiengruppe auf jedes Kind Einfluß zu nehmen. Wenn sich Kinder gegen ihre Eltern verbünden, erfordert dies eine demokratischere Führung, um eine Lösung des Konflikts herbeizuführen. Die Konflikte innerhalb der Familie sind häufig intensiver als in der Schule. Auf der anderen Seite haben Eltern – in der Folge so vieler Konflikte mit ihren Kindern – viel mehr Gelegenheit, Einfluß zu nehmen. Sie brauchen eine sorgfältigere Analyse dieser Methode, um die Erwachsenen-Autorität durch den Druck der Wirklichkeit zu ersetzen. Ein ganz wunder Punkt bei der Eltern-Erziehung ist die Schwierigkeit, Eltern, hauptsächlich Mütter, davon abzubringen, pausenlos zu reden und zu ermahnen. Gewöhnlich hören die Kinder nicht zu, denn ein Großteil dieses Geredes dient nicht der Kommunikation; es wird nur „Munition ins Leere verschossen". Warum ist es so schwierig für eine Mutter, ihren Redefluß einzudämmen? Der Grund ist, daß sie nicht weiß, was sie in einer Konfliktsituation anderes tun kann. Im Gegensatz zum Lehrer ist sie mit der ungeheuren Verantwortung beladen, Kinder zu erziehen, ohne wirklich zu wissen, wie man das macht. Ein tiefes Verantwortungsgefühl, welches die meisten Mütter haben, führt zu ständiger Frustration, wenn ihre Kinder sich nicht so verhalten, wie sie es eigentlich sollten. Dieses persönliche Eintreten, diese quälende Angst, keine gute Mutter zu sein, ist der Grund, weshalb viele Lehrer mit ihren Schülern wesentlich besser zurechtkommen als mit ihren eigenen Kindern. Die Lehrer sind – im Gegensatz zu den Müttern nicht mit jedem Fehler des Kindes vertraut. Viele Väter verhalten sich ebenso wie Mütter, obwohl Väter gewöhnlich nicht soviel reden und deshalb auch bei Kindern eher Gehör finden.

Das Bedürfnis nach Unterstützung ist in der Familie natürlich genauso groß wie in der Schule. Die anhaltende Furcht zu scheitern, hält jedoch Mütter davon ab, einen ermutigenden Einfluß auszuüben. Die meisten Methoden der Kindererziehung bescheren ihnen eine Menge wenig ermutigender Erfahrungen. Entweder durch Nachgiebigkeit – Kinder dürfen tun, was sie wollen – oder durch die erniedrigenden Auswirkungen von Schimpfen, Schmeichelei, Drohung und Strafe verhindern Mütter, daß Kinder die ihnen eigene Widerstandskraft erfahren können. Lehrer haben viel mehr Möglichkeiten, einen ermutigenden Einfluß auf das Kind auszuüben, besonders, wenn es ihnen gelingt, die Mitschüler und Freunde eines Kindes zur Zusammenarbeit zu gewinnen.

Wir haben – als Gesellschaft – die wichtige Verantwortung, Eltern bei ihrer fast übermenschlichen Aufgabe zu helfen.

Die Schulen können zum Elterntraining mehr beitragen als irgendeine andere Gruppe. Dieses Training sollte schon früh einsetzen. In der Mittelstufe oder Oberstufe kann man ältere Schüler darin unterrichten, wie man jüngere positiv beeinflußt. Es ist dafür notwendig, daß ältere Schüler Kindergarten- oder Kinderhort-Erfahrungen sammeln können, vorausgesetzt, daß die Vorschulerzieherin oder der Jugendpfleger bestens in der Lage ist, wirksame Methoden in der Gruppe anzuwenden. Wie schon vorher erwähnt, ist ein Weg der Elternerziehung der, Kurse anzubieten, welche die jungen Leute auf die Elternaufgabe vorbereiten. Diese Erziehung

Zusammenarbeit mit Eltern

sollte beginnen, bevor Kinder da sind. Die folgenden Berichte beschreiben die Eingliederung einer solchen Erziehungsveranstaltung in den Stundenplan des Schulbezirks einer Großstadt:

Der Stundenplan im Fach Hauswirtschaft in unserem Schulbezirk bietet „eheliche Beziehungen“ und „Entwicklung des Kindes“ in einer Reihe von Kursen an, von der 7. bis zur 12. Klasse. In der 7., 8. und 9. Klasse wird viel Zeit verwandt für die grundlegenden Informationen über Kinder. In der 10., 11. und 12. Klasse liegt der Akzent auf dem Einfluß der Familie und seinem Bezug zur Bildung von Wertbegriffen, Ideen und Vorstellungen. Die Schüler erfahren vom Zusammenhang zwischen Familienmitgliedern und Familienstruktur, vom Gebrauch logischer Einflußnahme als einer Unterrichtsmethode, und von den vier Zielen gestörten Verhaltens als einer Möglichkeit, Einstellungen und Handlungen eines Kindes zu verstehen.

Ein Kurs wurde älteren Schülern und Schüllerinnen angeboten. Bei der Diskussion über den Inhalt dieses Kurses ergab sich, daß viele lernen wollten ihre Beziehungen zu anderen zu verbessern, ihre Familienprobleme zu lösen, Familienstreitigkeiten zu vermeiden und sich auf die Aufgabe als Eltern vorzubereiten; sie wollten wissen, wie man Arbeiten im Haushalt verrichtet, eine Wohnung sucht, wie man eine Wohnung geschmackvoll einrichtet, wie man eine Familie richtig ernährt, wie man Kleidung instandhält etc.

Sie erwarten einen Kurs, der nicht oberflächlich sein sollte und nicht nur einen Schnellkurs in naheliegenden Fragen, z. B. wie man eine Freundin sucht oder was man von einem Rendesvouz erwarten kann.

Das Leitthema des Kurses war die Vorbereitung auf Leben und Elternschaft. Um den Schülern Informationsmaterial zu geben, wurden sie angewiesen, außerhalb der Vorlesungen über grundlegende Bedürfnisse der Menschen zu diskutieren. Aus diesen Informationen entwickelten sie ihre eigenen Vorstellungen von elementaren Bedürfnissen und verbanden sie mit Aufgaben gegenüber Kindern, Teenagern, jungen Erwachsenen, Eltern und Alten. Eine Voraussetzung für die Teilnahme an diesem Kurs war die Beobachtung von Kindern in verschiedenen Situationen: auf dem Spielplatz, zuhause während verschiedener Stunden des Tages und Abends, im Kinderhort, im Kaufhaus und so weiter. Diejenigen, die dazu in der Lage waren, besuchten Samstags ein Familienerziehungszentrum. Die Teilnehmer waren zahlreich, tiefgehend und beschäftigten sich häufig mit Wertvorstellungen.

In unseren Elternerziehungszentren werden Eltern und Kinder vor einer Gruppe von Lehrern, anderen Eltern und interessierten Laien befragt. Der Zweck dieser Art von Beratung ist nicht in erster Linie, irgendeiner Familie bei der Lösung ihrer Probleme zu helfen, sondern andere Eltern vorzustellen, die wirksame Methoden der Kindererziehung erkannt haben und anwenden.

Es gibt nicht zwei Mütter, die in ihrer Persönlichkeitsstruktur gleich wären, ihrer Herkunft nach und ihrer Erfahrung, und doch: Es ist kaum zu glauben, in welchem Umfang alle Mütter die gleichen Fehler machen. Sie sprechen zuviel, sie teilen Verantwortung nicht mit dem Kindern, sie werden selbst in Machtkämpfe verstrickt und so weiter. In vielen Fällen lernen Eltern viel mehr aus einem Interview mit anderen Eltern als aus einer persönlichen

Beratung. Als Beobachter sind sie nicht so befangen und abwehrend; sie sind deshalb eher bereit, neue Methoden zu übernehmen.

Für Schüler, die an den Beratungssitzungen nicht teilnehmen konnten, wurden Tonbandaufnahmen gemacht, die sie in ihrer schulfreien Zeit abhörten und als Diskussionsgrundlage in ihren kleinen Gruppen benützten. Viele Schüler beeinflußten ihre Eltern, das Familienerziehungszentrum zu besuchen.

Drei Arbeiten wurden während des Jahres verlangt.

Die erste bezog sich auf psychische Zusammenhänge: „Wer bin ich und/oder welcher Typ Mensch bin ich?"

Die zweite hatte das Thema: „Die Eigenschaften einer gute Mutter oder eines guten Vaters."

Die dritte Arbeit: „Wesentliche Elemente einer guten ehelichen Beziehung."

Viele Schüler lernten, sich ihren Eltern mitzuteilen, auf ihre Familie einzugehen und mit ihr zusammenzuwirken. Sie lernten auch, daß die andere Person keine andere Wahl hatte, ihr Verhalten zu ändern, wenn sie ihr eigenes Verhalten ändern. Sie gewannen Einsicht in ihre eigenen Reaktionen und konnten Verantwortung für ihre eigenen Handlungen erlangen.

Solche Zentren sollten *in allen Gemeinden* eingerichtet werden, vorzugsweise in Schulzentren. Jede Schule sollte über ein Elternerziehungszentrum verfügen, an das die Lehrer nicht nur ihre schwierigen Schüler verweisen können, sondern dort müßte auch Beratung mit einem Elternteil eines solchen Kindes erfolgen. In den USA beginnen *Ausbildungsstätten für Lehrer* solche *Zentren* in die Lehrerausbildung *miteinzubeziehen.* Auf diese Weise *lernen Lehrerstudenten, die Entwicklung von Kindern und die besonderen Probleme der Eltern zu verstehen.* Durch ein solches Training werden die Lehrer in die Lage versetzt, Eltern ihrer Schüler zu helfen.

Wir wollen noch die Beschreibung eines Gemeindezentrums für Eltern-Kinder-Beziehungen anschließen.

Der Sinn der Arbeit in diesen Zentren ist, Eltern, Lehrern und Kindern das kooperative und wirksame Arbeiten bei den vielen Aktivitäten, die sie zusammenführen, zu erleichtern. Eine Funktion solcher Zentren ist weiter, Wertvorstellungen zu entwickeln. Ein Beraterstab des Zentrums hat die Aufgabe, das Programm interessierten Gemeindemitgliedern zu erklären. Ein professionelles Beratergremium sichert den höchstmöglichen Stand von Dienstleistungen. Der Zuschuß für das

Zentrum beruht auf der Basis einer kommunalen Dienstleistung.

Die Forderung nach weiteren Zentren für Lehrer-Eltern-Erziehung erklärt sich aus dem Gruppenversuch, Probleme der Erwachsenen-Kind-Beziehungen zu lösen. Eltern, Lehrer und interessierte Laien teilen sich unter Führung eines Beraters in die Lösung der Probleme zwischenmenschlicher Beziehungen einer Familie. Die Sitzungen sind beruflich interessierten Personen und Laien gleicherweise zugänglich. Die Annahme hierbei ist, daß alle Anwesenden daran interessiert sind, mehr darüber zu erfahren, wie sie ihre zwischenmenschlichen Beziehungen verbessern können. Auf diese Weise können viele von den Beratungen profitieren.

Jede Familie, die Schwierigkeiten interpersonaler Natur hat, die zudem einen oder mehrere Vorschüler oder Grundschüler hat, ist für die Beratung geeignet.

Familien erfahren von der Existenz der Zentren aus verschiedenen Quellen. Es gibt allerdings keine gezielten privaten oder öffentlichen Ankündigungen. Familien kommen aus verschiedenen Motiven zum Zentrum; alle haben gemeinsam, daß sie dort *Hilfe für ihre Schwierigkeiten suchen.*

5. Demokratie im Klassenzimmer – eine Lösung

5.1. Demokratie – ein Lernprozeß für Lehrer

Dort, wo noch eine *autokratische Schulgemeinschaft* existiert, reichen die traditionellen Methoden, – als da sind: *Strafe, Belohnung* und *Druck von außen,* um Kinder zu motivieren – im allgemeinen aus, die von den Lehrern erwünschten Mindestresultate zu erreichen. Alles, was der Lehrer zu tun hat, ist zu unterrichten; die Kinder haben die Verpflichtung zu lernen. In einer demokratischen Umgebung trifft das nicht mehr zu. Der Druck von außen hat seine Wirksamkeit verloren. Er muß ersetzt werden durch den Antrieb von innen. Wir können nicht mehr allein die Schulen für unsere Kinder leiten; wir müssen sie als Partner betrachten und ihre Unterstützung gewinnen. Das kann nur geschehen, wenn man demokratische Formen in jeder Klasse einführt. Daran fehlt es, und das ist der Grund dafür, daß es unseren Schulen in wachsendem Ausmaß nicht mehr gelingt, die Anlagen unserer Kinder zu entwickeln und sie für Kooperation am Lernprozeß zu gewinnen. Eine demokratische Atmosphäre ist nicht gleichbedeutend mit Anarchie oder Laissez-faire; Ordnung wird auch nicht durch Herrschaft hergestellt. In einer demokratischen Gesellschaft ist beides notwendig, Freiheit und Ordnung; anders in einer autokratischen Gesellschaft, in der diese Begriffe sich gegenseitig ausschließen. Nachgiebigkeit führt unweigerlich zur Anarchie, während Zwang und Macht oft Rebellion bewirken. Der Leser wird sich fragen, ob das nun heißen soll, daß der Erwachsene abzudanken hat. Im Gegenteil, er muß und kann führen und lenken. Was sich ändern muß, ist die Art und Weise, in der diese Führung ausgeübt wird. Kinder wollen Lenkung und jemanden, der sie führt; sie sind jedoch heute nicht mehr bereit, belastenden

Druck und Dominanz zu akzeptieren. Aber auch ein Erwachsener, der Kinder wild sich selber überläßt, stellt sie nicht zufrieden.

Es erhebt sich die Frage, ob man den Schülern das Recht einräumen sollte, zu entscheiden, ob und was sie lernen wollen. Diese Frage erübrigt sich inzwischen, weil die Schüler diese Entscheidung schon übernommen haben, und der Lehrer im Grunde gar nicht in der Lage ist, einen widerwilligen Schüler zum Lernen zu zwingen.

Wenn der Lehrer einmal den *Grundsatz* verstanden hat, *Verantwortung zu teilen,* wird er feststellen, daß das nicht schwer durchzuführen ist. Zur Zeit schwankt das Verhalten unserer Lehrer zwischen den *Führungsstilen* hin und her; entweder sie zwingen den Kindern ihren Willen auf, oder sie lassen sich von ihnen beherrschen. Wir bekommen zu hören, daß man die Kinder nur das lehren sollte, was sie gerne lernen. So eine Haltung kommt einem Verzicht gleich. Im Augenblick versucht man, die Kinder dazu zu bringen, daß sie das lernen, was sie müssen. Das ist autokratische Herrschaft. Keine der beiden Haltungen wird zufriedenstellende Resultate erzielen. Der *demokratische Weg* bedeutet, dazu beizutragen, *daß Kinder* das *gerne lernen,* was sie lernen sollen. Die Crux ist: Was sollen sie lernen? Das kann weder allein von den Kindern noch von den Vorgesetzten entschieden werden. Kinder sind mehr als bereit, die Führung von Erwachsenen anzuerkennen, wenn ihnen Gedanken nicht aufgezwungen werden, wenn sie spüren, daß ihre Meinungen und Überzeugungen ernst genommen werden. Das heißt nicht notwendigerweise, daß sie verpflichtet sind, zu tun, was die Erwachsenen vorschlagen. Aber es bedeutet sehr wohl den erforderlichen Prozeß der Meinungsbildung und Beschlußfassung, bei dem man die Fragen von allen Seiten betrachtet, gemeinsam durchzuführen. Der Lehrplan sollte flexibel genug sein, *Lehrern und Schülern eine Möglichkeit* zu *geben,* den *Neigungen und Interessen* der Klasse *zu folgen.*

Gegenwärtig ist der Lehrplan gewöhnlich für den Lehrer verbindlich. Sogar unter diesen Umständen kann er jedoch seine Klasse demokratisch führen, wenn er Verantwortlichkeiten und Frustrationen mit seinen Schülern teilt.

Eine der häufigsten Einwendungen der Schüler gegen den Unterricht lautet, daß ein Lehrer *langweilig* sei. Oft weigern sie sich, für einen solchen Lehrer zu lernen. Wir wollen uns einmal vorstellen, was geschehen wäre, wenn ihr Großvater dem eigenen Vater gesagt hätte, daß er nicht lernen wolle, weil der Lehrer langweilig sei. Er hätte eine Ohrfeige bekommen und sich anhören müssen: „Was soll das heißen? Willst du von deinem Lehrer unterhalten werden?“

Das hat sich heute geändert. Stumpfsinn ist das größte Lernhindernis auf seiten der Kinder, die nur damit befaßt sind, was sie für sich herausholen und nicht mit dem, was getan werden muß.

Heute jedoch hat der Lehrer die *Verpflichtung, die Klasse zu interessieren,* Begeisterung zu wecken, sie zusammenzuschließen und alle in einem *gemeinsamen* erziehlichen Anliegen zu einigen. Durch seine Handlungen und Haltungen wirkt er auf die Moral der ganzen Klasse. Jede Klasse hat, so wie jede Gruppe, ihre eigene Struktur und Atmosphäre. Auch wenn Lehrer für sich in Anspruch nehmen, daß in ihrer Klasse eine demokratische Atmosphäre herrscht und sie ihre Schüler mit Achtung behandeln, sind sie sich oft nicht bewußt, wie sehr sie diesen Grundsatz verletzen, wenn ihr *Prestige* auf dem Spiel steht. Die nächsten zwei Beispiele veranschaulichen diesen Punkt.

Ich mußte den Rektor einer Grundschule aufsuchen. Wir sprachen über das gegenwärtige Dilemma in den Schulen. Herr X schien sehr aufgeklärt: er schlug vor, daß die Schüler ein größeres Mitbestimmungsrecht haben sollten; daß wir den Kindern mehr als bisher zuhören müßten, etc.

Die Glocke läutete, es war das Ende der letzten Stunde. Herr X entschuldigte sich und erklärte, daß er immer gern am Fuß der Treppe stünde, wenn die Kinder herunterkämen. Ich ging mit ihm.

Die Kinder kamen in sehr ordentlicher Manier herunter, Einerreihe, die Hände vor der Brust gekreuzt.

Plötzlich zog Herr X einen etwa 9 Jahre alten Jungen aus der Reihe heraus und hielt ihn an einer Schulter fest, bis alle Kinder vorbeigegangen waren. Er drehte sich zu dem Jungen um und fragte: „Wieviele Schritte mußt du hinter dem Kind vor dir sein?“

Der Junge hielt seine Hände in den Taschen und antwortete ohne aufzusehen: „drei“.

Herr X fuhr fort: „Hände aus den Taschen, wenn du mit mir sprichst, verstanden!“

Das Kind murmelte: „O.k.“

Herr X wurde bei jeder Antwort ärgerlicher. Jetzt schrie er, „Wenn du mit mir sprichst, sagst du: „Ja, Herr X“, und nicht „O.k.“, verstanden?“

Wenn wir auch unverschämtes Benehmen bei einem Kind nicht entschuldigen, so können wir doch die Art nicht gutheißen, in der dieser Rektor die Situation behandelte. Wenn er überhaupt etwas erreicht hat, dann hat er wahrscheinlich diesen nicht kooperativen Jungen dazu provoziert, nur noch mehr Vorbehalte gegen ihn zu empfinden. In seinem Herzen hat er vielleicht dem Rektor den Tod gewünscht, oder daß er sich ein Bein bricht, während seine Lippen sagten: „Ja, Herr X“.

Ein wirksamer Weg, mit so einem Mangel an Respekt umzugehen, wäre es gewesen, dem Jungen unmittelbar sein Ziel vor Augen zu halten, oder ein zwangloses Gespräch mit der ganzen Gruppe zu führen, über gegenseitige Achtung, was das ist und warum es notwendig ist. Kinder halten nichts von Respektlosigkeit gegenüber Älteren, aber sie fühlen sich tief verletzt, wenn letztere zu ihnen sagen „Halt den Mund“ – „Lüg mich nicht an“ – „Sei nicht blöd“.

Der Autor hat einmal folgendes beobachtet:

Ich stand auf dem Pausehof und paßte auf meine Klasse auf. Da kam gerade ein Lehrer aus dem Schulgebäude, schüttelte ein Kind bei den Schultern und wiederholte ein ums andere Mal: „Wie kannst du es wagen?“ Es stellte sich heraus, daß der Junge beobachtet hatte, wie der Lehrer vor dem Verlassen des Klassenzimmers ein Keks kaute. Er hatte den Lehrer daran erinnert, daß das Essen während des Unterrichts gegen die Schulvorschriften verstößt.

Der Junge verteidigte sich. Er verwies darauf, daß der Lehrer oft Kekse konfisziert und sogar Kinder bestraft hatte, die beim Essen erwischt wurden. Der Lehrer schüttelte drohend seinen Finger und rief: „Werde bloß nicht frech, oder ich schicke dich hinauf ins Klassenzimmer!“

Das Kind zuckte in völligem Unverständnis die Schultern. Der Lehrer drehte sich dann zu mir um und sagte: „Da sehen Sie, was ich mir gefallen lassen muß!“

Dieses Beispiel ist *nicht* ungewöhnlich. Kinder passen sehr genau auf, was der Lehrer tut und ob er sich selbst an die Regeln hält, die er aufstellt. Das ist oft genug *nicht* der Fall, und die Kinder reden untereinander viel über dieses Verhalten der Lehrer. Einmal beobachtete ich eine 4. Klasse in einer Sozialkundestunde. Man sprach über die Entwicklung einer Stadt.

Der Lehrer bat ein Mädchen, zwei Faktoren zu nennen, die zur Entwicklung der Stadt beigetragen hätten. Das Mädchen antwortete: „Der See und die Kuh, die den Eimer umstieß und das große Feuer zum Ausbruch brachte." Der Lehrer schaute das Mädchen spöttisch an, als ob er seinen Ohren nicht trauen würde. „Und was hat die Kuh damit zu tun?" fragte er.

Das Mädchen erklärte: „Nun, nachdem die Stadt niedergebrannt war, mußten sie sie doch wieder aufbauen und sie machten sie größer und schöner."

Der Lehrer starrte das Mädchen einen Moment lang an und forderte dann einen anderen Schüler auf, zwei Faktoren zu nennen. Der sagte: „Der See und zwei Salzstraßen, die durch dieses Gebiet gingen."

Der Lehrer lobte ihn für seine guten Gedanken.

Stellen wir uns einen Lehrer vor, dem es nicht nur darum zu tun ist, die richtige Antwort zu bekommen. Er hätte sicher die Gelegenheit benutzt, das Mädchen zu *ermutigen,* in ihrem Denken originell zu sein. Er hätte sagen können: „Daran habe ich nie gedacht, aber es ist sehr einleuchtend. Ich freue mich, daß es dir eingefallen ist. Weißt du noch einen anderen Faktor, den wir den zweien hinzufügen können, die du mir genannt hast?"

Lehrer, die genau auf der Antwort bestehen, die sie vorbereitet haben oder die im Buch steht, sind engstirnig und nicht nur für Langeweile *verantwortlich,* sondern auch *für* viele *Disziplinschwierigkeiten,* die als Folge einer starren und antiquierten Lehrmethode auftauchen. Es ist nicht ungewöhnlich, Kinder anzutreffen, die wegen eines solchen Unterrichtsstils entschieden haben, daß sie Sozialkunde, Mathematik usw. nicht mögen.

Kur Lewin hat in seinem berühmten Iowa Experiment mit Freizeitgruppen von Jungen drei Arten von sozialem Klima unterschieden. Er trainierte die Gruppenführer, sich entweder *autokratisch, demokratisch* oder *anarchisch* zu verhalten und beobachtete die Jungen in jeder Gruppe. In der anarchischen Gruppe erreichten die Kinder wenig; in der autokratischen und demokratischen Gruppe waren die *Leistungen ähnlich,* aber *nicht* die Beziehung zwischen Schülern und Lehrer. Die autokratische Gruppe konnte nur dann gut arbeiten, wenn der

Lehrer anwesend war. Ohne ihn rauften und stritten sie. Die demokratische Gruppe funktionierte auch ohne Leiter und kam auch außerhalb der Klasse gut miteinander aus.

Aus diesem Experiment können viele wichtige Lehren gezogen werden. Vor allem die eine, daß ein Gewährenlassen *nicht* gleichzusetzen ist mit einem demokratischen Führungsstil. Zu viele Lehrer nehmen an, daß sie allein dadurch demokratisch führen, wenn sie sich aller autokratischen Verhaltensmerkmale *enthalten*. Wenn sie das tun, werden sie anarchisch und nicht demokratisch. Dieses Mißverständnis über die Grundsätze der Demokratie ist unglücklicherweise tief in unserer Kultur verwurzelt. Jeder, der seinen Einfluß auf andere geltend macht, wird automatisch als Autokrat abgestempelt. Demokratie scheint zu bedeuten, daß jeder tun kann, was ihm gefällt. Das ist Anarchie, nicht Demokratie. Die demokratische Gruppe *braucht* einen Leiter; ohne ihn kann sie nicht richtig funktionieren. Aber der Leiter muß kein Autokrat sein. Der Unterschied zwischen autokratischer und demokratischer Führung muß klar erkannt werden, ebenso wie die Folgen aus diesen zwei entgegengesetzten Führungsstilen.

5.2. Erste Gruppenexperimente zu Führungsstilen

Nehmen wir einen Versuch von *Lewin*. Der Einfluß, welchen der demokratische und der autokratische Leiter auf die Gruppen hatte, wurde auf dramatische Weise klar, als ein Leiter seine Rolle wechselte. Als der demokratische Lehrer – auf Instruktion hin – autokratisch wurde, änderte sich sichtlich nichts. Er hatte sich die Kooperation der Jungen erobert, sie machten mit und benahmen sich bald in der typischen Art autokratisch geführter Gruppen. Das war ganz anders, als der autokratische Lehrer sich plötzlich demokratisch verhielt. Die Jungen hatten *nicht gelernt, ohne* den *Druck* einer dominierenden Autorität *zu arbeiten*. Die Gruppe geriet in eine unstrukturierte Phase, und es dauerte ungefähr eine Woche, bis sie wieder ansprechbar waren und man mit ihnen arbeiten konnte.

Diese Beobachtung hat weitreichende Bedeutung für unsere ganze Kultur. Wenn Kinder aus einer autokratischen in eine demokratische Umgebung kommen, werden sie „frei", wissen aber mit ihrer Freiheit *nichts* anzufangen. Freiheit bringt Verantwortung mit sich. Das gilt auch für Erwachsene. Wir machen – international gesehen – eine Wandlung durch und gehen aus einer autokratischen Vergangenheit in die demokratische Gegenwart. Viele Ereignisse in unserer Zeit, die Verwirrung, der Mißbrauch der Freiheit, der Mangel an Verantwortungsgefühl bestätigen *Kurt Lewin*s Beobachtungen.

Wenn wir unsere gegenwärtige Lehrergeneration ansehen, stellen wir fest, daß sie weder ganz autokratisch, noch demokratisch ist. Heute kann auch der diktatorischste Lehrer nicht so tyrannisch und gewalttätig sein, wie das in der Vergangenheit möglich gewesen wäre. Viele sogenannte demokratische Lehrer neigen zur anarchischen Nachgiebigkeit und fallen in autokratische Methoden zurück, wenn die Kinder ihre Freiheit mißbrauchen. Beiden, Schülern oder Lehrern, sollte es überlassen bleiben, für welche Alternative sie sich entscheiden wollen. Es macht einen tiefen Eindruck auf Kinder, wenn man ihnen das Vorrecht der Entscheidung zugesteht. Die meisten Lehrer bevorzugen den demokratischen Stil. Viele sind nicht sicher, ob diese Unterrichtsform funktioniert und ob die Schüler ihren Teil beitragen werden, wenn ihnen die Disziplin nicht aufgezwungen wird. Einen Boss zu haben ist leichter; man muß nicht für sich selbst Verantwortung übernehmen.

Beim Training für Lehrer, im Hinblick auf einen autokratischen oder demokratischen Stil, verwenden wir zwei Kategorien von Haltungen, die wir voneinander wie folgt unterscheiden (siehe auch *Dreikurs,* Psychologie im Klassenzimmer, Stuttgart 1973):

Autokratisch	*Demokratisch*
Boss	Leiter
Scharfe Stimme	Freundliche Stimme
Befehl	Vorschlag
Macht	Einfluß
Druck	Anregung
Mitarbeit verlangen	Mitarbeit gewinnen
Ich sage dir, was du tun sollst	Ich sage dir, was ich tun werde
Ideen aufzwingen	Ideen anbieten
Herrschaft	Führung
Kritik	Ermutigung
Nach Fehlern suchen	Die Leistungen anerkennen
Bestrafen	Helfen
Ich sage dir . . .	Gespräch
Ich entscheid, du gehorchst	Ich schlage vor und helfe dir zu entscheiden
Alleinige Verantwortung des Bosses	Geteilte Verantwortung in der Gruppe

Die linke Spalte zeigt *Druck von außen,* die rechte spontane Eigeninitiativen. Die Liste der demokratischen und autokratischen Haltungen könnte vermutlich erweitert werden. Es ist jedem Lehrer anheim gestellt, sie als seinen eigenen „demokratischen Index" zu benutzen, wenn er die Beschreibung der Verfahren als Anleitung nimmt, die Art zu beurteilen, in der er mit seiner Klasse umgeht. In diesem Schema ist Strafe klar als autoritäre Methode zu erkennen. *Strafe,* der *Druck von außen,* ist nur in einer autokratischen Umgebung wirksam. In unseren heutigen Klassenzimmern ist sie nicht nur *unwirksam,* sondern *schädlich.* Strafe schafft keine kooperative Haltung bei den Schülern.

5.3. Schülerzentrierter Unterricht – eine demokratische Unterrichtsform

Ein Lehrer, der die Verantwortung für die Klassenführung *mit seinen Schülern teilt,* hat dieses persönliche Zurschaustellen seiner Autorität nicht nötig. Solange er nicht echtes Teamgefühl schaffen kann, wird er die Klasse nicht zu einer Einheit mit kooperativen Bemühungen integrieren. *Nur bei der Eingliederung aller in eine Einheit können alle beeinflußt und gefördert werden.*

Das ist der Grund, warum der *Wettbewerbsgeist durch Kooperation ersetzt werden muß,* die dem allgemeinen Interesse dient. In solch einer Umgebung ist jedes Kind wichtig; das ist eine Vorbedingung für ein harmonisches Ineinanderspiel innerhalb der Gruppe. Statt in jedem Schüler ein Gefühl für Wert und Gleichheit zu bewirken, sorgt der Wettbewerb dafür, daß sich der eine Schüler überlegen und der andere unterlegen fühlt. In einer solchen Situation sind Kooperation oder Teamarbeit nicht möglich.

Wir wollen uns nun der Frage der *Leistungsbewertung* zuwenden. *Noten sind ein typisches System von Belohnung und Strafe.* Sie sind weder notwendig noch wirksam. Die einzigen Kinder, die auf Zensuren reagieren, sind die guten Schüler, die auch ohne Noten zum Fortschritt angeregt werden könnten. Die schwachen Schüler schütteln sie oft ab als einen neuen Beweis ihrer hoffnungslosen Lage. Was kann der einzelne Lehrer tun, um die *abträgliche und entmutigende Wirkung schlechter Noten* auszugleichen? Er kann aus der Notengebung, so unangenehm und erniedrigend wie sie nun mal ist, eine gemeinsame Aufgabe machen. Da der Lehrer zum Benoten verpflichtet ist, können alle zusammenarbeiten, nicht nur bei der Entscheidung darüber, welche Noten ein Kind bekommt, sondern auch darin, einem schwachen Schüler zu helfen, schlechte Noten zu *vermeiden.*

In den obersten Klassen wurden die Schüler veranlaßt, Wochen vor der Zeugniszeit eine schriftliche Beurteilung ihrer Arbeit einzureichen. In den folgenden Wochen wurden die Vorschläge mit jedem Schüler diskutiert, wobei im allgemeinen Übereinstimmung über eine gerechte Zensur erzielt werden konnte.

Der langsame oder schwache Schüler wurde sowohl vom Lehrer als auch von der Klasse ermutigt. Die schnelleren Schüler dienten den langsameren als Tutoren. Die ganze Klasse zog aus diesem Arrangement Nutzen. Die langsamen Schüler lernten schneller, aber auch die schnellen lernten mehr und der Kurs hatte sowohl hinsichtlich der Intensität als auch des Ausmaßes einen Lernzuwachs.

Ein solches Verhalten steht in scharfem Gegensatz zu solchen Klassen, in denen die guten Schüler sich gegenüber den schwachen erhaben fühlen und sie in Achtung, Status und Leistung noch weiter drücken.

In einer kooperativen Atmosphäre bedeutet es nicht „Ruhm", ein guter Schüler, sehr gescheit und allen anderen voran zu sein; dieser Vorzug bringt auch die Verantwortung mit sich, anderen zu helfen und ihnen zur Verfügung zu stehen. Der gute Schüler lernt, viele seiner persönlichen Wünsche und Interessen einzuschränken und sie zum Wohle anderer zu gebrauchen.

Verantwortung teilen ist auch möglich, wenn der Lehrer es mit ganz bestimmten Forderungen der Administration zu tun hat, die an sich jedem demokratischen Vorgehen widersprechen. Gewöhnlich neigen Lehrer dazu, den Druck, den sie von oben erhalten, an die Kinder weiterzugeben. Wir empfehlen, daß der Lehrer die Kinder bittet, an der Erfüllung seiner Verpflichtungen teilzunehmen, indem sie die Realität als gegebene Tatsache anerkennen. Wann immer er an die Schüler um Hilfe appelliert, kann er wahrscheinlich damit rechnen, besonders, wenn er seine Aufrichtigkeit gezeigt und bewiesen hat, daß er *vertrauenswürdig* und *kein Feind* ist.

Ein Grund, warum der Lehrer es vielleicht für schwierig hält, die Schüler bei allen Tätigkeiten als gleichwertige Partner zu gewinnen, ist die allgemeine Tendenz, die Fähigkeit von Kindern, ihre Intelligenz und ihre Eignung für Verantwortung zu unterschätzen. Wahr ist, daß sie diese Eigenschaften nicht gerade zeigen, wenn sie mit dem Lehrer entzweit sind. Aber die ablehnenden Schüler, jene, die grundsätzlich *ein gemeinsames Erziehungsziel leugnen,* sollten *einbezogen* werden. Planung und Beschlußfassung können nicht immer nur dem Lehrer und seinen Verbündeten in der Klasse überlassen bleiben. Alle Schüler können an der Planung der Tätigkeiten teilnehmen, die die Belange des Lehrplans und auch die Bedürfnisse der Schüler befriedigen. In jedem Alter können Kinder bei Schulproblemen *kreativ* mitwirken, vorausgesetzt, sie wissen, daß sie die Achtung, Mitarbeit und Unterstützung ihrer Lehrer haben. Der springende Punkt ist die *Einbeziehung und Teilnahme jedes Schülers* einer Klasse und aller Schüler einer Schule bei Planung des gesamten Lern- und Erziehungsprozesses.

5.4. Demokratie – ein Lernprozeß für Schüler

Unter dem Eindruck einer neuen *demokratischen Sozialordnung* beginnen die Schulen, *Schülermitverwaltungen* einzurichten. In den meisten Fällen sind sie eine Scheinrepräsentation der Schüler, gewöhnlich von der Administration als Werkzeug zur Ausführung ihrer eigenen Entscheidungen benutzt, oft um Strafen zu beschließen und sie durchzuführen. Wenn Planung zugestanden wird, dann betrifft sie meistens kleinere Randtätigkeiten; Schülern, denen das Ausscheiden aus der Schule droht oder die sich etwas zuschulden kommen ließen und die an der Diskussion beteiligt werden müßten, sind im allgemeinen davon ausgeschlossen. Wir werden Zeuge einer zunehmenden Schülerrebellion gegen Verwaltungsbehörden, die nicht nach ihrer Meinung fragen und ihre Wünsche nicht berücksichtigen. Dieses System führt zum Kampf und zur offenen Rebellion unter den Schülern.

Die Schulen sollten sich mit der Ausbildung einer *kooperativen Führung* unter Schülern befassen. Führungsqualitäten bestehen aus mehr als aus einer allgemeinen Unterstützung. Sie sollten die Fähigkeit beinhalten, Konflikte zu lösen und widersprüchliche Interessen auszugleichen. Unterschiedliche Interessen und Meinungen wird es immer geben. Ohne solche

Unterschiede wäre kein Fortschritt möglich. Der demokratische Entwicklungsprozeß braucht Führer. Ohne sie haben wir keine Demokratie, sondern Anarchie. Befassen sich unsere Schulen gegenwärtig mit der Ausbildung von Führungsqualitäten bei Schülern? Auf diese Frage kann man sicher mit „Nein" antworten. Was auch immer die Führerschaft unter Schülern aktiviert, gewöhnlich werden diese Tätigkeiten für eigene Zwecke eingesetzt und sind häufiger gegen das Schulsystem und die Administration gerichtet, als auf deren Unterstützung bedacht.

Ein solches Training mit der Qualität zu führen, muß auf der untersten Ebene beginnen, in jeder Klasse. Es ist nicht genug damit, einen Klassensprecher zu haben, der durch allgemeine Wahl bestimmt wurde. Wir kennen einige Schulverbände, die diesem Amt noch eine andere Bedeutung gaben. Schüler wurden für das Amt mit einer bestimmten Funktion gewählt: sie sollten die Klassen ruhig und bei der Arbeit halten, wenn der Lehrer nicht da war. Mit anderen Worten, dieser Schüler mußte *in der Lage sein*, die *Verantwortung zu übernehmen*, der Leiter zu sein für seine Klassenkameraden. Wenn er nicht fähig war, das zu tun, wurde er durch einen anderen ersetzt, der es konnte. Häufig fanden sich einige Schüler, die eine solche Aufgabe erfüllen konnten, sie hatten jedoch keine persönliche Autorität. Wenn ein Schüler – mit der Führung beauftragt – sein Amt auszunützen versucht hätte um einzuschüchtern, zu denunzieren oder zu strafen, hätte er nicht sehr lange der Mitarbeit seiner Klassenkameraden sicher sein können. Also wurde er ein Helfer und nicht der Boß. Es ist die anerkannte Aufgabe der Schule, die Kinder für das Leben vorzubereiten. Das verlangt offensichtlich *mehr*, als den Lehrstoff zu unterrichten und das akademische Wissen der Schüler zu mehren. Da es keine andere Institution in der Gesellschaft gibt, die dieselbe Möglichkeit dazu hat, muß sich die Schule mit den Wertvorstellungen befassen, unter denen die Jugend antritt; das geschieht in erster Linie durch eingehende Beschäftigung mit den Vorgängen in der Gruppe. Führungstraining ist ein Aspekt bei der Entwicklung eines Wertsystems, das wir in einer demokratischen Gesellschaft brauchen. Man mag fragen, bis zu welchem Ausmaß unsere gegenwärtigen Schulsysteme auf *diese Aufgabe* vorbereitet sind. Der ausgeprägte Wettbewerbsgeist in unseren Schulen verstärkt die Sorge des Schülers um seine eigenen Interessen, seinen persönlichen Ruhm und Status, seine Mißachtung des Mitschülers, der durch den Ehrgeiz des erfolgreichen Schülers erbarmungslos niedergedrückt wird. Wir müssen die Aufgabe der Schule ernst nehmen, die sie als Mittler bei der Bildung von Werten innehat. Wenn die Schulen in der Lage sind, auf einer wirklich demokratischen Basis zu funktionieren, dann wird ihnen die Verantwortung erleichtert, eine ganze Generation mit der Kenntnis und dem Geschick zu versehen, demokratisch als gleichwertige Partner zu leben.

5.5. Lehrer und Schüler machen Unterricht – eine Lektion in Demokratie

Wir leben in einer Demokratie. Wir glauben an sie. Wir wissen, daß wir in keinem anderen System leben wollen. Aber wieviele Lehrer verhalten sich in ihrem Klassenzimmer auf demokratische Weise?

Wer in einer Demokratie lebt, glaubt an einige wichtige Tatsachen, die die *Fundamente* eines *demokratischen Lebens und Regierens* bilden.

Diese Überzeugungen lauten kurzgefaßt so:
- der Glaube an den Wert und die Würde jeder Person
- der Glaube an die Gleichwertigkeit aller Menschen
- der Glaube an die freie Meinungsbildung
- der Glaube, daß man den Menschen zutrauen kann, sinnvolle Entscheidungen zu fällen, die ihr eigenes Wohl betreffen

Diese Überzeugungen bilden die Grundlage für eine demokratische Gesellschaft. Demokratie ist mehr als eine Regierungsform. Eine demokratische Gesellschaft verlangt nach einer Atmosphäre von Freiheit und gegenseitiger Achtung.

In einem demokratischen Klassenzimmer sind Lehrer *und* Schüler bei Planung, Organisation und Ausführung vereint, und haben gegenseitig teil an ihren allgemeinen Tätigkeiten. Der Lehrer, als der Experte, schafft eine breite Wissensbasis. Er hat die Pflicht und die Verantwortung, die *Richtung* zu weisen, jedem Kind zu helfen, seine Fähigkeiten zu steigern, sich effektiv am Gruppenleben zu beteiligen und in der Lage zu sein, Gruppenentscheidungen zu fällen und durchzuführen.

Wenn eine Demokratie wirkungsvoll funktionieren soll, müssen bereits Kinder dazu erzogen werden. Es ist für den Lehrer wichtig, sich zu Beginn des Schuljahres einige Tage Zeit zu nehmen und mit den Schülern über demokratische Methoden zu reden und in Erfahrung zu bringen, wie sie denken und welche Wertvorstellungen sie haben. Ein Lehrer, der sich am Anfang des Jahres die Zeit nimmt, seine Schüler zu trainieren und sie in die Planung einbezieht, wird feststellen, daß er mit fortschreitender Zeit immer weniger Zeit für *Auseinandersetzungen* mit seinen Kindern aufwenden muß. Er wird auch finden, daß die meisten Kinder lernwillig sind und mehr oder weniger intrinsisch motiviert werden. Wenn das Training auch am Anfang Zeit kostet, so zahlt es sich doch auf lange Sicht aus. Es wird oft gefragt, ob der Lehrer ein demokratisches Klassenzimmer in einem im wesentlichen nicht demokratischen Schulsystem haben kann. Was kennzeichnet Demokratie im Klassenzimmer? Sie bedeutet nicht, darüber abstimmen zu lassen, was getan werden soll, sondern sie impliziert Beteiligung am Meinungsbildungsprozeß. Das zeigt, daß der Lehrer auch in einem autokratischen Schulsystem mit demokratischen Mitteln vorankommen kann.

Ein demokratisches Klassenzimmer setzt als erstes eine *demokratische Atmosphäre* voraus. *Kooperatives Handeln* hängt ab vom guten Willen, aufrichtigem gegenseitigem *Interesse, Achtung voreinander*, einem guten Verhältnis zueinander und demokratischen Verfahrensweisen. In einem demokratischen Schulsystem kann ein Kind nur dann sowohl mit sich selbst als auch mit anderen in Frieden leben, wenn es erkennt, daß es jeder anderen Person gleichwertig ist. Den meisten Erwachsenen erscheint es absurd, ein Kind als gleichwertig zu betrachten. Der Erwachsene schaut auf das Kind herab als auf ein Wesen, das körperlich kleiner, in seinen physischen Möglichkeiten beschränkt, in seinem Verantwortungsbewußtsein begrenzt und zu ungeschickt und nicht klug genug ist, als daß man ihm den Stauts geben könnte, den Gleichwertigkeit und Respekt fordern. Der Mangel an besonderen Eigenschaften oder Fähigkeiten sollte jemanden nie der Achtung und des gleichen Rechts der Meinungsäußerung berauben. Unglücklicherweise glaubt der Erwachsene häufig, daß er seine faire Haltung nur solange aufrechterhalten kann, wie er in seinem eigenen Stauts *nicht* bedroht ist. Darüberhinaus behandeln nur wenige Erwachsene ein Kind so, wie sie einen anderen Erwachsenen behandeln würden. Schon die bloße Annahme, daß *Kinder als ihre gleichwertigen Partner* behandelt werden sollten, ist für sie grotesk. Aber Kinder machen auf ihre Gleichwertigkeit aufmerksam, wenn sie *nicht bereit* sind, die Diktate der Erwachsenen anzuerkennen.

In der Abschlußklasse einer Gemeinschaftsschule hatte jeder einzelne Schüler dieselbe Anerkennung und die gleichen Rechte wie alle in der Klasse, den Lehrer eingeschlossen. Die Tatsache, daß Frau P. zufällig die Lehrerin war, schloß sie nicht davon aus, ein Mitglied der Klasse zu sein. Auch die Tatsache, daß Tobias Vater Richter war, Lindas Vater Arzt, Rons Vater ein Trinker und Tonis Mutter eine Prostituierte, machte absolut keinen Unterschied aus in der Wertschätzung der Person oder in der Art, wie sie behandelt wurde.

Wie Toni es so treffend kommentierte: „Zum ersten Mal in meinem Leben fühle ich, *daß ich etwas wert bin*, und *daß ich wirklich zähle.* Ihr wißt nicht, wie schlimm das gewesen ist – immer als Dreck betrachtet zu werden."

Jedes Mitglied der Klasse hatte die gleichen Rechte. Gleiche Rechte, das bedeutete in diesem Klassenzimmer: das *Recht*, seine Meinung einem Lehrer gegenüber auszudrücken der zuhörte und jeden Schüler mit Achtung behandelte, – das *Recht auf eine freundliche und dem Lernen förderliche Atmosphäre* – das Recht darauf, bei Klassengesprächen und Entscheidungen *eine Stimme zu haben – das Recht auf differenzierte Lehrmittel* und Anweisungen, die dem individuellen

Niveau des Schülers angemessen waren und *das Recht* auf die Möglichkeit, *sein Interesse und sein Wissen zu erweitern.* Der Lehrer war verantwortlich für das Übernehmen von Führung, Richtung, Material, Begeisterung und für das Zurverfügungstellen von Raum für unabhängiges Handeln, vertrauensvoll und ohne Angst. Die Klassenmitglieder, die schnell und begabt waren, halfen den schwächeren Schülern. Corinna, die Leseschwierigkeiten hatte, wurde von Gregor unterstützt und war dadurch in der Lage, im Unterricht der Hauptfächer mitzukommen. Aber wenn es z. B. um die Aufgabe ging, perspektivische Seitenansichten zu zeichnen, dann half sie Gregor und anderen, weil Zeichnen ihres Stärke war.

Kooperation in einem demokratischen Klassenzimmer ist gegründet auf Berücksichtigung der Rechte und Interessen der anderen, wenn man für seine eigenen Rechte eintritt. In einer solchen Atmosphäre kümmert man sich nicht so sehr darum, was andere tun, sondern muß *die Verantwortung* für das *übernehmen, was man selbst zu tun hat.* Weder auf andere Zwang auszuüben, noch sie bestimmen zu lassen ist die Formel für Gleichwertigkeit.

Der Grundsatz, der diesem Typ von Klassenzimmer zugrunde liegt, schließt gegenseitige Achtung ein – Achtung für die Würde anderer und Achtung vor sich selbst. Gegenseitiger Respekt heißt, jedes Klassenmitglied mit Achtung zu behandeln, den Wert seiner Gedanken anzuerkennen, seine Pläne und Beiträge zu akzeptieren und auch, wenn nötig, seine Beiträge – wenn sie für eine bestimmte Situation nichts erbringen – zurückzuweisen, ohne ihn dabei zu verletzen. Achtung bedeutet ebenso, daß die andere Person einen Beitrag anbieten kann und daß sie auch das Recht und die Möglichkeit hat, ihn zu leisten.

Wesentlich für ein demokratisches Klassenzimmer ist, daß der Lehrer seiner Klasse gegenüber eine *freundliche und feste* Haltung einnimmt. Zur *Festigkeit* gehört *Selbstachtung*, zur *Freundlichkeit* gehört die *Achtung vor dem anderen*; keines der beiden erreicht für sich *allein* eine harmonische Beziehung zwischen gleichwertigen Partnern. Wir können unsere Probleme ohne Kampf oder Unterwürfigkeit lösen, indem wir sowohl andere als auch uns selbst respektieren. Das ist die Grundlage, auf der zufriedenstellende Beziehungen im Klassenzimmer aufgebaut werden. Festigkeit ist nicht als Bedrohung gemeint. Oft sind die Einschränkungen das Ergebnis eines Gruppenprozesses. Die feste Unterstützung des Lehrers muß allzeit gegenwärtig sein. Festigkeit hilft einem Kind, sich sicher zu fühlen.

Während dieses Kapitels haben wir verschiedene Möglichkeiten und Techniken besprochen, die ein Lehrer anwenden kann, um ein demokratisches Klassenzimmer zu schaffen.

Fassen wir einige Ansätze für eine Demokratisierung zusammen:

1. *Ordnung ist* unter allen Umständen *notwendig,* d. h. auch in einem demokratischen System. Ohne Ordnung und Grundregeln kann eine Gruppe keinen demokratischen Weg verfolgen.

2. *Grenzen sind notwendig.* Schulregeln und Verwaltungsakte können verkehrt und unangemessen sein oder der Revision bedürfen; man muß ihnen trotzdem Folge leisten. Sie sind Realität.

3. Kinder sollten bei der Aufstellung und Durchführung der *Regeln* beteiligt sein, die *für eine* ordentliche, *funktionsfähige Gruppe notwendig* sind.

4. Die Gruppe braucht *Führung,* und der Lehrer muß wissen, wie er eine demokratische Führung ausüben kann.

5. Ohne *Vertrauen* und *gegenseitige Achtung* der Gruppenmitglieder untereinander kann eine Klasse nicht demokratisch funktionieren. Es kann Anstrengungen erfordern, dieses Vertrauen zwischen Lehrer und Schüler herzustellen.

6. Der Lehrer muß es verstehen, die *Mitarbeit* seiner Schüler zu gewinnen. Er darf sie nicht fordern.

7. *Teamgeist* muß den Wettbewerb im Klassenzimmer ersetzen.

8. Eine Klassenatmosphäre, die das Lernen von *Kooperation* und gegenseitiger Hilfe ermöglicht, ist notwendig, wenn man Probleme durch demokratische Verfahrensweisen lösen will.

9. Der Lehrer braucht das Geschick, die Klasse in der Verfolgung eines gemeinsamen Zieles zu einigen; jedes Kind muß das Empfinden haben, zu einer *Klassengemeinschaft* zu gehören.

10. Die Beziehungsstruktur, die in einer Klasse herrscht, bildet sich gewöhnlich in den ersten Tagen. Es erfordert die ganze Aufmerksamkeit des Lehrers, jedem Kind das *Gefühl der Zugehörigkeit* zu geben.

11. Das *Gruppengespräch* ist ein wesentlicher Bestandteil des demokratischen Stils. Es besteht nicht aus Geschwätz, sondern bedeutet, aufeinander zu hören, einander zu verstehen, einander zu helfen und die gemeinsamen Probleme im Klassenzimmer zu lösen.

12. Das demokratische Schulsystem braucht eine Schülermitverwaltung, Elternbeiräte und die Repräsentanz aller an der Schule Beteiligten.

Der Lehrer muß nicht nur die Unterrichtsmethodik, sondern auch die Grundsätze der Motivation beherrschen. Er muß ferner bedenken, daß er zu seiner Klasse kein gutes Verhältnis haben wird, wenn er glaubt, sein Ansehen stehe auf dem Spiel. Wann immer ein Lehrer versucht, in seinem Klassenzimmer eine freie Atmosphäre zu errichten, muß er demokratische Methoden anwenden. Er muß Grenzen aufstellen und den Kindern innerhalb dieser Grenzen Freiheit geben.

Epilog

In diesen Tagen eines merklichen Umbruchs steht jeder von uns vor der Wahl zwischen Verzweiflung und Optimismus. Der Lehrer ist in einer Schlüsselposition. Er kann nicht nur seine Schüler in ihrer Entwicklung beeinflussen, sondern durch sie hat er auch die Chance, die Gesellschaft mitzuprägen. In unseren Schulen sind die Kinder allen Ungerechtigkeiten, Antagonismen und Feindseligkeiten ausgesetzt, die gegenwärtig unsere ganze Welt kennzeichnen. Da jeder geübte Lehrer den Schaden, den Eltern und Gesellschaft im Kind angerichtet haben, ungeschehen machen kann, kann er auch zu neuen Formen von Beziehungen und Transaktionen beitragen und dazu, daß mehr angemessene soziale Werte anerkannt werden.

Das ist keine leichte Aufgabe. Es besteht die Gefahr, daß sich das Gefühl der Unzulänglichkeit und Unsicherheit vertieft, für das Lehrer nur zu anfällig sind. Sie meinen, daß sie genug damit zu tun haben, den Kindern den Stoff zu vermitteln und nicht noch mit mehr Verantwortung belastet werden können. Tatsächlich jedoch ist so eine Denkweise inkonsequent. Wir hoffen sehr, daß ein Lehrer, der bis zu dieser Stelle des Buches gekommen ist, *selbst* herausgefunden hat, daß es Methoden gibt, die ihm seine Aufgabe erleichtern, so daß der Pessimismus, mit dem er vielleicht dieses Buch begonnen hat, größerer Hoffnung und Zuversicht Platz gemacht hat.

Ein Hindernis, das wir alle bei unserem Wunsch zu helfen, zu lehren und andere zu befähigen, schon erlebt haben, besteht noch im Zweifel an uns selbst. Haben wir diese Methoden auch bei uns selbst angewandt? Manche Menschen behandeln sich selbst so, wie ein „schlechter" Lehrer ein „schlechtes" Kind behandelt. Wir sind nur zu geneigt, uns selbst zu entmutigen. Lehrer, darin geübt, empfindsam zu sein für Fehler, sind mit ihren eigenen belastet. Ein Lehrer, der Fehler weder bei sich noch bei anderen ertragen kann, muß heute ein Perfektionist sein. Unvollkommen zu sein, erfordert Mut, weil diese Haltung unsere fehler-orientierten Maßstäbe verletzt. *Nur der Mut zur Unvollkommenheit jedoch ist es, der es einem Lehrer erlaubt, es mit all den vielen schwierigen Problemen aufzunehmen, die ihm begegnen, ohne entmutigt zu werden, oder sich unterlegen zu fühlen.* Selbst wenn er bereit wäre, sich über seine eigenen Fehler hinwegzusetzen – Kinder, Schulleiter, Eltern werden sie ihn nicht vergessen lassen. *Die Eigenschaften, die ein Lehrer heute am dringendsten braucht, sind Mut und Selbstvertrauen.*

Anhang

Beispiel aus Abschnitt 3.3.

Mehrere Tage nacheinander kehrte Robert nach der Pause zu spät in die Klasse zurück. Zunächst sprach der Lehrer mit ihm darüber und erklärte ihm, daß er während der Pause in der Klasse bleiben müßte, wenn er nochmals zu spät zurückkäme. Robert versprach, gemeinsam mit den anderen Kindern zurückzukommen, aber er hielt sein Versprechen nicht. Drei Tage lang mußte Robert nun während der Pause in der Klasse bleiben, während die anderen Kinder draußen spielen konnten. An dem Tag, als ihm erlaubt war, nach draußen zu gehen, kam er wieder erst zehn Minuten zu spät zurück. Er behauptete, daß er das Pausenschlußzeichen nicht gehört habe. Dieser Vorfall wurde mit der ganzen Klasse diskutiert. Niemand konnte sich eine logische Folge vorstellen, die zudem effektiv sein kann.

In dieser Situation schlug Robert selbst eine logische Folge vor. Während der Pausen dürfe er zwar hinausgehen, allerdings mit der Einschränkung nicht zu spielen. Er sollte irgendwo auf dem Schulhof stehen, wo der Lehrer ihn sehen könnte. Er behauptete, daß dies noch härter für ihn zu ertragen sei, als allein in der Schulklasse zurückzubleiben, weil er dort immerhin noch für sich allein lesen oder spielen könnte. Wenn er den anderen Kindern nicht beim Spielen zuschauen könnte, würde es ihn nicht so hart treffen, als wenn er sie sehen könnte und doch nicht teilnehmen dürfte. Auch würde es ihm leichter fallen, rechtzeitig zurückzukommen, wenn er nicht durch eigenes Spiel abgelenkt wäre. Klasse und Lehrer entschieden gemeinsam, daß Roberts Vorschlag ausprobiert werden sollte und so stand Robert während einer ganzen Woche in der Pause in einer bestimmten Schulhofecke. Danach kehrte Robert regelmäßig rechtzeitig nach der Pause in die Klasse zurück.

Beispiel aus Abschnitt 3.4.2.

Das folgende Beispiel zeigt, auf welche Weise sich ein Lehrer bei Gruppendiskussionen innerhalb der Klasse falsch verhalten kann:

Lehrer: Steck bitte dein Geld weg; wir wollen jetzt eine Gruppendiskussion machen.

Schüler: Aber ich möchte unbedingt über etwas mit allen gemeinsam reden.

Lehrer: Zuerst habe ich etwas, worüber ich mit der Klasse sprechen muß. An diesem Morgen, als wir zur Gymnastik gingen, war ich richtig beschämt über euch alle. Ihr seid mal wieder alle Treppen heruntergerannt. Eigentlich solltet ihr das doch besser wissen. Wie oft habe ich euch schon gesagt, daß ihr nicht durch die Korridore und über die Treppen laufen sollt? Man könnte wirklich annehmen, daß ich mit euch noch nie darüber gesprochen hätte. Ich möchte das wirklich nicht noch einmal erleben. Versteht ihr? Falls das noch einmal passieren sollte, werde ich euch ganz einfach nicht zur Gymnastik gehen lassen. Ich mag es gar nicht, euch auf diese Weise zu bestrafen, aber schließlich zwingt ihr mich dazu.

Ein Lehrer, der Gruppendiskussionen zu führen weiß, hätte bei dem genannten Vorfall vermutlich auf folgende Weise reagiert:

Lehrer: Mädchen und Jungen, ich möchte jetzt mit euch darüber sprechen, was sich heute morgen auf dem Weg zur Gymnastik ereignet hat. Mir ist es wichtig, daß ihr diese Angelegenheit ernst nehmt und daß ihr eure Meinung dazu sagt.

Eine solche Einleitung führt dazu, daß die meisten der Schüler von sich aus über den Vorfall sprechen werden. Falls niemand aus der Klasse seine Meinung sagen will, könnte die Diskussion in folgende Richtung gelenkt werden:

Lehrer: Ich brauche wirklich eure Hilfe. Ich mag es nicht sehr, Entscheidungen zu treffen, ohne sie zunächst mit euch besprochen zu haben. Ihr habt bestimmt Vorschläge dazu, wie wir uns bei dem Problem in Zukunft verhalten können.
Was würdet ihr sagen, wie hat sich die Klasse verhalten?

(Schüler wird möglicherweise sagen, daß alle durcheinandergelaufen sind und herumgeschrien haben.)

Lehrer: Ich muß euch daran erinnern, daß wir über diese Angelegenheit auch früher schon gesprochen haben.

(Einige Schüler heben die Hand.)

Lehrer: Was meint ihr, wollen wir jetzt machen? So wie ihr euch verhalten habt, könnten wir mit dem Rektor und mit anderen Lehrern einige Probleme bekommen.

Schüler: Das nächste Mal sollte die ganze Klasse wirklich ruhig zur Gymnastik hinuntergehen.

Lehrer: Was meinen die anderen zu diesem Vorschlag?

Schüler: Die meisten von uns werden das bestimmt machen, aber es wird einige geben, die nicht mitmachen.

Lehrer: Was könnten wir tun?
Überlegt euch Lösungen, die diesen Schülern einige Wahlmöglichkeiten geben.

Schüler: Vielleicht sollte man diesen Schülern zunächst die Möglichkeit geben, mit der ganzen Klasse zu gehen, aber wenn sie durcheinanderlaufen oder laut herumschreien, sollten sie in die Klasse zurückgehen müssen. Dann sollte man sie für den Tag von der Gymnastik ausschließen.

Lehrer: Wieviele von euch denken, daß dies eine gute Lösung für das Problem sein könnte?
Wir sollten es so wirklich einmal versuchen; wenn es nicht klappen sollte, müssen wir uns eine andere Lösung ausdenken.

Literatur

Willard Beecher, „A New Approach to Remedial Reading", American Journal of Individual Psychology, 10, 1952, p. 5.

Maurice L. Bullard. The Use of Stories for Self-Understanding (Corvallis, Oregon: Maurice L. Bullard, 1963).

Don Dinkmeyer and Rudolf Dreikurs, Encouraging Children to Learn (Englewood Cliffs, N. J.: Prentice-Hall, 1963).

Rudolf Dreikurs, The Challenge of Parenthood (New York: Hawthorne Press, 1948).

Rudolf Dreikurs and V. Soltz, Children the Challenge (New York: Hawthorne Press, 1964).

Dreikurs and Gray, Logical Consequences: A New Approach to Discipline (New York: Hawthorne Press, 1968).

Rudolf Dreikurs and Loren Grey, Parents' Guide to Child Discipline (New York: Hawthorne Press, 1970).

Rudolf Dreikurs, Psychology in the Classroom, 2nd ed. (New York: Harper & Row, 1968).

See R. Dreikurs, „The Scientific Revolution", in Foundations of Guidance and Counseling, C. G. Smith and O. G. Mink eds. (Philadelphia: J. B. Lippincott Co., 1969).

R. Dreikurs and L. Grey, A Parent's Guide to Child Discipline (New York: Hawthorne Press, 1970).

Rudolf Dreikurs, „Emotional Predisposition to Reading Difficulties", Archives of Pediatrics, 71, 1954, pp. 339-353.

Helen Hall Jennings, Sociometry in Group Relations: A Work Guide for Teachers (Washington, D. C.: American Council on Education, 1948).

Doris J. Johnson and Helmer R. Myklebust, Learning Disabilities (New York: Grune and Stratton, 1967).

Kurt Lewin, Resolving Social Conflicts (New York: Harper & Row, 1948).

R. N. Lowe, and O. C. Christenson, Guide to Enrollees, Community Parent-Teacher Education Centers, School of Education (Eugene, Oregon: University of Oregon, 1966).

John Money, The Disabled Reader (Baltimore: Johns Hopkins Press, 1966).

Thomas Poffenberger, The Family Council . . . Kids Can Confer, Extension Bulletin 739. (Corvallis: Oregon State College, July 1953).

Clint Reimer, „Some Words of Encouragement", in Study Group Leader's Manual, by Vicki Soltz (Chicago: Alfred Adler Inst., 1967), pp. 71-73.

Robert Rosenthal, Experimentel Effects on Behavioral Research (New York: Academic Press, 1969).

Bernard H. Shulman, „Group Counseling for Adolescents", in Adlerian Family Counseling (Eugene: University of Oregon Press, 1959), pp. 69-74.

V. Soltz, Study Group Leader's Manual (Chicago: Alfred Adler Institute, 1967).

Auswahlbibliographie für Rollenspiele und Psychodrama

Adult Education Association of the U.S.A. How to Use Role Playing and Other Tools for Learning. Chicago: 1955, p. 49. Leadership Pamphlet No. 8.

Benne, Kenneth, and Bozidar Muntyan. „What Is Role Playing?" and „The Use of Role Playing", in Human Relations in Curriculum Change. New York: Dryden Press, 1951, pp. 223-249.

Blake, R. R. „Experimental Psychodrama with Children", Group Psychotherapy, 1955, pp. 347-350.

Boniface, J. „Role Playing in Kindergarten", Grade Teacher, Vol. 76 (October 1958), p. 31.

Boyd, Gertrude A. „Role Playing", Social Education, Vol. 21 (October 1957), pp. 267-269.

Brunelle, Peggy, „Action Projects from Children's Literature", and „Indirect Approach to Intercultural Relations in Elementary Schools", Sociatry 2, December-March 1948, pp. 235-243.

Graham, Grace, „Sociodrama as a Teaching Technique", Sociatry, December 1960, pp. 257-259.

Haas, R. B. Roleplaying in Guidance, 16 mm. film, black and white, sound, 14 min., 1953, Department of Visual Instruction, University of California, Berkeley, California.

Jennings, Helen Hall, „Sociodrama as Educative Process", in Fostering Mental Health in Our Schools, 1950 Yearbook. Washington, D. C.: Association for Supervision and Curriculum Development, pp. 260-285.

Kean, Charles, „Some Role-Playing Experiments with High School Students", *Group Psychotherapy 6, January-March 1954, pp. 256-265.*

Klein, Alan F., How to Use Role Playing Effectively. New York: Association Press, 1959.

Klein, Alan F., Role Playing in Leadership Training and Group Problem Solving. New York: Association Press, 1956.

Lippitt, Rosemary, and Catherine Clancy, „Psychodrama in the Kindergarten", Group Psychotherapy 7 December 1954, pp. 262-273.

Martin, C. P., Jr., „Role Playing in the Classroom", Grade Teacher, Vol. 73 (November 1955), p. 63.

Nichols, Hildred, and Lois Williams, Learning About Role Playing for Children and Teachers. Washington, D. C.: Association for Childhood Education International, 1960, p. 40.

Shaftel and Shaftel, Role-Playing the Problem Story. New York: N. C. C. J., 1952.

Shaftel and Shaftel, Role Playing for Social Value. Englewood Cliffs, N. J.: Prentice Hall, 1967.

Solt, M. A., „George Wanted", Childhood Education, Vol. 38 (April 1962), pp. 374-376.

Sach- und Namenverzeichnis